高速公路岩溶及下伏洞穴路基安全评价与处治关键技术研究

张　恺　著

吉林大学出版社

·长春·

图书在版编目（CIP）数据

高速公路岩溶及下伏洞穴路基安全评价与处治关键技术研究 / 张恺著． — 长春：吉林大学出版社，2020.12
ISBN 978-7-5692-7882-8

Ⅰ．①高… Ⅱ．①张… Ⅲ．①山区道路－高速公路－公路路基－工程施工 Ⅳ．① U412.36

中国版本图书馆 CIP 数据核字（2020）第 250179 号

书　　名：高速公路岩溶及下伏洞穴路基安全评价与处治关键技术研究
GAOSU GONGLU YANRONG JI XIAFU DONGXUE LUJI ANQUAN PINGJIA
YU CHUZHI GUANJIAN JISHU YANJIU

作　　者：张　恺　著
策划编辑：邵宇彤
责任编辑：曲　楠
责任校对：刘守秀
装帧设计：优盛文化
出版发行：吉林大学出版社
社　　址：长春市人民大街4059号
邮政编码：130021
发行电话：0431-89580028/29/21
网　　址：http://www.jlup.com.cn
电子邮箱：jdcbs@jlu.edu.cn
印　　刷：定州启航印刷有限公司
成品尺寸：170mm×240mm　　16开
印　　张：17
字　　数：305千字
版　　次：2020年12月第1版
印　　次：2021年1月第1次
书　　号：ISBN 978-7-5692-7882-8
定　　价：78.00元

前言

　　岩溶，又称喀斯特（karst）。地表的岩溶地貌主要以溶沟、石芽、漏斗、竖井、落水洞、溶蚀洼地、干谷、盲谷、孤峰等形式存在，而地下岩溶地貌主要为溶洞和暗河。根据可溶岩分布统计，地球表面岩溶面积约占地球陆地总面积的15%，全球陆地上岩溶分布的总面积约有5 000万 km²。我国是一个岩溶分布广且面积大的国家，我国的岩溶主要分布在碳酸盐岩裸露地区，面积约91万～130万 km²，约占国土面积的1/8。其中以广西、贵州、云南、四川和青海（云贵高原）东部的岩溶区域所占的面积最大，是世界上最大的岩溶区之一，西藏和北方一些地区也有岩溶分布。

　　勘查岩溶发育特征、分析岩溶塌陷机理及其对路基的影响非常重要，可在需要时估计潜在的损失，并设计相应的处治措施。岩溶地质构造复杂，破坏形式多样，除了要考虑溶洞顶板破坏这一种常规的破坏形式外，还要考虑由于地下水位变化造成的溶洞覆盖层破坏。

　　尽管溶洞的破坏机理被广泛关注，但在以往的研究中多使用高度理想化的假想模型进行分析。这种简化的分析方法未能结合勘查工作进行，忽视了实际的地层分布、洞穴形状，以及相邻洞穴的影响，因此脱离了实际。由于岩溶地区地质地貌条件十分复杂，可靠的表征岩溶发育的特征对于评估稳定性是非常必要的。已有研究表明物探技术在岩溶发育特征探测中发挥了重大作用，在诸多地球物理方法中，使用电阻率层析成像技术分析岩溶地层电阻率特征来判断岩溶形态和危险程度，已经得到较为广泛的应用。

　　区别于溶洞破坏，溶洞覆盖层破坏是导致岩溶塌陷的另一种主要形式。随埋藏深度的增加，溶洞覆盖层逐渐从硬塑过渡为可塑、软塑甚至流塑状态，力学性质趋于不利，是溶洞覆盖层遭受侵蚀甚至形成土洞的重要原因，这种现象在溶洞顶板风化较为严重的情况下尤其显著。对溶洞覆盖层的含水率特征进行研究，有利于揭示溶洞覆盖层侵蚀规律和土洞形成过程，对于制定土洞处治方案也有重要意义。

为弥补以往研究的不足之处，本研究首先通过电阻率层析成像技术勘查江西省某高速公路沿线岩溶发育状况，得到岩溶地层反演图，可以直观地揭示岩溶发育规律。为分析溶洞逐步发生破坏的规律和机理，根据位移向量场的变化情况进行施工过程的模拟。为划分溶洞覆盖层含水状态，利用 Bayesian 统计理论，将土层划分为在近地表范围内的正常区、地下水位以下的过渡区和风化强烈，呈现松散状态的溶洞顶板附近的侵蚀区。最后，为确定溶洞覆盖层中软弱土层的分布位置（形成潜在土洞的位置），引入一种基于归一化的锥尖阻力 Q_t 和归一化的摩阻比 F_R 的 Robertson 分类图，得到适用于该高速公路岩溶路基的溶洞覆盖层塌陷敏感性识别图。

　　本研究针对此特殊岩溶形态进行研究，旨在解决岩溶地区公路修筑中的关键技术问题，提高岩溶地区公路的建设水平和科技含量，确保公路工程质量，降低工程造价，推动区域经济发展。

作者

2020.5

2

目录

第 1 章　绪论

1.1　研究背景、目的和意义

岩溶，又称喀斯特（karst）。地表的岩溶地貌主要以溶沟、石芽、漏斗、竖井、落水洞、溶蚀洼地、干谷、盲谷、孤峰等形式存在，而地下岩溶地貌主要为溶洞和暗河。根据可溶岩分布统计，地球表面岩溶面积约占地球陆地总面积的 15% 左右，全球陆地上岩溶分布的总面积约有 5 000 万 km²。在许多国家如美国、澳大利亚、南非、英国、伊拉克、墨西哥等都有岩溶分布区域，可见岩溶在地球表面分布范围之广和面积之大。美国岩溶面积占本国陆地面积的 15%，亚洲以我国、日本、越南、马来西亚、土耳其和黎巴嫩等国的岩溶地貌最具代表性。

我国是一个岩溶分布广且面积大的国家。我国的岩溶主要分布在碳酸盐岩裸露地区，面积约 91 万～ 130 万 km²，约占国土面积的 1/8。其中以广西、贵州、云南、四川和青海（云贵高原）东部的岩溶区域所占的面积最大，是世界上最大的岩溶区之一，西藏和北方一些地区也有岩溶分布。

江西位于我国东南部，兼有山地、丘陵和平原地貌，可溶岩出露面积约 9 928 km²，隐伏面积约 4 000 km²，约占全省总面积的 8.75%。其中岩溶发育较强烈的面积大于 5 000 km²。根据岩溶分布状况，江西全境可划分为"三带""三块"发育区。"三带"为瑞昌—彭泽发育带、萍乡—乐平发育带、崇义—宁都发育带，"三块"为上饶发育块、吉安发育块、龙南发育块。凡涉及上述地段的工程规划选址、勘查设计、施工与养护必须重视岩溶的影响。

江西处北回归线附近，全省气候温暖，为亚热带湿润气候，这也是导致可溶岩溶蚀严重的重要原因。赣东北、赣西北山区与鄱阳湖平原，年均温为 16.3 ～ 17.5℃，赣南盆地则为 19.0 ～ 19.5 ℃。夏季较长，7 月均温，

1

除省境周围山区在 26.9 ～ 28.0 ℃外，南北差异很小，都在 28.0 ～ 29.8 ℃ 之间。极端高温几乎都在 40 ℃以上，是长江中游最热的地区之一。冬季 较短，1 月均温赣北鄱阳湖平原为 3.6 ～ 5.0 ℃，赣南盆地为 6.2 ～ 8.5 ℃。

南昌至上栗高速公路主要路线走廊带位于扬子准地台与华南褶皱系交 接的萍乡至乐平近东西向拗陷带内的西北缘，区内地层结构和岩性非常复 杂，地质构造非常发育。受区域复杂地质条件的控制，区内不良地质和特 殊性岩土非常发育，区内大面积分布多个年代的灰岩及煤系地层，路基稳 定性差，灰岩风化形成的红黏土多为高液限不良路基土。同时，受地质构 造控制，区内地层近东西走向，与路线呈小角度相交，大大增加了岩溶处 治的工作量。另外，起点段花岗岩区风化岩体组成的边坡稳定性较差，加 上特殊的渗透和水理特性，洼地基本发育厚层软土。

昌栗高速公路路线走廊带处于江西省可溶性岩（主要是灰岩）最为集 中、面域最广的地区，也是灰岩岩溶最发育的地区之一。整个路线带广泛 发育有二叠系（上古生代）茅口组、小江边组、栖霞组的灰岩、泥灰岩及 硅质灰岩，以及石炭系（上古生代）船山组、黄龙组的灰岩、白云质灰岩。 由于灰岩层处在地质构造发育带和地下径流较强烈带，路线区的灰岩，特 别是茅口组、栖霞组、船山组和黄龙组的灰岩岩溶非常发育，对公路工程 建设，如路基稳定、桩基础稳定，影响非常大。

另外，由于地下径流的影响，岩溶区发育土洞，路线区主要在 K179+615、K180+870 及 K185+300 附近等地于 2000—2010 年曾经发生过 岩溶土洞地面塌陷，这对公路工程安全的影响非常大。根据物探资料及附 近钻探资料分析 K178—K189 段及 K214—K223 段，上面土层有一定的厚 度，下伏基岩岩溶发育，具备岩溶土洞的发育条件，存在岩溶土洞地面塌 陷的隐患。

昌栗高速公路的岩溶发育状况主要与以下因素有关。

（1）从地理位置来看，路线所经过扬子准地台与华南褶皱系地块自泥 盆纪至三叠纪较为稳定地发育了岩相和厚度变化不大的碳酸岩台地沉积， 分布多个年代的灰岩，为岩溶发育提供了充足的条件。

（2）从地形来看，路线经过丘陵山区与平原接壤的过渡地带、萍乡至 乐平近东西向拗陷带等地段，地面标高相对较低，容易长年积水，地下水 径流强烈，有利于形成竖井、落水洞及溶洞等。

（3）从气候来看，亚热带湿润气候型地区的特点是降水量超过蒸发 量，气温普遍较高并向南逐增，化学风化作用强烈，从北到南逐渐由侵

蚀 – 溶蚀作用过渡到以溶蚀作用为主。

（4）从岩质来看，灰岩溶解度不高，似乎不容易产生岩溶塌陷。但事实并非如此，现存的岩溶现象大都与灰岩有关，而非白云岩。这是因为，溶解度高的白云石、石膏在漫长的地质年代变化中最早溶蚀塌陷稳定，而灰岩中的方解石由于未能溶蚀完全，形成各种岩溶现象。这些岩溶现象在自然条件下一般可以保持稳定，但在工程活动作用下，则有可能迅速失稳，最终影响工程安全。

根据以上地形地貌、气候以及工程地质资料推测，昌栗高速公路岩溶发育强度不可小觑，岩溶路基处治势在必行，理应得到重视。我国可溶岩地区工程活动的发展历史，也是岩溶塌陷发生频率、强度以及危害性越发增长的历史。这些塌陷的产生，无一不与工程活动破坏了岩溶地区原有的平衡状态有关。因此，岩溶塌陷已经成为当前岩溶地区路基建设所面临的极为普遍但又难以解决的工程地质问题。

1.2 国内外研究现状

1.2.1 历史沿革

岩溶塌陷的危害性和广泛性，早已引起国际社会的关注。自 20 世纪 70 年代以来，国际上多次召开与岩溶塌陷有关的会议，共同研讨这一问题。

岩溶塌陷的研究大体可分为以下几个阶段。

（1）20 世纪 50 年代以前，岩溶塌陷被认为是岩溶地表形态和岩溶地貌发育、演化的一种地质作用，纳入岩溶学的研究范畴。这一时期的研究偏重于地貌水文方面。

（2）从 20 世纪 50 年代到 70 年代中期，随着各国经济建设的飞速发展，岩溶塌陷的出现越来越频繁。这一时期的研究注重岩溶塌陷形成的地质和地球化学条件、塌陷机理、塌陷区的划分和地下洞穴的探测、工程处理措施等。

（3）自 20 世纪 70 年代后期以来，岩溶塌陷的发展更为严重，不仅矿区塌陷日益增多，在岩溶区的城镇、公路、铁路沿线、水库区也广泛出现。这一阶段研究者把岩溶塌陷视为一种工程地质灾害，从环境保护和灾害防治角度对岩溶塌陷进行了广泛而全面的研究；同时随着科学技术的发展，许多新的技术方法被引入研究中来。

1973 年，国际工程地质协会在德国汉诺威首次举行了"岩溶塌陷与沉陷——与可溶岩有关的工程地质问题"国际讨论会，分为四个议题：塌陷和沉陷形成的地质和地球化学条件、塌陷和沉陷的机理、塌陷区的区划和地下洞穴位置的探测方法、工程实例和工程措施。

1978 年，美国在宾夕法尼亚州的赫尔锡市召开了岩溶地区工程地质讨论会，重点讨论了岩溶地面塌陷发育规律问题。

1984—2003 年先后在美国佛罗里达州、密苏里州、肯塔基州和阿拉巴马州举行了 9 届岩溶塌陷和岩溶工程与环境影响多学科讨论会，这也是目前国际上举办历史最长、影响最大的岩溶塌陷与岩溶问题的国际会议。

1984 年，美国田纳西州交通局的 Harry Moore 对在田纳西州 Knox-Blount 县岩溶区高速公路建设中面临的沉陷、塌陷、隐伏溶洞、洪水以及落水洞淤积进行了专门研究。

1989、1995 年纽约大学的 James S. Mellett 对新泽西州岩溶区公路路基处理方法进行了专门研究。

1996 年，美国学者 George Sowers 编写了《塌陷上的建筑物：岩溶区的基础设计与施工》，全面介绍了岩溶塌陷的机理和防治问题。

1999 年，Timonthy C.Siegel 等在美国田纳西州东部的塌陷防治措施中，根据岩溶地下条件和工程目的分别采用压密灌浆和钻孔灌浆，取得了较好的效果。

2003 年，俄罗斯学者 Vladimir Tolmachev 总结了 50 年来在俄罗斯 Dzerzhinsk 岩溶地区的工作，其中包括岩溶地质调查、塌陷机理研究以及处治措施等。

2004 年，英国学者 Tony Waltham 等组织 20 多位专家编写了《塌陷与沉陷：工程与建设中的岩溶与洞穴岩体问题》，介绍了工程活动中岩溶隐患的处治问题。

我国对于岩溶塌陷的描述，可以追溯到明末徐霞客的著述，岩溶塌陷作为一种地质问题进行研究则始于 1960 年钱学溥所发表的关于山西高原喀斯特发育特征的一篇文章。文中提出柱状陷落构造，其成因与石膏溶蚀及喀斯特塌陷有关。[1]

---

[1] 钱学溥.山西高原喀斯特发育特征[J].水文地质工程地质，1960（3）：21-25.

1966 年王锐曾论述了岩溶塌陷的水文地质问题。同年项式均等还对湖南水口山铅锌矿区进行了岩溶危险性的分区。

1973 年以后，国内先后举办了十几次规模不等的专题讨论交流会，取得了十分丰硕的成果，同期还进行了许多专题研究。

1983—1989 年，岩溶地质研究所先后开展了"中国南方岩溶塌陷研究""长江流域岩溶塌陷研究"和"中国北方岩溶塌陷研究"（《中国北方岩溶地下水资源及大水矿区岩溶水预测、利用和管理研究》子课题）等项目，主要成果包括我国岩溶塌陷发育的现状、基本类型和宏观分布规律，编辑出版了《中国岩溶塌陷分布图》。

1985—1989 年，铁道部第二勘测设计院开展了铁路沿线岩溶塌陷及防治项目的研究工作，对贵昆铁路小哨—秧田冲段、分宜车站、泰安车站等 50 余处岩溶塌陷严重发育区进行全面勘查、治理，并出版有《岩溶工程地质》《岩溶地面塌陷的成因与防治》等专著。

1991—1993 年，在地质行业基金的资助下，岩溶地质研究所建成了大型岩溶塌陷物理模型试验室。在 1993—2001 年，先后完成了武汉、唐山、湘潭、玉林、铜陵、桂林和六盘水等城市的岩溶塌陷试验工作，促进了这些地区岩溶塌陷的综合治理。

1997、1998 年先后在桂林市和牡丹江市举办了两届地面塌陷及其对工程建设的影响与防治学术讨论会。

2002 年，交通部将"岩溶地区公路修筑成套技术研究"列为西部交通建设科技项目，分四个专题，是目前为止针对岩溶地区公路修筑技术最为深入系统的研究：

（1）岩溶地区公路工程地质勘查与综合评价技术研究（贵州省交通规划勘察设计研究院）；

（2）岩溶地区公路基础设计与施工技术研究（贵州省公路工程集团有限公司）；

（3）岩溶地区筑路材料研究（贵州省交通科学研究院）；

（4）岩溶地区公路建筑环境保护研究（湖南省交通规划勘察设计研究院）。

依托此项目，先后出版有《岩溶地区公路工程地质勘察技术指南》《岩溶地区公路基础设计与施工技术研究技术应用指南》《贵州省岩溶地区筑路集料指南》《机制砂高性能混凝土配合比设计与施工指南》《岩溶地区公路建筑环境保护技术指南》等 5 套设计施工技术指南。

1.2.2 岩溶勘查技术研究现状

实际中的岩溶地貌形态和地质条件[1]颇为复杂，根据发育程度不同，可划分为大型溶腔、岩溶导管和裂隙网络等类型。由于岩溶地区地质地貌条件十分复杂，各个地区岩溶发育程度各不相同，破坏机理分析和稳定性判断也需要具体分析。因此，可靠的表征岩溶发育的特征对于评估稳定性是非常必要的。与此同时，物探技术在岩溶发育特征探测中已经显示出了很大的优势，由地球物理技术检测溶洞、空隙和裂隙已成为主要手段。例如，石振明等[2]研发了声呐探测仪和相应的信号分析软件，尤其适用于勘查富含地下水的溶洞。罗彩红等[3]利用电磁波CT技术探测了惠州水西大桥主桥墩的溶洞分布状况，并与钻探结果相互验证。刘秀敏等[4]结合高密度电阻率、探地雷达、钻探等方法探明研究区地层结构与岩溶洞穴分布情况。杨天春等[5]以某在建小区的区域勘探为例，利用电阻率层析成像获得勘探区域内的溶洞的分布情况，并与钻探结果进行对比。郭栋栋等[6]以泰安市岩溶地面塌陷为例，应用电阻率层析成像探测岩溶地面塌陷成因，并作出了相应的推断反演。

在诸多地球物理方法中，使用电阻率层析成像分析岩溶地层电阻率特征，间接判断岩溶形态和危险程度，已经得到较为广泛的应用。这种方法通常使用多通道数据采集系统，利用不同的电极结构取得电阻率随深度的变化数据，使用这种电阻率层析成像绘制的电阻率剖面可以表征结构和材料性质的分布情况，并作为岩溶风化程度和裂隙发育程度的重要指标。然而，现有文献仅仅根据电阻率的大小推测溶洞的存在与否，将高阻异常区和低阻异常区解释为溶洞，而将其他区域全部解释为正常地层。例如，蔡晶晶等[7]将电阻率层析成像应用于南京市地铁3号线岩溶勘查，并推测图像中电阻率小于$1\ \Omega\cdot m$的低阻异常区有填充型溶洞发育。江玉乐等[8]在四川省桥基岩溶勘查中，推测电阻率大于$8\ 500\ \Omega\cdot m$的高阻异常区有空溶洞发育，电阻率介于$2\ 000\sim8\ 500\ \Omega\cdot m$之间的区域为完整灰岩，电阻率介于$200\sim2\ 000\ \Omega\cdot m$之间的区域为风化灰岩。何国全[9]在云南省水库岩溶勘查中，依据经验将测线1中电阻率大于$2\ 300\ \Omega\cdot m$的区域推测为高阻异常区，而在测线2中将电阻率大于$3\ 200\ \Omega\cdot m$的区域推测为高阻异常区。由上可以看出，这种推断方法非常粗略，其中高阻异常区、低阻异常区电阻率范围的界定方法也带有很强的经验性。实际上，即使在未发现高阻异常和低阻异常的区域，也不能排除溶洞存在的可能性。尤其是在溶洞规模较小的情况下 [8]，由于低阻层屏蔽高阻层，电阻率层析成像图只能反映出目标物周边地质体的电阻率，这为直接解释推断薄层溶洞顶板及小型溶洞的存在带来很大的困难。综上所述，当前的解释推断方法尚不成熟，需针对溶洞的电阻率图像特征进行分析，提出完善的解释推断方法，并利用钻探结果加以校验，避免漏判。

1.2.3 岩溶稳定性评价方法研究现状

分析路基填筑对下伏溶洞的影响非常重要，以便将路堤高度限制在合理范围之内。出于工程建设需要，在初步勘查阶段，就需要对岩溶路基稳定性进行定性评估。然而，受限于此时的勘查资料，评估往往需要建立高度理想化的模型。蒋冲等 [10] 将溶洞顶板岩层简化为简支梁，基于弹性理论计算得到溶洞顶板内应力分布情况。赵明华等 [11] 将溶洞顶板岩层简化为梁板结构模型，按冲切、剪切破坏模式，对溶洞顶板的稳定性与安全厚度进行研究。在以往梁板模型的基础上，柏华军 [12] 还考虑了单向板、双向板的情况，按照拉弯破坏模式进行设计和计算。戴自航 [13]、刘之葵 [14]、李仁江 [15]、张震 [16]、Parise[17] 等分别建立简化的含椭球状 / 圆柱状溶洞的地层模型，并利用有限元法进行分析。总而言之，以往研究主要围绕溶洞跨度、顶板厚度、岩体质量进行分析，较少提及洞穴形状、顶板倾角和相邻溶洞的影响。

隐伏型岩溶地质构造复杂，破坏形式多样，除了要考虑溶洞顶板破坏这一种常规的破坏形式外，还要考虑由于地下水位变化造成的覆盖层破坏。正常情况下，由于第四系黏性土受到自重作用排水固结，随埋藏深度的增加湿度递减、强度增大、压缩性减小的规律普遍存在。覆盖层则恰好相反，随埋藏深度的增加，逐渐从硬塑过渡为可塑、软塑甚至流塑状态 [18]，力学性质趋于不利，是覆盖层遭受侵蚀甚至形成土洞的重要原因，这种现象在溶洞顶板风化较为严重的情况下尤其显著。针对覆盖层的含水率特征进行研究，有利于揭示覆盖层侵蚀规律和土洞形成过程，对于制定土洞处治方案也有重要意义。为了进行覆盖层侵蚀分区，根据传统的岩土工程试验（例如钻探试验和含水率试验）进行分析。然而，含水率分布不可避免地处于离散状态，并包含各种不确定性，不论是沿深度方向变化的不确定性，还是同一深度的不确定性，显然难以直接地利用这些含水率数据。但若引入统计理论，根据含水率数据划分和识别覆盖层含水状态，则可进一步揭示覆盖层侵蚀规律和土洞形成过程。

覆盖层厚度具有较大的差异性，且多呈现上硬下软的特点，而土洞则多形成于覆盖层的软弱位置。因此，如何确定覆盖层中软弱土层（如淤泥和淤泥质土层、泥炭层等）的分布特征，是岩溶处治中亟待解决的问题之一。若按照传统方法确定软弱土层的分布，往往需要钻取土芯，根据其外观及手感进行判断，必要时还需要进行含水率测试、粒径测试和液塑限分析。然而，这些室内试验方法虽然简单直观，但效率低下，不便于快速确定软弱土层的分布范围。而 CPT(cone penetration test，圆锥静力触探方法)作为一种简捷的方法，可以依据触探数据和土壤分类图 [19-21] 现场确定软弱土层的分布而免于钻取土芯，在国外已经得到广泛研究和应用，在国内也开始受到关注。

1.2.4　岩溶塌陷防治技术研究现状

覆盖层通常呈可塑甚至软塑状态，可能在抽水、排水、爆破、加载、震动等因素的作用下形成土洞，并进一步产生塌陷。在这种情况下，需要针对覆盖层进行注浆，从而将软塑状态提高为可塑至硬塑状态，提高覆盖层的稳定性。我国在覆盖层地基中注浆始于 20 世纪 50 年代，曾在北京密云水库、河北岳城水库等大型工程中应用，后来由于混凝土防渗墙技术的快速发展，覆盖层灌浆工程大大减少，渐少见于较大规模的应用。通常有两种工艺可用于覆盖层注浆，一是袖阀管注浆，二是孔口管注浆。论及工艺，这两种方法也存在颇多缺点：其中，袖阀管注浆工艺复杂，封口复杂，对施工队素质要求过高；孔口管注浆则需消耗大量管材，还需要多次成孔，尤其不便于大面积推广使用。

孔口管注浆方法是把止浆塞设置在孔口，自上而下分段钻进分段注浆的一种方法。其缺点是在自上而下分段注浆的过程中需要多次复钻和复注，与全孔一次性注浆所需的工作量相比，孔口管注浆的工作量翻了数番。此外，孔口管注浆不仅需要消耗大量孔口管，而且在复钻的过程中又造成许多水泥浆的浪费。

袖阀管注浆方法是在注浆孔内，预先安置特制带有孔眼的注浆管，称为花管。在花管与孔壁间填入被称为填料的浆液，并在花管内用双栓塞式注浆塞分段进行注浆。但在注浆后，花管难于拔出重复使用，管材耗费较多，成本较高。其中，填料浇注的好坏对注浆成功与否有很大影响，要求既能在一定的压力下，压开填料进行横向注浆，又能在高压注浆时，阻止浆液沿孔壁或管壁流出地表，对施工队素质要求很高。

岩溶区的地基塌陷通常是局部性的，且规模不大，其平面形态多为圆形，少量椭圆形。如桂林市岩溶塌陷统计数据[22]显示，圆形（椭圆形）塌陷占总塌陷的 85%，直径一般为 1～5 m，小于 3 m 的占 75%。对于规模不大的塌陷，采用连续配筋混凝土板路面结构是一种经济、有效的处理方法。现行的钢筋混凝土结构设计方法以验算为主，需要根据经验拟定配筋率，经核算不满足截面抗弯和抗剪要求时，通常凭经验增加配筋再行复核，很难一次算好，往往要经多次试算才能获得满意的结果。为了寻求直接计算配筋率的方法，文献 [23-29] 以塑性铰线理论为基础，寻找配筋率的解析解，取得了较好的效果，缺点是需要假设塑性铰线，且在求解复杂问题时难以找到解答。数值解法[30-34] 在求解复杂问题时具有优势，且已被广泛应用于分析钢筋混凝土结构，但大都停留在分析应力分布和变形特点，而未能应用于配筋率的计算。

1.3 研究内容与技术路线

1.3.1 研究内容

根据溶洞顶板的厚薄、埋深对稳定性、勘查和处治的影响，将覆盖型溶洞划分为深埋薄顶、浅埋薄顶、深埋厚顶、浅埋厚顶等 4 种类型。通过钻探分析地层结构及岩性特征，并进行岩溶区段划分和形态特征分析。基于电阻率层析成像技术针对高速公路沿线岩溶发育状况进行勘查，总结得到不同规模及填充情况的溶洞在电阻率层析成像图中的成像特征，提出岩溶成像特征图，并采用有限元法解释溶洞在成像特征中频繁出现低阻屏蔽效应及等值线弯折的原因。根据岩溶成像特征树图初步推断溶洞大小及是否需填充，在发现异常特征的部位补充钻探进行验证，最终绘制岩溶地质剖面图，可以直观地揭示岩溶发育规律。

在岩溶地质剖面图的基础上利用 ANSYS 程序建立详细的数值模型，包括实际的地层分布、洞穴形状，以及相邻洞穴。在 FLAC3D 程序中进行分析，得到沉降曲线并与监测数据进行对比，验证数值模型的可靠性。进行施工过程的模拟，根据位移向量场、应力分布、塑性区和安全系数的变化情况分析溶洞逐步发生破坏的规律和机理。

根据岩石强度特征，对岩溶路基极限填筑高度和安全填筑高度进行定义。对比了现有的 4 种强度折减方法，并提出基于强度折减法的岩溶路基极限填筑高度和安全填筑高度计算方法。基于 Hoek-Brown 强度准则推导岩体抗拉强度的计算方法，提出基于抗弯理论的解析解及修正解。最后在实例中应用基于强度折减的数值解和基于抗弯理论的解析解及修正解。

利用 Bayesian 统计理论划分覆盖层含水状态，并结合钻探结果，将土层划分为在近地表范围内的正常区、地下水位以下的过渡区和风化强烈，呈现松散状态的溶洞顶板附近的侵蚀区。为确定覆盖层中软弱土层的分布位置（形成潜在土洞的位置），引入一种基于归一化的锥尖阻力 Q_t 和归一化的摩阻比 F_R 的 Robertson 分类图。采用 Bayesian 法对 Robertson 分类图中的边界进行修正，得到适用于昌栗高速公路岩溶路基的覆盖层塌陷敏感性识别图。

对覆盖层逐序加深注浆技术的原理进行解释，详细阐述其注浆工艺、操作要点、材料选用及施工设备配置，对于施工过程中出现的特殊情况及其处理方式、施工完成后的效果观察进行介绍。

为计算岩溶路基连续配筋混凝土板的配筋率，提出使用强度折减法计算配筋率的基本原理，首先在矩形板的配筋计算中应用，同时根据塑性铰线理论推导了配筋率解析解，证实这种方法的可行性。

1. 岩溶勘查技术研究

利用综合地球物理和钻探技术的手段，科学、系统、定量地研究岩溶洞穴的位置、埋深和空间展布，为高速公路岩溶路基设计及岩溶处治提供依据。主要研究内容包括：

（1）通过钻探分析地层结构及岩性特征，并进行岩溶区段划分和形态特征分析；

（2）岩溶模型的电阻率特性研究，电阻率层析成像的应用条件和工作参数分析；

（3）岩溶模型的电磁脉冲特征研究，瞬变电磁法的应用条件和工作参数分析；

（4）岩溶模型的面波频散特征研究，瑞雷面波法的应用条件和工作参数分析；

（5）勘查方案的比较及应用论证。

2. 溶洞顶板稳定性分析

在收集资料和室内外试验的基础上，通过获取岩溶形态、灰岩力学参数和发育程度，完成以下研究内容：

（1）溶洞顶板稳定性的半定量评价；

（2）溶洞顶板稳定性的定量评价；

（3）溶洞顶板稳定性影响因素的初步分析。

3. 岩溶路基安全填筑高度分析

完成以下研究内容：

（1）根据岩石强度特征，对岩溶路基极限填筑高度和安全填筑高度进行定义；

（2）基于 Hoek-Brown 强度准则推导岩体抗拉强度；

（3）提出基于强度折减法的岩溶路基极限填筑高度和安全填筑高度计算方法；

（4）提出基于抗弯理论的解析解及修正解。

4. 溶洞上覆土层稳定性分析

首先利用贝叶斯统计理论划分溶洞上覆土层含水状态，发现溶洞顶板附近的土体含水率较高，物理力学性质较差，是形成潜在土洞的位置，然后引入基于 CPT 试验（静力触探试验）的 Robertson 分类法（一种土的快速分类方法），以判别是否存在软弱土。主要研究内容包括：

（1）溶洞上覆土层赋水特征分析；

（2）溶洞上覆土层塌陷敏感性分析。

5. 溶洞上覆土层固结注浆技术研究

提出一种新型逐序加深注浆工艺及其施工技术要点，并与传统的孔口管注浆工艺、袖阀管注浆工艺进行比较，最后在工程实例中进行应用论证。完成以下研究内容：

（1）逐序加深注浆工艺、施工技术要点及其工程应用；

（2）注浆压力变化规律研究，注浆效果分析。

6. 连续配筋混凝土板跨越技术研究

简要介绍基于塑性铰线理论的矩形钢筋混凝土板配筋率解析解，并将强度折减法应用于配筋率的计算，比较数值解和解析解之间的类似点和不同点。完成以下研究内容：

（1）基于塑性铰线理论的配筋率解析解；

（2）基于强度折减法的配筋率数值解。

1.3.2　技术路线

研究所采用的技术路线如图 1-1 所示。

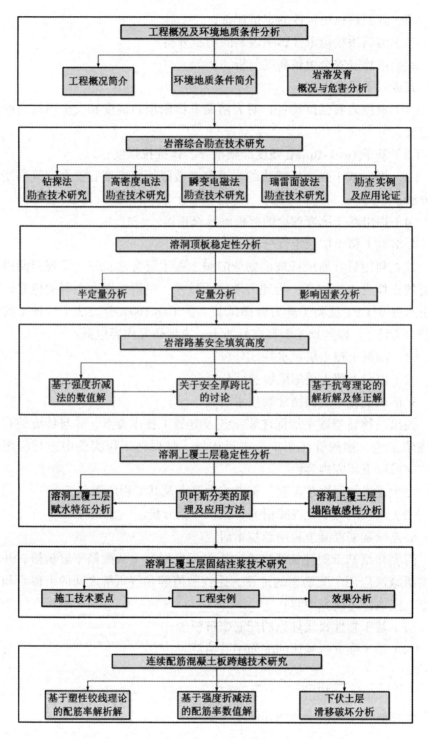

图 1-1 技术路线图

第2章 工程概况及环境地质条件

2.1 工程概况

南昌至上栗高速公路是江西省鄱阳湖生态经济区与湖南省长株潭城市群之间的又一快速通道，是湘赣省会城市之间最便捷的通道，是沟通南昌、宜春、萍乡的一条横向地方加密线。其东起南昌西外环高速公路，西接萍洪高速公路，项目全长 223.09 km，全线按路基宽 26 m 双向四车道全封闭全立交标准建设。南昌至上栗高速公路新建工程是江西省人民政府 2012 年 12 月批复的《江西省高速公路网规划修编（2013—2030）》的未来南昌—上栗—长沙国家高速公路的一部分，也是江西省"四纵六横八射线"公路网主骨架的重要路段，由于其平行于现有的湘赣大通道，将分担江西省东西横向的交通流量，缓解日益紧张的交通压力，改善在江西省的西部地区高速公路通道不足的瓶颈状况，适应鄱阳湖生态经济区开放开发的需求，促进赣西老区的经济发展。

南昌至上栗高速公路路线自东往西，地形地貌由平原过渡为丘陵山地。地层岩性也由简单的红砂岩为主过渡为以花岗岩、灰岩、煤系地层为主，地质构造、水文地质条件自东往西也由简单变得复杂，自东往西不良地质类型增多，复杂程度增大，稳定性变差。综观走廊全线，工程地质条件复杂程度不一。

南昌至卜高段（K0—K128）路线区域属鄱阳湖平原和高安、宜丰构造盆地地貌，地形起伏变化不大，路线切割山体较浅，地层出露不多，发育红色沉积岩（沙砾岩、砾岩、泥质粉沙岩、沙岩）、变质岩（千枚岩、凝灰质沙岩、板岩）及第四系松散岩层等，地层结构和岩性不复杂，受构造运动作用小，地质构造不发育，新构造运动趋于稳定，不良地质较少，特殊性岩土类型较单一，水文地质条件亦简单。本段区域地质条件总体属简单类型，区域地质稳定。主要工程地质问题为零星分布的水塘软土和高液限黏土。

上高至上栗段（K128—K223）路线走廊带位于萍乡至乐平近东西向拗陷带，地貌以侵蚀、剥蚀低山和丘陵为主，间夹众多大小不一的山间盆地和条状冲沟，地形起伏较大，路线切割山体局部较深；路线区出露地层众多，岩性非常复杂；新构造运动不明显，地震基本设防烈度小于Ⅵ度；沿线或轻或重地发育岩溶、煤系地层及采空等不良地质。

以 K178+550—K179+150 段为例，其平面路线设计如图 2-1 所示。该段以低填方路基为主，路基高度为 5 ~ 8 m，边坡采用 1∶1.5，如图 2-2 所示。路基宽度为 26.0 m，其横断面布置为 0.75 m(土路肩)+3.0 m(硬路肩)+2 × 3.75 m(行车道)+0.75 m(路缘带)+2.0 m(中央分隔带)+0.75 m(路缘带)+2 × 3.75 m(行车道)+3.0 m(硬路肩)+0.75 m(土路肩)。

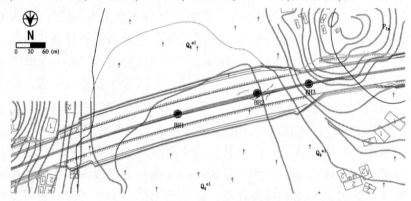

图 2-1　K178+550—K179+150 段路线设计平面图

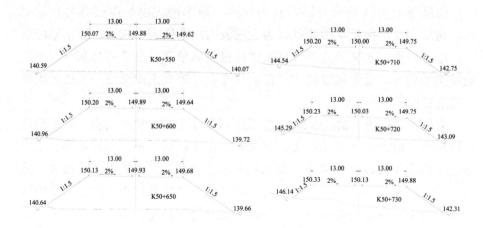

图 2-2　K178+550—K179+150 段典型路基横断面

2.2　环境地质条件

2.2.1　气候水文条件

南昌至上栗高速公路主要路线走廊带属于亚热带季风气候区，四季分明，春秋季短而夏冬季长，冬季冷而夏季热，春季湿而秋季干，热量丰富，降水充沛，日照充足，霜期短。由于季风进退迟早和强弱程度不同、地形起伏、垂直高度相差悬殊、气候因子时空分布不均等，气候呈多样性，天气变化大。

气温：路线区年平均气温 16.2 ～ 17.7 ℃，冬季最冷月 1 月平均气温 4.6 ～ 5.3 ℃，夏季最热月 7 月平均气温 27.3 ～ 29.6 ℃，无霜期 256 ～ 281 d，极端最高气温 40.6 ℃，极端最低气温 –9.7 ℃。

降水：路线区平均年降水量为 1 624.9 mm，4—6 月降水量平均为 754.2 mm，占年总量的 46.4%。由于季风影响，上半年各月降水量呈逐月增加趋势，下半年各月降水量呈递减趋势，第一季度降水量占年总量的 21%，第二季度占 46%，第三季度占 22%，第四季度占 11%。

日照：路线区平均日照时数 1 737.1 h，日照时数的年内变化，以 7 月日照时数 259.0 h 为最多，3 月日照时数 83.4 h 为最少。年日照最多时数为 2 481.8 h，年日照最少时数为 1 152.2 h。

水文：路线区跨越赣江和湘江两大水系，以笔架山与黑面岭为分水岭（约 K195+000 附近），分水岭以东属赣江支流锦江水系，分水岭以西属于湖南湘江支流的绿水河水系，水资源丰富。

2.2.2　地形地貌条件

南昌至上栗高速公路主要路线走廊带位于扬子准地台与华南褶皱系交接的萍乡至乐平近东西向拗陷带内的西北缘，九岭山东南麓，区域地处赣西北九岭山侵蚀中低山丘陵区，路线总体呈东西向略偏南。萍乡至乐平拗陷带，地貌以地垒式断块中山与地堑式丘陵、河谷盆地相间排列，横断面地形呈 "U" 或 "V" 字形起伏。

如表 2-1 所示，不同地形地貌单元对岩溶的发育有一定的影响。在低丘地貌区（K174+515—K174+680 和 K175+100—K176+970 段），地面高程相对较高，地表径流坡度大，当大气降水时，地表水径流通畅而易于排泄，故地表和地下岩溶都不太发育。在 K175+100—K176+350 段，路线穿低丘山体，地形起伏较大，岩溶发育程度均为一般。此外，在 K174+515—K174+680 和 K176+350—K176+970 段，由于岩性主要为石英砂岩、砂质泥岩，故不具备岩溶发育的条件。

表 2-1   地形地貌特征及其对岩溶发育的影响

标　段	地形地貌特征及岩性概况	岩溶发育概况
K174+515 — K174+680	路线沿山腰左深切低丘山体，地形有一定起伏，地面高程在 150～195 m 之间，地表多为山林，植被非常发育，以灌木丛为主。岩性为石英砂岩、砂质泥岩等	岩溶不发育
K174+680 — K175+100	路线位于叶家岸村后的山前谷凹地，地势低洼，地面高程一般在 157～166 m 之间，地表改造为水稻田，发育水塘，分布有居民房。表覆植被土，往下为第四系黏土，下伏石英砂岩和砂质泥岩	岩溶不发育
K175+100 — K175+450	路线穿低丘山体，地形起伏较大，地面高程在 165～205 m 之间，植被较发育，表覆植被土，往下为 22 m 厚的含砾粉质黏土，下伏含燧石灰岩、泥灰岩	岩溶发育一般，多有充填
K175+450 — K176+350	路线穿低丘山体，地形起伏大，山势陡峻，地面高程在 158～230 m 之间，地表多为山林，植被非常发育，分布有灰岩采石场，采挖中。表覆 0.8～3 m 不等厚的含砾粉质黏土，基岩岩性为灰岩、含燧石灰岩	岩溶发育一般，多有充填
K176+350 — K176+970	路线位于低丘区，穿切低丘山体，地形起伏较大，地面高程在 155～206 m 之间，地表多为山林，植被非常发育，灌木丛为主。表覆 0.5～1.5 m 厚的含砾、碎石粉质黏土，下伏岩性为石英砂岩、细砂岩、含炭粉砂岩	岩溶不发育
K176+970 — K177+225	路线位于岗阜地，地形起伏平缓，地面高程在 140～158 m 之间，地表多为荒山、旱地，建有居民房，植被较发育。表覆 0.3～0.5 m 含植物根系的土，往下 5～7 m 厚的含砾、碎石粉质黏土，下伏灰岩、含燧石灰岩	岩溶较发育
K177+225 — K177+715	路线位于岗间谷盆地，跨河流，地势低洼，地面高程一般在 134～140 m 之间，地表改造为水稻田。表覆 0.3～0.5 m 耕植土，往下为粉质黏土、低液限黏土，下伏灰岩、含燧石灰岩、泥灰岩	岩溶较发育

标　段	地形地貌特征及岩性概况	岩溶发育概况
K177+715 — K178+075	路线位于岗阜地，穿下崔家村落，地形起伏平缓，地面高程在 138～141 m 之间，建有居民房，植被较发育。山体一般表覆 0.3～0.5 m 含植物根系的土，往下 7～12 m 厚的含砾、碎石粉质黏土，下伏灰岩、含燧石灰岩、泥灰岩	岩溶较发育
K178+075 — K178+160	路线位于岗间谷盆地，跨河流，地势低洼，地面高程一般在 136～141 m 之间，分布有水稻田。表覆 0.3～0.5 m 耕植土，往下为粉质黏土、低液限黏土，下伏灰岩、含燧石灰岩、泥灰岩	岩溶较发育
K178+160 — K178+850	路线位于岗阜地，穿下樟树下村落，地形起伏平缓，地面高程在 138～152 m 之间，建有居民房，植被较发育。表覆 0.3～0.5 m 含植物根系的土，往下 7～12 m 以上厚的红黏土，含砾碎石粉质黏土，下伏灰岩、含燧石灰岩、泥灰岩	岩溶较发育
K178+850 — K179+500	路线位于宽广岗间谷盆地，地势平坦开阔，地面高程一般在 137 m 左右，分布有水稻田。表覆 0.3～0.5 m 耕植土，往下为粉质黏土、低液限黏土，下伏二迭系下统灰岩、含燧石灰岩、泥灰岩	岩溶较发育
K179+500 — K179+900	路线位于岗阜地，穿下山口上村落，地形起伏平缓，地面高程在 138～152 m 之间，建有居民房，植被较发育。表覆 0.3～9.5 m 含植物根系的土，往下 7～12 m 厚的红黏土，含砾、碎石粉质黏土，下伏灰岩、含燧石灰岩、泥灰岩	岩溶较发育

在岗间谷盆地（K174+680—K175+100、K177+225—K177+715、K178+075—K178+160 和 K178+850—K179+500 段），地面高程相对较低，地势低洼，当大气降水时，地表水径流不通畅而得不到排泄，容易在地表形成积水，并向下渗透产生较强的岩溶作用。其中，K174+680—K175+100 虽然位于山前谷凹地，地形地貌条件较为不利，但由于下伏石英砂岩和砂质泥岩，故不具备岩溶发育的条件。

岗阜地（K176+970—K177+225、K177+715—K178+075、K178+160—K178+850、K179+500—K179+900 段）的岩溶发育程度与岗间谷盆地类似，主要是其地面高程相对较低，地形起伏平缓，故容易在地表形成积水，并向下渗透产生较强的岩溶作用。

2.2.3 区域地质条件

昌栗高速公路南昌至上高段（K0—K128）地层结构和岩性不复杂，地质构造不发育，不良地质较少；上高至上栗段（K128—K223）出露地层众多，岩性非常复杂，沿线或轻或重地发育岩溶及岩溶塌陷等不良地质。

表 2-2　地质条件及其对岩溶发育的影响

标　段	地质条件	岩溶发育概况
K174+515 — K174+680	表覆 0.5 ～ 2.0 m 厚的第四系全新统（Q_4）残坡积成因的棕黄色硬塑状含砾、碎石粉质黏土，局部见基岩露头。岩性为三迭系上统安源组（T_{3a}）灰白色、灰黑色薄至中厚层状含煤石英砂岩，黑色厚层状含炭粉砂质泥岩、碳质页岩夹不稳定煤层 2 ～ 5 层。底部灰白色、灰紫色中至厚层状含砾石英砂岩，受构造作用影响较大，岩体褶皱褶曲明显，产状不稳定，产状为 345°∠85°、150°∠40°，路线走向总体与地层条带状北东走向小角度相交，局部存在顺层滑坡、溜坡的隐患。受构造作用强烈，构造节理裂隙发育，岩层软硬相间，差异性风化明显，岩体风化强烈，总体较破碎，不均匀性明显，全强风化层厚度一般在 3 ～ 5 m 左右	岩溶不发育
K174+680 — K175+100	表覆 0.3 ～ 0.5 m 灰褐色松软耕植土、松散植被土，往下为第四系全新统冲积相黄褐色（含砾）粉质黏土、低液限黏土，厚度 3 ～ 5 m，可塑至硬塑状，局部夹砂砾石层，下伏三迭系上统安源组（T_{3a}）灰白色、灰黑色薄至中厚层状含煤石英砂岩，黑色厚层状含炭粉砂质泥岩，过渡为二迭系下统茅口组（P_{1m}）含燧石灰岩、泥灰岩，夹钙质页岩、含炭钙质页岩	岩溶不发育
K175+100 — K175+450	表覆 0.3 ～ 0.5 m 黄褐色松软含植物根系的土，往下 22 m 厚的第四系中更新统（Q_3）棕黄色硬塑状含砾粉质黏土。下伏二迭系下统茅口组（P_{1m}）含燧石灰岩、泥灰岩夹钙质页岩、含炭钙质页岩	岩溶发育一般，多有充填
K175+450 — K176+350	表覆 0.8 ～ 3 m 不等厚的第四系中更新统（Q_2）棕红色硬塑状含砾粉质黏土，山麓区厚度达 5 ～ 7 m，山顶多见基岩露头，基岩岩性为二迭系下统茅口组（P_{1m}）厚层状至块状深灰色灰岩、含燧石灰岩、泥灰岩，局夹钙质页岩，产状为 280°∠50°、260°∠75°	岩溶发育一般，多有充填

标　段	地质条件	岩溶发育概况
K176+350 — K176+970	表覆 0.5～1.5 m 以上厚的第四系晚新统（Q₃）残坡积成因的棕黄色硬塑状含砾、碎石粉质黏土，局部基岩露头，下伏岩性为二迭系上统龙潭组（P_{2l}）石英砂岩、细砂岩、含炭粉砂岩、碳质页岩夹煤层，受构造作用影响较大，岩体褶皱褶曲明显，节理裂隙发育；岩层软硬相间，差异性风化明显，岩体风化强烈，岩体较破碎，不均匀性明显，呈碎裂结构，上部风化强烈，全强风化层厚度 5～7 m 左右	岩溶不发育
K176+970 — K177+225	表覆 0.3～0.5 m 黄褐色松软含植物根系的土，往下 5～7 m 厚的第四系中更新统（Q₂）棕红色、黄红色硬塑至硬可塑状含砾、碎石粉质黏土（低液限黏土），中夹黏土质砾碎石土，下伏二迭系下统茅口组（P_{1m}）深灰色灰岩、含燧石灰岩、泥灰岩，夹钙质页岩、含炭钙质页岩	岩溶较发育
K177+225 — K177+715	表覆 0.3～0.5 m 灰褐色松软耕植土，往下为第四系全新统冲积相黄褐色粉质黏土、低液限黏土，厚度 3～5 m，软可塑至可塑状，夹砂砾石层，下伏二迭系下统茅口组（P_{1m}）深灰色灰岩、含燧石灰岩、泥灰岩，夹钙质页岩、含炭钙质页岩	岩溶较发育
K177+715 — K178+075	表覆 0.3～0.5 m 黄褐色松软含植物根系的土，往下为 7～12 m 以上厚的第四系中更新统（Q₂）棕红色、黄红色硬塑至硬可塑状含砾、碎石粉质黏土（低液限黏土），中夹黏土质砾碎石土，下伏二迭系下统茅口组（P_{1m}）深灰色灰岩、含燧石灰岩、泥灰岩，夹钙质页岩、含炭钙质页岩	岩溶较发育
K178+075 — K178+160	表覆 0.3～0.5 m 灰褐色松软耕植土，往下为第四系全新统冲积相黄褐色粉质黏土、低液限黏土，厚度 3～5 m，软可塑至可塑状，夹砂砾石层，下伏二迭系下统茅口组（P_{1m}）深灰色灰岩、含燧石灰岩、泥灰岩，夹钙质页岩、含炭钙质页岩	岩溶较发育
K178+160 — K178+850	表覆 0.3～0.5 m 黄褐色松软含植物根系的土，往下为 7～12 m 以上厚的第四系中更新统（Q₂）棕红色、黄红色硬塑至硬可塑状网纹化红黏土，含砾、碎石粉质黏土（低液限黏土），中夹黏土质砾碎石土，下伏二迭系下统茅口组（P_{1m}）深灰色灰岩、含燧石灰岩、泥灰岩，夹钙质页岩、含炭钙质页岩	岩溶较发育

标　段	地质条件	岩溶发育概况
K178+850 — K179+500	表覆 0.3～0.5 m 灰褐色松软耕植土，往下为第四系全新统冲积相黄褐色粉质黏土、低液限黏土，厚度 4～6 m，软可塑至可塑状，夹砂砾石层，下伏二迭系下统茅口组（P_{1m}）深灰色灰岩、含燧石灰岩、泥灰岩，夹钙质页岩、含炭钙质页岩	岩溶较发育
K179+500 — K179+900	表覆 0.3～9.5 m 黄褐色松软含植物根系的土，往下 7～12 m 以上厚的第四系中更新统（Q_2）棕红色、黄红色硬塑至硬可塑状网纹化红黏土，含砾、碎石粉质黏土（低液限黏土），中夹黏土质砾碎石土，下伏二迭系下统茅口组（P_{1m}）深灰色灰岩、含燧石灰岩、泥灰岩，夹钙质页岩、含炭钙质页岩	岩溶较发育

由表 2-2 可知，溶洞广泛分布于岗间谷盆地、岗阜地等地形中，覆盖层以第四系（Q_2 至 Q_4）红黏土为主，3～22 m 不等厚，多数夹有黏土质砾碎石土、砂砾石层；溶洞围岩以二迭系下统茅口组（P_{1m}）灰岩为主，岩性为深灰色灰岩、含燧石灰岩、泥灰岩等，多数夹有钙质页岩、含炭钙质页岩。

在 K174+515—K175+100 和 K176+350—K176+970 段，尽管其构造作用强烈，构造节理裂隙发育，岩体风化强烈，总体较破碎，但由于不存在可溶岩，故不具备岩溶发育条件。而在 K175+100—K176+350、K176+970—K179+900 等岩溶发育地带，并未发现明显的节理构造，可能是已经被溶蚀为岩溶通道、沟槽状漏斗、落水洞和溶洞。

2.3　岩溶发育概况与危害

2.3.1　岩溶发育概况

江西可溶岩出露面积 9 928 km²，隐伏面积约 4 000 km²，约占全省总面积的 8.75%。其中岩溶发育较强烈的面积大于 5 000 km²。根据岩溶分布状况，江西全境可划分为"三带"和"三块"发育区。"三带"为瑞昌—彭泽发育带、萍乡—乐平发育带、崇义—宁都发育带。"三块"为上饶发育块、吉安发育块、龙南发育块，如图 2-3 所示。

昌栗高速公路路线走廊带处于江西省可溶性岩（主要是灰岩）最为集中的地区之一。整个路线带广泛发育有二叠系茅口组、小江边组、栖霞组的灰岩、泥灰岩及硅质灰岩和石炭系船山组、黄龙组的灰岩、白云质灰岩。由于灰岩层处在地质构造发育带和地下径流较强烈带，路线区的灰岩，特别是茅口组、栖霞组、船山组和黄龙组的灰岩岩溶非常发育，对路基稳定性影响非常大。另外，由于地下径流的影响，K179+615、K180+870和 K185+300 段附近曾发生过岩溶塌陷，对公路工程安全的影响较大。

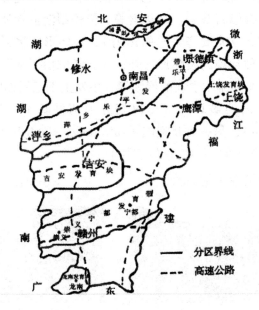

图 2-3　江西岩溶分布示意图

2.3.2　地下岩溶形态与危害

岩溶具有岩溶洼地、岩溶漏斗、落水洞、石芽、溶沟、溶槽、溶洞、地下河、暗湖等形态 [35, 36]。其中，岩溶洼地、岩溶漏斗、落水洞、石芽、溶沟、溶槽等地表岩溶形态，以及地下河、暗湖等地下岩溶形态，大都分布于云贵高原，但在昌栗高速公路所经过的扬子准地台与华南褶皱系地块较为少见。因此，本书仅针对溶洞这种地下岩溶形态进行分析。

根据可溶岩的出露条件、溶洞覆盖层的岩性分类 [36, 37]，可将溶洞划分为裸露型溶洞（bare karst）、覆盖型溶洞（mantled karst）和隐伏型溶洞（covered karst）。裸露型溶洞指可溶岩全部出露地表，上面没有或很少有覆盖层的溶洞；覆盖型溶洞指可溶岩被第四系松散堆积物所覆盖，可溶岩不出露于地表，覆盖层厚度一般小于 50 m，在覆盖层下发育的溶洞；隐伏型溶洞指埋藏在已成岩的非可溶性岩层之下的溶洞，这种岩溶一般埋藏较深，不反映于地表，对工程建设影响较小，如四川盆地底部被中生界红层覆盖的岩溶。

根据现场勘查结果，昌栗高速公路地下岩溶形态主要为覆盖型溶洞，广泛分布于岗间谷盆地、岗阜地等地形中，覆盖层（也称覆土[38]）以 3 ～ 22 m 不等厚的第四系红黏土为主，溶洞围岩以二迭系灰岩为主，岩性为深灰色灰岩、含燧石灰岩、泥灰岩等。覆盖型溶洞地质构造复杂（包含溶洞及其覆盖层，常常要考虑水的作用），破坏形式多样，除了要考虑溶洞顶板破坏这一种常规的破坏形式外，还要考虑由于地下水位变化造成的覆盖层破坏（例如抽排水引发的侵蚀等，多发生于基岩面附近）。

通常认为，岩溶破坏形式可以划分为两种基本类型，一种是沉陷（solution sinkhole），另一种是塌陷（subsidence sinkhole），如图 2-4 所示（在 Gutiérrez 研究 [3] 的基础上重新绘制）。

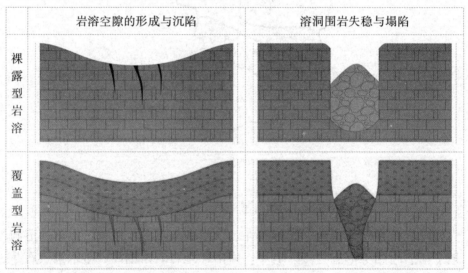

图 2-4　典型岩溶形态与危害

沉陷一般由覆盖层受侵蚀而引发，多发生于覆盖型溶洞。这种破坏起初由地表积水并向较高渗透性区域的流动引起，随之而来的是高渗透性区域的集中侵蚀，最终产生明显的地表沉陷，其主要特征是覆盖层因含水过多而处于软塑甚至流塑状态。如果在人工抽排水或强降雨、洪涝的条件下，溶洞顶板附近的软弱土层可能进一步沿着岩溶空隙向下迁移，从而产生更为严重的塌陷破坏（土洞）。此外，虽然裸露型溶洞也可能由于可溶岩受侵蚀而发生沉陷，但仅限于易溶蚀的石膏岩和盐岩（一种纯化学成因的岩石，主要由钾、钠、钙、镁的卤化物及硫酸盐矿物组成，由蒸发海水或湖泊作用沉淀而成），这在国内比较少见，故不进行讨论。

塌陷一般由溶洞围岩失稳或覆盖层受侵蚀而引发，多发生于顶板较薄的裸露型溶洞和覆盖型溶洞。若根据塌陷物质分类，可分为溶洞顶板塌陷和覆盖层塌陷（或称土洞塌陷）。溶洞顶板塌陷主要是软弱薄溶洞顶板在静载、震动荷载的作用下破坏并发生坍落的现象。覆盖层塌陷主要是土层在抽排水等因素的作用下沿开口岩溶形态侵蚀并发生坍落的现象。陈国亮[40]在1994年出版的《岩溶地面塌陷的成因与防治》中统计得到，覆盖层塌陷占岩溶塌陷总数的96.1 %，溶洞顶板塌陷仅占3.9 %。Gutiérrez[37]在2014年总结了各地的岩溶塌陷情况，也得到类似的结论。此外，可溶岩受溶蚀作用也可造成溶洞围岩失稳。可溶岩受溶蚀造成的溶洞围岩失稳常见于强度较低的石膏岩和盐岩，如英国曼彻斯特地区的盐岩带[41]，由于其易溶性，上部地表失稳，对桥梁、铁路及公路危害甚大。我国主要分布溶解性相对较低的石灰岩，因此更加关注爆破震动、工程建设造成的溶洞围岩失稳。

2.3.3　深埋薄顶及浅埋薄顶溶洞的区分

根据溶洞埋藏深浅、顶板厚薄，可将覆盖型溶洞划分为深埋薄顶、浅埋薄顶、深埋厚顶、浅埋厚顶等4种类型。深埋薄顶和浅埋薄顶溶洞既可能发生沉陷破坏，也可能发生塌陷破坏，属于岩溶破坏的高发类型。从工程角度来讲，深埋薄顶溶洞的处治难度和费用都远超浅埋薄顶溶洞。公路选线应尽量避绕薄顶溶洞，尤其是深埋薄顶溶洞。但目前对于深埋薄顶、浅埋薄顶溶洞尚没有明确的概念，对溶洞埋藏深浅、顶板厚薄也没有明确的区分标准。

1. 溶洞顶板厚薄的区分标准

在岩溶地区修筑路基，经常遇到有关溶洞顶板的安全厚度问题。目前，规范一般采用厚跨比作为安全厚度的判别标准。《公路路基设计规范》（JTJ 013—95）指出，当溶洞或暗河的顶板厚度大于10 m，其下洞道的直径小于5 m时（相当于大于2.0的厚跨比），在顶板岩层完整的情况下，可以不进行处理。《公路路基设计规范》（JTG D30—2004）根据铁路科研成果和京珠高速公路粤境北段的实践经验，认为当厚跨比大于0.8时溶洞顶板处于稳定状态。《公路路基设计规范》（JTG D30—2015）新增了岩溶地区选线原则和排水设计规定，关于厚跨比的规定未作改变。近年的研究表明，这一要求偏于保守。Waltham 通过模型试验[42]发现，厚跨比大于 0.7 的溶洞可以承载超过 2～4 MPa 的荷载（相当于数百米高的路堤）。类似地，文献[16, 43～45]的研究也表明，厚跨比大于 0.8 的要求过于保守。尽管这一要求偏于保守，但仍是目前通用的判别稳定性的方法。因此，本研究仍采用厚跨比是否大于 0.8 作为区分溶洞顶板厚薄的标准。

2. 溶洞埋藏深浅的区分标准

从稳定性的角度来讲，一般认为，埋藏深度在 30 m 以内的溶洞可能存在稳定性问题，埋藏深度大于 30 m 的溶洞都是相对较为稳定的，即埋藏深度大于 30 m 的溶洞对于工程的影响程度较小。如，原地矿部岩溶地质研究所于 1986 年根据岩溶发育程度及其埋藏深度将稳定性[46]划分为：Ⅰ——不稳定，Ⅱ——较不稳定，Ⅲ——局部不稳定，Ⅳ——基本稳定。因此，当溶洞埋藏深度超过 30 m 时，对于不同的岩溶发育程度和地下水条件，均认为其处于稳定状态（见表 2-3）。从已有的经验来看，这种划分方式基本是正确的。根据 1998 年铁路沿线岩溶调查及对大量塌陷的统计分析，塌陷产生的深度一般小于 30 m。[47]根据 2005 年对桂林岩溶塌陷的统计分析，覆盖层厚度小于 30 m 的塌陷占总数的 98.05%，大于 30 m 的塌陷仅占总数的 0.95%。在实际工程中，也已经形成了相似的认识。洛湛铁路[48]岩溶异常的处治设计最大深度一般不超过地面以下 25 m；武广客运专线[39]的处治设计最大深度一般不超过地面以下 30 m；中铁隧道集团的工程师[49]指出，原则上应对溶洞埋深小于或等于 20 m 的岩溶地基进行加固处理。

表 2-3　岩溶地面稳定性分类

覆盖层厚度 /m	岩溶发育程度		
	岩溶发育强烈	岩溶发育中等	岩溶发育微弱
< 10	① Ⅰ　　Ⅱ ②	① Ⅱ　　Ⅲ ②	① Ⅲ　　Ⅳ ②
10～30	① Ⅱ　　Ⅲ ②	① Ⅲ　　Ⅳ ②	① Ⅳ ②
> 30	① Ⅲ　　Ⅳ ②	① Ⅳ ②	① Ⅳ ②

注：①地下水位埋深小于可溶岩顶板埋深；②地下水位埋深大于可溶岩顶板埋深。

从勘查的角度来讲，探地雷达（GPR）和电阻率层析成像（国外简称 ERT，国内又称高密度电法）是目前常用的两种岩溶勘查方法。[50] 埋深小于 10 m 的溶洞一般采用探地雷达（GPR），勘查深度有限但精度较高；埋深超过 10 m 的溶洞一般采用电阻率层析成像（ERT），勘查精度和可靠性都不如前者。溶洞的电阻率与其充填情况有关，充填型溶洞电阻率极低，空溶洞电阻率极高，半充填型溶洞电阻率在两者之间波动。因此，电阻率层析成像一般还需结合其他勘查方法作为佐证。[51~53]

从处治的角度来讲（见表 2-4），在埋深小于 10 m 的情况下一般采用回填碎石或混凝土盖板；在埋深介于 10~30 m 的情况下一般采用注浆，处治的难度和费用都远超小于 10 m 的情况。近年来，为防止回填后再次形成土洞 [47]，对埋深小于 10 m 的情况，也有一些工程选择注浆作为处治措施。因此，一般认为埋深小于 10 m 为容易处理的情况，10~30 m 为较难处理深度，超过 30 m 的基本不予处理。

表 2-4　部分工程岩溶塌陷及处治措施统计

地　点	埋深 /m	工程类别	塌陷情况	处治措施
浙赣线分宜站 [40]	10~20	路堤高 3 m	自 1964 年以来发生 71 处塌陷	回填碎石
津浦线泰安站 [40]	15~25	路堤高 3~5 m	自 1964 年以来共发生 26 处路基下沉，站房开裂	回填碎石
耒合支线河里站 [40]	2~10	小填小挖	自 1970 年来塌陷 100 余处	回填碎石
宜珙线塘坝大桥 [40]	10~30	四孔桥	桥的墩台建成后，1972 年 2 月陷穴 4 个，沉落开裂范围 65 m	地基网格梁＋盖板箱涵
襄渝线中梁山隧道 [40]	3	隧道	1972 年至 1974 年间塌陷 29 处，隧道内大量涌水	隧道内打通平导抽水
乐德线梅岩路基 [40]	大于 3.5	路堑挖方	1972 年至 1981 年断续施工，先后揭露土洞和发生塌陷 9 处	回填碎石，个别做钢筋混凝土盖板
黎湛线 K148 [40]	2~8	路堤高 3~4 m	1981 年 1 月发生 407 处塌陷	回填碎石

地　点	埋深 /m	工程类别	塌陷情况	处治措施
京广线南岭隧道[54]	3	双线隧道	1981 年 1 到 8 月间塌陷 10 处河流断流，既有线下沉	原铁道部门第一次较大规模地采用注浆进行处治，后沿用至今
京广线黎铺头等地[55]	6	路堤	1986 年至 1987 年于黎铺头、山子背等地产生 40 多处塌陷	注浆
盘西线[56]	0～10	路堤	自通车以来于新海站至大塘站发生多处塌陷	注浆
皖赣线硬石岭车站[57]	15～25	站场工程低填浅挖	1989 年至 1993 年先后发生地面塌陷 122 处	注浆
辛泰线[58]	5～15	路堤	1990 年 7 月至 1991 年 8 月，因积水先后发生 13 处塌陷	注浆
浙赣铁路[59]	15～25	路堤	1996 年先后出现直径 1.5、5.0 m 的塌陷坑	注浆
兖石线 K169[60]	6～14	路堤	2008 年 9 月于路肩、边坡出现 14 个塌陷坑，导致线路下沉	注浆
宜万铁路[61]	3～9	路堤	2008 年发生多次地面塌陷	注浆
广西省某高速公路[62]	2～5	浅挖路堑	2014 年暴雨过后地面塌陷	注浆
江西省某高速公路[63]	5～10	路堤高 12～20 m	2015 年 4 月沉陷 0.2 m，6 月因暴雨出现直径 4 m、深 2 m 的塌陷坑	回填碎石＋注浆＋36 cm 钢筋混凝土盖板

　　总之，深埋薄顶溶洞和浅埋薄顶溶洞都属于岩溶破坏的高发类型，且深埋薄顶溶洞勘查、处治的难度和费用都远超浅埋薄顶溶洞。鉴于此，本研究根据溶洞埋藏深浅、顶板厚薄，将与工程相关的覆盖型溶洞划分为深埋薄顶、浅埋薄顶、深埋厚顶、浅埋厚顶等 4 种类型（见表 2-5）。埋深超过 30 m 的溶洞对工程影响较小，故不予考虑。

表 2-5　覆盖型溶洞分类表

覆盖层厚度 /m	厚跨比 < 0.8	厚跨比 ≥ 0.8
< 10	浅埋薄顶	浅埋厚顶
10 ～ 30	深埋薄顶	深埋厚顶

2.3.4　岩溶塌陷的主要诱发因素

地下水位的上升或下降（抽水塌陷、排水塌陷、蓄水塌陷、渗水塌陷等）、施加荷载（工程建设、车辆荷载及爆破等）都有可能诱发岩溶塌陷。地表积水入渗或人为抽排水一方面软化了覆盖层，另一方面又沿着岩溶裂隙不断潜蚀土体，从而诱发岩溶塌陷。含岩溶地层本就处于不利的受力状态，容易在岩溶裂隙周围产生拉应力，施加荷载有可能导致溶洞顶板产生剪切破坏或弯拉破坏，也可能导致岩溶裂隙进一步扩大，还可能导致覆盖层变得松散易塌陷（震动荷载）。

表 2-6 汇总了国内外较为典型的岩溶塌陷案例（国外案例主要选自 Gutiérrez 的研究 [37]），并根据人类活动的参与与否将其分为自然塌陷和诱发塌陷两种类型。由表 2-6 可知，多数岩溶塌陷都与人类活动有关，与水的关系尤其大，而在自然环境中塌陷的案例则较为少见。此外，在仅仅增加负重或震动荷载的情况下，塌陷的案例也不多见。

表 2-6　岩溶塌陷案例

诱发因素	塌陷案例		塌陷过程
	自然塌陷	诱发塌陷	
地下水位上升	降雨塌陷：中国桂林[64]、中国枣庄[65]、沙特阿拉伯 Jazan 地区[66]；洪涝塌陷：美国佐治亚州[67]	农田灌溉诱发塌陷：伊朗克尔曼市[68]、美国科罗拉多州[69]、西班牙萨拉戈萨市[70]。管道泄漏诱发塌陷：科威特沙漠[71]、英国南部[72]、伊拉克摩苏尔地区[73]、西班牙卡拉塔尤市[74]、美国宾夕法尼亚州[75]。河道沟渠诱发塌陷：中东地区[76]、西班牙埃布罗河盆地[70]。积水汇水诱发塌陷：塞尔维亚贝尔格莱德[77]、美国宾夕法尼亚州[75]、美国得克萨斯州[78]、美国堪萨斯州[79]、英国约克郡[80]	含水量升高，土层软化（软塑、流塑状态）；渗流增加，水力梯度增大，加速潜蚀；造成负重增加

诱发因素	塌陷案例		塌陷过程
	自然塌陷	诱发塌陷	
地下水位下降	干涸干旱塌陷：美国南部大盆地[81]	开采地下水诱发塌陷：美国亚拉巴马州[82]、美国佛罗里达州[83]、美国宾夕法尼亚州[84]、中国桂林[85, 86]、中国山东[87]、科威特沙漠[71]、比利时Tournaisis地区[88]、土耳其奥布鲁克平原[89]、西班牙马略卡岛[90]、乌克兰[91, 92]、南非豪登省[93]。工程抽水诱发塌陷：中国广西[94]	土体因缺水干燥而产生大量裂隙，为潜蚀创造条件；地下水位下降至基岩面及岩溶裂隙附近时进一步加强潜蚀
截流蓄水	—	水库池塘诱发塌陷：塞尔维亚贝尔格莱德[95]、土耳其科尼亚[96]、克罗地亚[97]	大幅度提高水力梯度，形成湍流，加速侵蚀和溶解；造成地下水位上升；造成负重增加
震动加载	地震塌陷：中国玉林[98]	工程建设诱发塌陷：中国泰安[99]、中国广西[98]、意大利普利亚[100]、美国南达科他州[101]。爆破诱发塌陷	增大拉应力和剪应力，逐渐失稳；造成裂缝扩展
地下开挖	—	采矿诱发塌陷：中国洒顶矿区[94]、中国河里煤矿[98]、俄罗斯乌拉尔矿[102]。开挖隧道诱发塌陷	失去支撑发生破坏，保护层减薄

针对表 2-6 中的 43 个岩溶塌陷案例进行统计，结果如表 2-7 所示。由表 2-7 可知，岩溶塌陷同时与人类活动的参与程度和诱发因素的类型有关。在人类活动活跃的情况下，塌陷最为频繁。

表 2-7 溶洞塌陷案例统计

单位：次

塌陷类型	诱发因素				
	地下水位上升	地下水位下降	截流蓄水	震动加载	开挖
诱发塌陷	15	12	3	4	3
自然塌陷	4	1	0	1	0

为进一步量化诱发因素的影响程度，将塌陷次数、人类活动的参与程度和诱发因素设置为变量，如表 2-8 所示。以塌陷次数 C_i 为例，当 $i=0$

时表示不产生塌陷。均值和标准差是在表 2-7 的基础上，以塌陷次数为权重求得。对于塌陷次数 C_i，无塌陷共计 2 次，少塌陷共计 6 次，多塌陷共计 2 次，其均值按 $(2 \times 0 + 6 \times 1 + 2 \times 2) / 10 = 1$ 计算，表明塌陷案例中以少塌陷为主。对于人类活动的参与程度 H_j，参与共计 37 次，未参与共计 6 次，其均值按 $(37 \times 1 + 6 \times 0) / 43 = 0.86$ 计算，表明塌陷案例中以人类活动诱发的塌陷为主。对于地下水位的变化情况 U_k，上升共计 22 次（含截流蓄水造成的水位上升 3 次），不变共计 8 次，下降共计 13 次，其均值按 $(22 \times 1 + 8 \times 0 - 13 \times 1) / 43 = 0.21$ 计算，表明塌陷案例中以水位上升诱发的塌陷居多，但水位下降诱发的塌陷也不在少数。对于截流蓄水的情况 S_l，截流蓄水共计 3 次，未截流蓄水共计 40 次，其均值按 $(3 \times 1 + 40 \times 0) / 43 = 0.07$ 计算，表明塌陷案例中截流蓄水诱发的塌陷虽然存在，但并不多见。对于震动加载的情况 V_m，震动加载共计 8 次（含截流蓄水造成的负重增加 3 次），未震动加载共计 35 次，其均值按 $(8 \times 1 + 35 \times 0) / 43 = 0.19$ 计算，表明震动加载诱发的塌陷略多于截流蓄水。对于地下开挖的情况 E_n，地下开挖共计 3 次，未开挖共计 40 次，其均值按 $(3 \times 1 + 40 \times 0) / 43 = 0.07$ 计算，表明地下开挖诱发的塌陷与截流蓄水相当。

表 2-8　溶洞塌陷的影响因素

变量名称	变量取值	离散化取值	均　值	标准差
塌陷次数：C_i	无（0）	$i=0$	1	0.19
	少（1～4）	$i=1$		
	多（5～15）	$i=2$		
人类活动的参与程度：H_j	参与	$j=1$	0.86	0.36
	未参与	$j=0$		
地下水位是否变化：U_k	上升	$k=1$	0.21	0.13
	不变	$k=0$		
	下降	$k=-1$		
是否截流蓄水：S_l	是	$l=1$	0.07	0.43
	否	$l=0$		

变量名称	变量取值	离散化取值	均　值	标准差
是否震动加载：V_m	是	$m=1$	0.19	0.31
	否	$m=0$		
是否地下开挖：E_n	是	$n=1$	0.07	0.43
	否	$n=0$		

2.4　本章小结

（1）岩性、地形和地貌条件对岩溶发育具有明显影响。岩石的矿物组分和结构影响其可溶性和渗透率。盐岩和石膏岩具有较高的可溶性，危害最大；石灰岩可溶性相对较低，但经过长期风化作用仍存在失稳的可能性。地形对径流影响较大，从而影响岩溶发育。山丘地区地面高程相对较大，地表坡度大，岩溶发育较弱；河谷地区地面高程较小，容易形成积水并产生较强的岩溶作用。

（2）根据可溶岩的出露条件、溶洞覆盖层的岩性分类，可将溶洞划分为裸露型溶洞、覆盖型溶洞和隐伏型溶洞。其中，裸露型溶洞和覆盖型溶洞对工程建设存在潜在危害。根据溶洞顶板的厚薄、埋深对其稳定性、勘查和处治的影响，又可将覆盖型溶洞划分为深埋薄顶、浅埋薄顶、深埋厚顶、浅埋厚顶4种类型。深埋薄顶和浅埋薄顶溶洞既可能发生沉陷破坏，也可能发生塌陷破坏，属于岩溶破坏的高发类型。深埋薄顶溶洞的勘查、处治都要难于浅埋薄顶溶洞。

（3）多数岩溶塌陷都与人类活动有关，与水的关系尤其大，而在自然环境中塌陷的案例则较为少见。塌陷案例中以水位上升诱发的塌陷居多，但水位下降诱发的塌陷也不在少数。此外，在仅仅增加负重或震动荷载的情况下，塌陷的案例也不多见。

第3章 岩溶勘查技术研究

本章利用物探和钻探技术相结合的手段，从应用条件和勘查效果等方面，分别对电阻率层析成像、瞬变电磁法和瑞雷面波法等勘查方案进行分析和对比，为高速公路岩溶路基设计及岩溶处治提供依据。在选定使用电阻率层析成像和钻探技术之后，总结得到不同规模及填充情况的溶洞在电阻率层析成像图中的成像特征，建立溶洞成像特征图，并采用有限元法解释溶洞在成像特征中频繁出现低阻屏蔽效应及等值线弯折的原因。最后，在工程实际中应用溶洞成像特征图，进行电阻率层析成像图的解释推断，同时结合钻探成果验证该方法的正确性。

3.1 钻探法勘查技术研究

首先进行一般性钻孔钻探，随后进行控制性钻孔钻探。一般性钻孔在物探划定的岩溶发育范围内撒网式布置，并合理考虑钻孔间距，以便揭示溶洞（通常从经济的角度考虑，钻孔间距可取 3 ~ 10 m，但是为了避免钻孔漏过溶洞，建议结合溶洞发育的规模考虑钻孔间距，如物探判定溶洞跨度为 L，钻孔间距就可以取 $0.3L$ ~ $0.5L$）。控制性钻孔应布置在已经通过一般性钻孔揭示溶洞的部位，或者物探解释存在疑问且有代表性的部位，其深度应达到要求的最大深度，并沿孔深取原状岩土试样。一般性钻孔只需钻进和揭示溶洞，而控制性钻孔则需要钻探并在其中采取原状岩土试样，两者所需的施工设备及技术有较大区别。

3.1.1 一般性钻孔钻进方法

由于一般性钻孔只需揭示溶洞，无须采取原状岩土试样，因此采用潜孔锤钻进最为便捷。潜孔锤钻进是以压缩空气作为循坏介质，驱动孔内冲击器产生冲击力的一种冲击回转不取芯的全面钻进方法。

钻进过程中应记录相应的数据如下。

（1）遇到基岩面受阻时的钻进深度。

（2）钻透溶洞顶板而掉钻时的钻进深度。

（3）穿过溶洞遇到溶洞底板时的钻进深度。

钻进过程中应符合下列规定。

（1）潜孔锤钻进时机上余尺不宜加得太多。

（2）加接钻杆后，接上土动钻杆应先送压气，待压气送通后，再慢慢下降钻具工作。

（3）操作中应避免潜孔锤在不回转的情况下冲击。因故障被迫停止回转时，应迅速将钻具提升一段距离或立即刹紧绞车制动，使潜孔锤尽快由冲击工作状态转为吹孔状态。

（4）钻进结束前，应强吹孔底几分钟，以排除孔底积存的岩屑。提出主动钻杆后，再慢慢停气，不可猛然放气，以防孔底含岩屑的水倒灌潜孔锤。

（5）潜孔锤应经常注入润滑油。

（6）停用的潜孔锤经拆洗、涂油组装后，进气口应堵塞棉纱，带好防护帽。

（7）潜孔锤钻进时，应简化钻孔结构，不宜采用多级下套管方法护壁。

3.1.2　控制性钻孔钻进方法

为避免钻探过程中发生掉钻、卡钻等事故，应符合下列规定。

（1）钻进时应采用低钻压、慢转速。发现进尺突然加快、漏水、掉钻或有异响时，应立即检查钻具连接情况或用轻压、慢转速探索钻进。

（2）钻穿空洞或大裂隙顶板时应立即停钻，将钻具缓慢下落至底板，并应记录顶、底板的深度，洞内充填物及其性质、成分、水文地质情况等。

（3）洞内有充填物时应采用干钻或双管钻具钻进。

（4）钻过空洞后应下导向管或接长岩芯管，其长度为溶洞高度的 2～3 倍，并用轻压、慢速钻至溶洞底板 2～3 m 后，用套管隔离空洞。

（5）倒杆时应吊住钻具，升降钻具应减速，并注意遇阻情况。

（6）岩芯应采用卡簧或爪簧取芯钻具卡取。

钻孔中取覆盖层原状土样的方法应满足以下要求。

（1）取样孔孔壁应稳定。套管护壁时，孔内水位应等于或稍高于地下水位，套管底部应高于取土位置 0.5 ~ 1.0 m。且泥浆护壁时应边提取土器边灌注泥浆，防止掉样。

（2）取样前应采用大于取土器外径一级的钻具清孔。孔内残留物高度不应大于取土器余土管有效长度。清孔后应测量取土深度。

（3）下放或提升取土器时不宜过快或晃动，入土深度不应大于取土器有效长度；取土器压入预定深度后，坚硬或硬塑黏性土应将取土器回转几圈，软塑或流塑黏性土则应将取土器停放 2 ~ 3 min；断续压入法取土时应避免提动取土器。拆卸取土器时严禁用管钳或重锤敲击。

（4）土样筒取出后应立即擦拭干净，观察土样外表，发现扰动时应立即清孔重取；土样完整时削平加盖；土样筒有空隙时用塑性状态接近的扰动土填满，然后加盖、缠胶布、密封，标明土样的上下，贴好标签。

（5）保持天然含水率的扰动土样应及时装入土样筒内密封。

（6）土样应放在阴凉干燥处，不应日晒、风吹、碰震、受热、被冻。土样应及时送至试验室，送样时应装箱并由专人负责，防止碰撞、震动。

钻孔中取溶洞围岩原状岩样的方法应满足以下要求。

（1）钻孔中采取石试样时岩芯直径不应小于 50 mm、高度为直径的 1.2 ~ 2.2 倍，断口呈斜面时应以最低处计算高度。

（2）石试样应填写标签，标明上下。进行密度、含水量试验的石样，擦干净后应立即密封。

（3）做磨片鉴定的石试样应标明名称、产状和结构构造；断裂带上的石试样应注明断裂方向。标记时不应使用油漆。

3.1.3　钻进观测与分析

1. 地层结构及岩性特征分析

钻探最常见的用途是分析地层结构及岩性特征。如图 3-1 所示，根据钻孔资料，地层结构从上至下依次为第四系全新统冲洪积层（Q_4^{al+pl}）及石炭系上统船山组（C_3c）石灰岩。

第四系全新统冲洪积层（Q_4^{al+pl}）包括①-1 粉质黏土、①-2 粉质黏土和①-3 粗沙。

①-1 粉质黏土：棕黄色、褐黄色，可塑状，一般黏性较强，局部沙感较重，含少量沙，钻进快，取芯呈土柱状。该层上部普遍存在 40 cm 耕植土，发育根系。该层全场分布，钻孔揭露厚度 0.8 ~ 3.1 m。

①-2 粉质黏土：黄色、棕红色，软塑状，一般沙感较重，含少量沙砾石，干钻进尺快，取芯呈土柱状。该层在大部分桥区有分布，钻孔揭露厚度 0.9～11.9 m。

①-3 粗沙：黄色，饱和，稍密，分选性一般，以粗沙为主，占 70%以上，其余为沙砾石及少量中细沙，沙质成分主要为石英，采取率 85%。该层局部分布，仅在桥区 1～3 号孔一带可见，钻孔揭露厚度 1.1 m。

石炭系上统船山组（C_3c）石灰岩包括②-1 中风化石灰岩、②-2 溶洞和②-3 岩溶化石灰岩。

②-1 中风化石灰岩：青灰色为主，局部灰白色，隐晶质结构，厚层状构造，岩质坚硬，金刚石钻进缓慢，裂隙较发育一般，主要为方解石脉及泥沙质充填，岩体完整性较好，取芯率 90%左右，岩芯柱状、短柱状及少量碎块状，但局部岩芯有溶蚀现象，见溶蚀面，RQD=65%左右。该层在桥区全场分布，由于受孔深限制该层未揭穿，钻孔最大揭露厚度 24.5 m。

②-2 溶洞：一般为空洞，无充填，局部溶洞为半充填或空洞，钻进过程中漏水严重。该层在大部分桥区有分布，钻孔揭露溶洞洞径在 0.7～10.4 m。

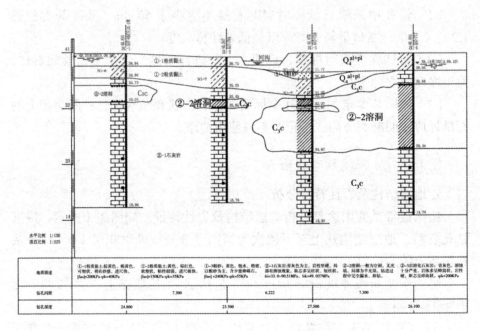

图 3-1　泉塘中桥 1 号墩工程地质纵剖面图

2. 岩溶区段划分

在工程实践中，通常用钻孔线岩溶率描述岩溶发育程度。线岩溶率是指某场地碳酸盐岩地层中，钻孔揭露的溶洞进尺与碳酸盐岩总进尺的百分比。基于线岩溶率，可以进一步进行岩溶区段划分和分布特征分析。

对于高速公路这种线性工程，不同区段的岩溶发育程度明显受到地层岩性、地形起伏、地下水等的控制，人们有必要根据岩溶发育程度划分岩溶区段。岩溶区段划分有利于直观地判断施工的难易程度和处治费用的高低。孙健家等 [103] 建议根据线岩溶率区分岩溶区段，如表 3-1 所示。

表 3-1　岩溶类型区分表

岩溶类型	岩溶率
极强岩溶区	> 0.30
较强岩溶区	0.10 ～ 0.30
中等岩溶区	0.03 ～ 0.10
弱岩溶区	0 ～ 0.03

如图 3-2 所示，利用岩溶类型区分表可以直观地进行岩溶区段划分。其中，K51+000 至 K51+010 段可划分为较强岩溶区；K51+010 至 K51+049 可划分为极强岩溶区；K51+049 至 K51+078 可划分为较强岩溶区；K51+078 至 K51+085 可划分为中等岩溶区；K51+085 至 K51+200 可划分为弱岩溶区。

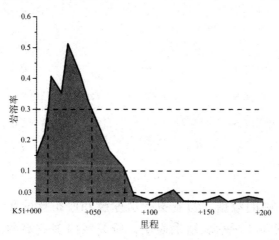

图 3-2　岩溶率与岩溶区段划分

3. 形状特征分析

形状特征包括溶洞埋深、溶洞顶板厚度、溶洞高度和溶洞跨度。一般认为，溶洞跨度（由物探资料取得）、埋深和溶洞顶板厚度是稳定性的主要影响因素，应进行重点分析。表3-2汇总了昌栗高速公路K48+000—K54+000段和K195+500—K196+000段遇到的溶洞（数据来源于《昌栗高速公路岩溶及下伏洞穴区路基处治方案》）及其形状特征。

表3-2 昌栗高速公路下伏溶洞形状特征统计

桩　号	覆盖层厚度 /m	跨度 /m	洞高 /m	顶板厚度 /m	厚跨比
K48+040	8	35	5	1	0.029
K48+135	8.5	16	4	4	0.250
K48+190	15	55	6	0.1	0.002
K50+905	11	11	5	3.5	0.318
K50+925	10	12	4	1	0.083
K50+950	10.5	9	5.9	3.3	0.367
K50+980	12	15	7	4	0.267
K53+373	12.3	15	1.4	0.1	0.007
K53+440	12.5	22	3.4	0.1	0.005
K53+582	11	23	7.5	1.5	0.065
K195+505	10.3	39	1.1	0.5	0.013
K195+530	8.1	39	3.2	0.5	0.013
K195+615	6.9	17	1.3	0.5	0.029
K195+620	8.5	17	1.8	2.0	0.118
K195+670	0	30	5.9	3.1	0.103
K195+936	3.3	9.2	2.0	2.2	0.239

根据表3-2中的数据，绘制覆盖层厚度和厚跨比的频率分布图，分别如图3-3和图3-4所示。结果表明，研究区内多数溶洞的厚跨比都小于0.05，显著小于0.8的标准值，属于薄顶溶洞，对工程稳定性影响较大；覆盖层厚度一般为8～14 m，主要为深埋溶洞，勘查方面宜采用电阻率层

析成像并结合其他勘查方法相互佐证，处治方面宜以注浆为主。

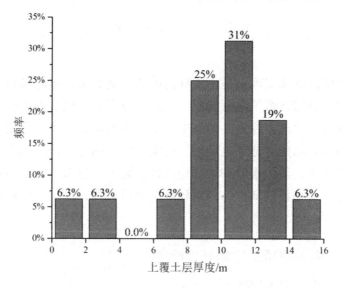

图 3-3　覆盖层厚度频率统计

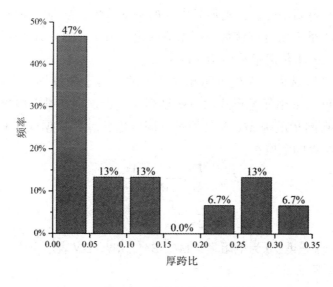

图 3-4　厚跨比频率统计

3.2 电阻率层析成像勘查技术研究

电阻率层析成像实际上是由常规的电法改进而来的阵列勘查方法，在实际测量中，只需将数根电极按照一定的间隔摆开，然后由电极转换装置自动完成跑极。原理：首先由接地电极对地表放电建立地下电场，在接地电极完成地表放电建立地下电场后，由电测仪器感知不同的地质条件引起的地表电场变化，从而推断和解释地质体在地下的分布形态。然而电阻率层析成像有一个明显的缺点，即对场地的要求较高，要求工作区地形相对较平坦。

3.2.1 电阻率层析成像基本原理

1.均匀介质电阻率的测量原理

电阻率层析成像全称高密度电阻率法，国外通常称其为电阻率层析成像法。其中，电阻率是表征物质导电性的基本参数，某种物质的电阻率实际上是当电流垂直通过有该物质所组成的边长为 1 m 的立方体时而呈现的电阻。电阻率的单位通常采用 $\Omega \cdot m$ 来表示。

假设待测区域内，大地电阻率是均匀的。对于测量均匀大地电阻率值，原则上可以采用任意形式的电极排列来进行，即在供电电极 A，B 处供电，然后在测量电极 M，N 处测量其间的电位差，根据式（3-1）便可求出 M，N 两点的电位：

$$U_M = \frac{I\rho}{2\pi}\left(\frac{1}{AM} - \frac{1}{BM}\right)$$

$$U_N = \frac{I\rho}{2\pi}\left(\frac{1}{AN} - \frac{1}{BN}\right)$$

（3-1）

其中，I 为电流强度；ρ 为电阻率；AM，BM，AN，BN 表示电极 A，B，M，N 相互之间的距离。

显然，AB 在 MN 间所产生的电位差：

$$\Delta U_{MN} = \frac{I\rho}{2\pi}\left(\frac{1}{AM} - \frac{1}{AN} - \frac{1}{BM} + \frac{1}{BN}\right)$$

（3-2）

由式（3-2）可得均匀大地电阻率的计算公式为

$$\rho = K\frac{\Delta U_{MN}}{I}$$

（3-3）

其中，有

$$K = \frac{2\pi}{\frac{1}{AM} - \frac{1}{AN} - \frac{1}{BM} + \frac{1}{BN}}$$　　　　　　（3-4）

式（3-3）即为在均匀大地的地表采用任意电极装置（或电极排列）测量电阻率的基本公式。其中，K 为电极装置系数（或电极排列系数），是一个只与电极的空间位置有关的物理量。考虑到实际的需要，在电法勘探中，一般总是把供电电极和测量电极置于一条直线上，如图 3-5 所示的电极装置称为四极排列。

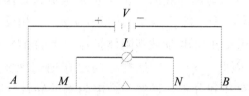

图 3-5　利用四极排列测量均匀介质的电阻率

2. 岩溶地质电阻率的测量原理

岩溶地质在电性上是不均匀且比较复杂的，如仍用均匀介质假定下得到的式（3-4）进行电阻率测定，实际上测得的是测量范围内岩溶地质的视电阻率（平均电阻率）。因此，研究岩溶地质电阻率的测量原理非常必要。

当 $MN < AB$ 时，其间的电场可以认为是均匀的，因此

$$\Delta U_{MN} = E_{MN} \cdot MN = j_{MN} \cdot \rho_{MN} \cdot MN$$　　　　　　（3-5）

其中，MN 为测量电极间的距离；j_{MN} 为 MN 段的电流密度；ρ_{MN} 为 MN 段所在介质的电阻率。

将式（3-5）代入式（3-4），则视电阻率：

$$\rho_s = K \frac{j_{MN} \cdot \rho_{MN} \cdot MN}{I}$$　　　　　　（3-6）

当地下介质均匀时，视电阻率 ρ_s 与均匀介质的电阻率 ρ 相等，同时，可以把 MN 所在介质的电阻率 ρ_{MN} 和电流密度 j_{MN} 用均匀介质的电阻率 ρ 和电流密度 j 来表示，于是有

$$\rho = K \frac{j \cdot \rho \cdot MN}{I}$$　　　　　　（3-7）

整理可得：

$$K \frac{MN}{I} = \frac{1}{j}$$　　　　　　（3-8）

将式（3-8）代入式（3-6），便得到：

$$\rho_s = K\frac{MN}{I}j_{MN}\cdot\rho_{MN} = \frac{j_{MN}}{j}\rho_{MN} \qquad (3-9)$$

这就是视电阻率和电流密度的关系式，或称为视电阻率的微分公式。它表明某点的视电阻率和测量电极所在介质的真电阻率成正比，其比例系数就是 j_{MN}/j，这是测量电极间实际电流密度与假设地下为均匀介质时电流密度之比。

显然，j_{MN} 包含了在电场分布范围内各种电性地质体的综合影响。当岩溶地质中有低阻不均匀体存在时，由于正常电流被低阻体吸引，地表 MN 处的实际电流密度减少，即 $j_{MN}<j$，因此 $\rho_s<\rho_{MN}$；相反，当岩溶地质中有高阻体存在时，由于正常电流被高阻体排斥，地表 MN 处的实际电流密度增加，即 $j_{MN}>j$，因此，$\rho_s>\rho_{MN}$。这样，通过在地表观测视电阻率的变化，便可揭示溶洞的存在和分布。显然，视电阻率的异常分布除了与地质对象的电性和产状有关外，还与电极装置有关。

3.2.2 电阻率层析成像电极装置研究

常用的电极装置主要有二极装置、三极装置、温纳装置、偶极装置和斯龙贝格装置等。

1. 二极装置

高密度电阻率法二极装置电极排列的采集原则是将一个供电电极 B 极和测量电极 N 极置于"无穷远"，然后 A 电极供电，M 电极依次进行电位测量。二极装置的工作示意图如图 3-6 所示。

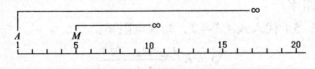

图 3-6　二极装置示意图

装置系数 $K=2\pi na$，其中，a 为电极间距；n 为隔离系数；$AM=na$。每次测量的数据点放在供电电极 A 和测量电极 M 的正中间。在实践中，理想的二极装置中的无穷远是不存在的。为了近似做到二极装置，供电电极 B 和测量电极 N 必须放置到大于 20 倍的 AM 距离之外的地方，这样才能保证误差小于 5%，如果在地形复杂的场地布置测线，远极的位置有时很难满足。另外，远极的影响程度同 *AM* 与 *BM* 距离的比值近似成比例，因此，这种装置形式的另一个缺点是两个测量电极之间距离过大，会接收到大量的地电干扰，导致分辨率降低，大大降低测量的质量，所以这种装置较少用于岩溶地质勘查。

2. 三极装置

三极装置在野外工作时，需要设置一个无穷远电极 *B*，然后用一组测量电极 *M*，*N* 测量距供电电极 *A* 不同距离的电位差，实现对地下地质体的探测。其采集形式如图 3-7 所示。

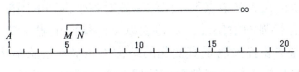

图 3-7　三极装置示意图

装置系数 $K=2\pi n(n+1)a$，其中，$AM=na$；$MN=a$。三极装置探测时数据水平宽度较大，抗干扰能力比二极装置好。与其他装置形式不同，三极装置是不对称的，因此，原本对称的结构体在测量中得到的视电阻率异常也是不对称的。在某些情况下，这种视电阻率的不对称性会影响到反演后得到的模型，为了消除这种不对称性，通常还要进行反向测量，通过正向和反向的测量消除这种不对称性。

电极 *B* 必须放置在距离测线足够远的地方，其影响程度近似与 *AM* 同 *NB* 距离的平方成比例。因此，三极装置远极的影响比起二极装置远极的影响要轻一些。如果 *B* 极距测线的距离大于 5 倍的 *AM* 的距离，那么忽视 *B* 极的影响带来的误差将小于 5%（确切的误差也依赖于 *N* 极的位置和地下的电阻率分布）。

由于有效探测宽度较大，这是一种很有效的装置形式，它的信号强度比温纳装置和温纳斯龙贝格装置要弱，但比偶极装置要强。三极装置的信号强度随着隔离系数 *n* 的平方的增长而降低。虽然这种规律不像偶极装置那样明显，但隔离系数 *n* 值的选取最好不要大于 8~10。除此以外，*MN* 之间的电极间距 *a* 应适度增大以获得更强的信号。当采用三极装置探测时，测试深度应该是目的物异常体尺寸的 4 倍或更大。

3. 温纳装置

温纳装置采集形式如图 3-8 所示。

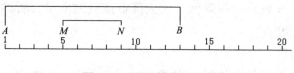

图 3-8　温纳装置示意图

装置系数 $K=2\pi na$，其中，$AM=MN=NB=na$，测量时将 MN 范围内测得的视电阻率标在 MN 中点下。温纳装置对整个排列中间部分的地下垂直电阻率变化有较强的敏感性，对地表以下的横向电阻率变化就不怎么敏感。通常，温纳装置探测垂直变化的结构（如水平层状结构）较为适用，对水平变化的结构（如较窄的垂直结构）能力稍差。用温纳装置探测的中间深度大约是 0.5 倍的电极间距 a 值，相对于其他装置来说，这个深度比较适中。温纳装置的信号强度同装置系数成反比例，温纳装置的装置系数是 $2\pi na$，这比其他装置的装置系数要小。在常用的几种装置形式中，温纳装置的信号强度最强，在地电干扰很强烈的情况下，温纳装置是一个很好的选择。不过温纳装置的数据排列图形为梯形，进行二维勘探时，深度越深，水平覆盖越小，因此，如果极距过大，则探测的有效宽度较窄在电极很少的情况下会成为困扰。当采用温纳装置形式探测时，测试深度应该是目的物异常体尺寸的 3 ～ 4 倍。

4. 偶极装置

偶极装置采集形式如图 3-9 所示。

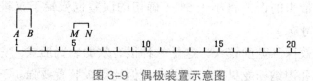

图 3-9　偶极装置示意图

装置系数 $K=\pi n(n+1)(n+2)a$，其中，$AB=MN=a$；$BM=na$。由于供电电路和测量电路之间的电磁耦合较好，这种装置曾广泛应用，且至今还应用在考虑地形因素的探测中。供电电极对之间的距离 a 与测量电极对之间的距离相同，BM 之间的距离同 AB（或 MN）之间距离的比值称为隔离系数 n。对这种装置来说，电极间距 a 是固定的，隔离系数 n 可以随着调查深度的加大从 1 提升到 2、3，甚至 6。电阻率值变化最灵敏的位置在 AB 电极对和 MN 电极对之间，这意味着这种装置对偶极对之间的电阻率变化非常敏感，灵敏性等高线几乎是垂直的，因此，偶极装置对水平方向的电阻率变化非常敏感，但是对垂直的电阻率变化就不那么敏感。偶极装置的探测深度取决于隔离系数 n 和电极间距 a。一般来说，这种装置的探测深度比温纳装置要浅，但是在二维调查中，它的水平有效探测宽度比温纳装置要宽。

偶极装置的一个缺点是当隔离系数 n 值过大时得到的信号强度非常小。电压同隔离系数 n 的立方成反比例，当隔离系数 n 从 1 提高到 6 而电流不变的情况下，电压值要降低大概 200 倍。一个解决的办法是当加长测线的长度来增大探测深度的时候，用提高偶极对之间的距离电极间距 a 值的方法来减少电压的降低。同样的测线长度、不同的电极间距 a 和隔离系数 n 的偶极装置，隔离系数 n 较小的信号强度比隔离系数 n 较大的信号强度要大很多。

5. 斯龙贝格装置

斯龙贝格装置采集形式如图 3-10 所示。

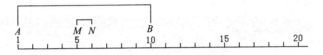

图 3-10　偶极装置示意图

装置系数 $K=\pi n(n+1)a$，其中，$MN=a$；$AM=NB=na$。斯龙贝格装置的灵敏性模式同温纳装置稍有不同，在测线的中央有轻微的垂直曲率。在同样的测线布置下，斯龙贝格装置的中央探测深度比温纳装置深 10%，但信号强度比温纳装置低，不过比偶极装置要高。

3.2.3　电阻率层析成像电极距研究

对勘查影响较大的电极距主要包括供电电极距 AB 和测量电极距 MN，供电电极距 AB 主要由勘查深度 H 决定，AB 越大，那么勘查深度就越深，反之则越浅；测量电极距 MN 主要由勘查精度决定，MN 越小，那么勘查精度就越高，反之则越低。

根据文献 [104] 的研究，随着供电电极距 AB 的增大，模型的勘查深度 H 将不断加深，如图 3-11 所示。对于 30 m 埋深的溶洞，供电电极距为52.5 m 时，无法勘查出溶洞的存在；当供电电极距扩大到 102.5 m 时，能够勘查出溶洞的存在；当供电电极距达到 132.5 m（大约为溶洞埋深的 3 倍）

时，勘查效果明显。当供电电极距继续增大时，虽然可进一步加深勘查深度，但是大幅度降低了工作效率。因此，供电电极距 AB 一般应满足 $AB/3 \approx H$ 的关系。

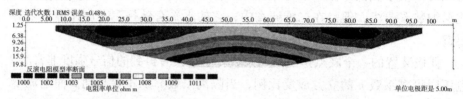

（a）供电电极距为 52.5 m

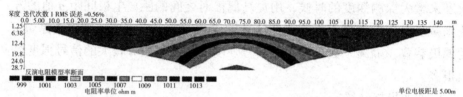

（b）供电电极距为 72.5 m

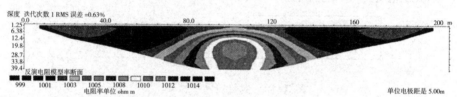

（c）供电电极距为 102.5 m

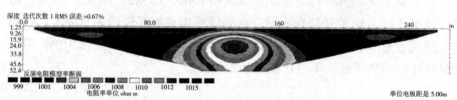

（d）供电电极距为 132.5 m

（e）供电电极距为 152.5 m

图 3-11　电极最大极距对于勘查岩溶的影响

根据文献 [104] 的研究，测量电极距 MN 对反演图形的精度具有较大影响，如图 3–12 所示。采取测量电极距 MN 为 7 m 以上的间隔时，反演出的结果位置和形态均较粗糙，故选取 5 m 以下的测量电极距 MN 更为合理，大约为供电电极距 AB 的 1/30。因此，测量电极距 MN 不宜超过供电电极距 AB 的 1/30。

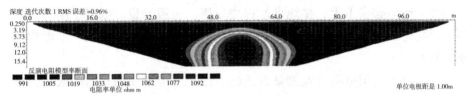

（a）相邻电极间距为 1 m

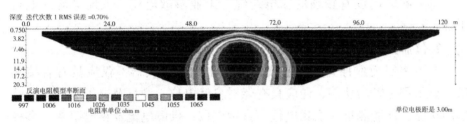

（b）相邻电极间距为 3 m

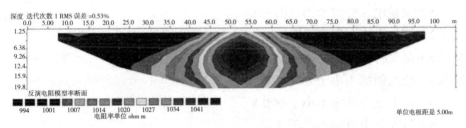

（c）相邻电极间距为 5 m

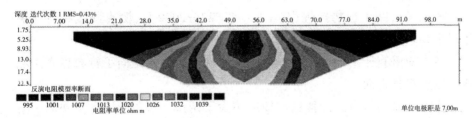

（d）相邻电极间距为 7 m

图 3–12　相邻电极间距对于勘查岩溶的影响

3.2.4　电阻率层析成像的应用条件及工作参数选择

1. 应用条件

（1）被探测溶洞应具有数米大小的规模，测试深度应该是溶洞尺寸的3～4倍左右，被探测溶洞与围岩之间应有电性差异。

（2）地形起伏不大，接地良好以便布极。一般来说，电阻率层析成像都用于高速公路岩溶路基的补充勘查（此时，路基已基本成型，地形相对较平坦）。

（3）由于采用电极接地测量方式的方法，要求被探测目的层或目的体上方没有电阻极高的屏蔽层。

（4）测区内没有较强的输电线缆、工业游散电流、大地电流或电磁干扰。

2. 仪器要求

电阻率层析成像宜使用多功能直流电法仪，仪器不仅应具有直接测量、显示和存贮的功能，还应具有能对自然电位、漂移及电极极化进行补偿的功能，并能测量一次场电位、自然电位、供电电流及视电阻率等多种参数。仪器主要技术指标应符合下列要求。

（1）测量电压分辨率为 0.01 mV。

（2）测量电流分辨率为 0.01 mA。

（3）最大补偿范围为 ±1 V。

（4）输入阻抗不小于 8 MΩ。

（5）最大供电电压不小于 900 V。

（6）最大供电电流不小于 3 A。

3. 测点测线布置要求

根据《公路工程物探规程》（JTG/T C22—2009），测点测线布置应满足以下要求。

（1）应垂直于溶洞、地质构造带及岩性分界面的走向平行布置多条测线，以追踪其走向。

（2）通过溶洞发育地段的测线应不少于两条，每条测线上反映同一溶洞的异常点应不少于3个。

（3）可根据任务要求、探测溶洞规模和埋深 H 确定线距（测线之间的距离）和点距（测点之间的距离），点距宜为埋深 H 的 1/3～1 倍，线距宜为点距的 2～5 倍。

（4）如果观测结果以平面等值线图的形式反映地质体各向异性，点距和线距宜一致。

3.3　瞬变电磁法勘查技术研究

瞬变电磁法勘查溶洞的原理与电阻率法类似，但不需要接地。高阻碳酸盐岩对电磁波的吸收较弱，探测深度较深；碳酸盐岩因其成层沉积的特定环境，使电磁波呈现明显的顺层传播的特点；但由于地空界面、基岩面的存在，以及岩层的不规则溶蚀，容易导致电磁波出现强烈的反射及散射现象，形成很强的二次波，以致出现干涉条纹，甚至使异常严重畸变。

3.3.1　电磁波在岩溶地质中的穿透距离

在高阻的碳酸盐岩地区，电磁波有较大的穿透距离，这给电磁波探测岩溶的应用及解释带来很大好处。根据电磁波远区场的计算公式，有

$$E = E_0 \frac{e^{-\beta R}}{R} \sin^2 \theta \qquad （3-10）$$

其中，E 为电磁波远区场；R 为传播距离；θ 为发射机跟接收机连线与水平面的夹角；$E_0 = 0.5ILf\mu$ 为初始场强；I 为天线电流；L 为天线有效长度；f 为频率；μ 为导磁率；β 为吸收系数，其表达式为

$$\beta = 2\pi f \sqrt{\mu\varepsilon} \cdot \sqrt{0.5\sqrt{1+\left(\frac{1}{2\pi f \varepsilon \rho}\right)^2} - 0.5} \qquad （3-11）$$

其中，$2\pi f$ 为角频率；ε 为介电常数；ρ 为电阻率。

对式（3-10）两边取对数并取 $\theta = \frac{\pi}{2}$ 得：

$$\beta R + \ln R = \ln \frac{E_0}{E} \qquad （3-12）$$

取 $E = E_e$ 为仪器的起始灵敏度，$R = L_{max}$ 就是最大可透距离，则式（3-12）变为

$$\beta L_{max} + \ln L_{max} = \ln \frac{E_0}{E_e} \qquad （3-13）$$

分析式（3-13）可得出以下内容。

（1）影响穿透距离 L_{max} 的参数主要是介质的电阻率 ρ。当 $f=10$ MHz 时，

穿透距离 L_{max} 随电阻率 ρ 的变化情况如表 3-3 所示。

表 3-3　L_{max} 随 ρ 的变化情况

$\rho/(\Omega \cdot m)$	10	100	500	1 000	3 000	5 000
$L_{max}/(m)$	7.5	27.3	99.2	182.3	507	805

（2）由于频散效应，电阻率 ρ 与介电常数 ε 都随频率 f 增加而迅速变小，致使吸收系数 β 急速增加，从而使穿透距离 L_{max} 也迅速减小，其规律与 L_{max} 随 ρ 的变化情况相反。

（3）L_{max} 随 E_0/E_e 变化不明显，取 $E_0=1$ V 时，L_{max} 随 E_e 的变化如表 3-4 所示。由此可见，E_e 提高了 10^7 倍，而 L_{max} 只提高了 3.8 倍。

表 3-4　L_{max} 随 E_e 的变化情况

$E_e/(\mu V)$	100	10	1	0.1	0.01	0.001	0.000 1
$L_{max}/(m)$	112.2	160.8	211.5	263.6	316.5	370.3	424.4

（4）E_0 对 L_{max} 的影响更微弱，取 $E_e=0.03$ μV，则 L_{max} 随 E_0 的变化情况如表 3-5 所示。由此可见，场源因子 E_0 增大 200 倍时，而透距 L_{max} 只增加 0.49 倍，而且不论 E_0 怎样变化，由于岩溶地区灰岩电阻率 ρ 高达数千欧姆米以上，使透距 L_{max} 一般都大于 200 m。

表 3-5　L_{max} 随 E_0 的变化情况

$E_0/(V)$	0.1	1	10	20
$L_{max}/(m)$	239	288.8	342	356

通过以上分析可得出：影响透距 L_{max} 的主要因素是灰岩的电阻率 ρ 和工作频率 f，且与电阻率 ρ 正相关，与工作频率 f 负相关。

3.3.2　电磁波在岩溶地质中的各向异性现象

碳酸盐岩成层沉积的特定环境使岩溶地区的岩石各向异性现象较明显，因此在岩溶地区，电磁波在传播过程中也普遍存在各向异性现象，它对用电磁波探测岩溶有一定的规律性影响。在分析各向异性介质电磁波场的分布规律时，可把各向同性介质的参量（即吸收系数 β、波数 k、介电常数 ε 和相位常数 α）分成相对于岩层层面的切向分量 β_t、k_t、ε_t、α_t 和法向

分量 β_n, k_n, ε_n, α_n。

当岩层水平，偶极子天线垂直于各向异性介质的层理面放置时，天线的作用方向与岩层平行，称为横向偶极天线。此时各向异性介质中的场强公式为

$$E = E'_0 \frac{e^{-\beta_\theta R}}{R} \sin^2 \theta \qquad (3-14)$$

其中，$E'_0 = 0.5ILf\mu A^3$ 为初始场强参数；$A = k_n / k_0$ 为缩波系数；β_θ 为角吸收系数，它同发射机与接收机连线和天线轴的夹角 θ 有关。

β_θ 的表达式如下：

$$\beta_\theta = \frac{\sqrt{(\alpha_n^2 - \beta_n^2)\sin^2 \theta + (\alpha_t^2 - \beta_t^2)\cos^2 \theta}}{\sqrt{\frac{1}{2}\sqrt{1 + \frac{4(\alpha_n \beta_n \sin^2 \theta + \alpha_t \beta_t \cos^2 \theta)^2}{[(\alpha_n^2 - \beta_n^2)\sin^2 \theta + (\alpha_t^2 - \beta_t^2)\cos^2 \theta]^2}} - \frac{1}{2}}} \qquad (3-15)$$

在实际工作中岩层常常并不水平，此时测井天线不垂直于层面，不能看成横向偶极天线，在计算场时应把它视为横向偶极天线与纵向偶极天线产生的合成场。其中，纵向偶极天线的远区场有如下形式：

$$E_\theta = E_0 \left(2\cos^3 \theta \frac{e^{-\beta_t R}}{R} - A^3 \lambda_a \cos^3 \theta \frac{e^{-\beta_\theta R}}{R} + A^3 \sin^2 \theta \cos \theta \frac{e^{-\beta_\theta R}}{R} \right) \qquad (3-16)$$

其中，$\lambda_a = \sqrt{\dfrac{\varepsilon_t}{\varepsilon_n}}$ 为各向异性系数。如果地层倾角为 α，实际天线产生的场可看成是 E_θ 在法向方向的投影 $E_{\theta n} = E_{\theta \pm a \cos a}$ 与切向方向投影 $E_{\theta t} = E_{\theta \pm a \sin a}$ 的合成。因为地层倾斜，横向偶极场与纵向偶极场相对原坐标都扭转了 α 角，所以有

$$E_{\theta n} = E_0 A^3 \frac{e^{-\beta_{\theta \pm a} R}}{R} \sin^2 (\theta \pm \alpha) \cos(\theta \pm \alpha) \cos \alpha \qquad (3-17)$$

$$E_{\theta t} = -E_0 \left[2\cos^3 (\theta \pm \alpha) \frac{e^{-\beta_t R}}{R} + A^3 \sin^2 (\theta \pm \alpha)\cos(\theta \pm \alpha) \frac{e^{-\beta_{\theta \pm a} R}}{R} - \right.$$
$$\left. A^3 \lambda_a \cos^3 (\theta \pm \alpha) \frac{e^{-\beta_{\theta \pm a} R}}{R} \right] \sin \alpha \qquad (3-18)$$

而总场为

$$E_\theta = E_{\theta n} + E_{\theta t}$$

$$= E_0 \left\{ A^3 \sin^2(\theta \pm \alpha) \cos(\theta \pm \alpha) \cos \alpha \frac{e^{-\beta_{\theta \pm \alpha} R}}{R} - 2\cos^3(\theta \pm \alpha) \sin \alpha \frac{e^{-\beta_t R}}{R} - \right.$$

$$\left. A^3 \left[\sin^2(\theta \pm \alpha) \cos(\theta \pm \alpha) + \lambda_a \cos^3(\theta \pm \alpha) \right] \frac{e^{-\beta_{\theta \pm \alpha} R}}{R} \sin \alpha \right\}$$

（3-19）

分析式（3-19）可得出经下结论。

（1）随（$\theta \pm \alpha$）变大，E_θ 变小，这表明传播方向与地层交角越大，对电磁波的传播阻抗越大。相反，当 θ 趋向于（$0.5\pi + \alpha$）时，即接近顺层时，E_θ 变大，反映了电磁能量的顺层传播特点。

（2）在 $\alpha < 20°$ 时，用法向方向的投影 $E_{\theta n}$ 代替 E_θ，其误差不超过 10%；在 $20° < \alpha < 30°$ 时，用法向方向的投影 $E_{\theta n}$ 代替 E_θ，其误差不超过 14%。因此，为了简化问题，在 $\alpha < 30°$ 时，可以使用 $E_{\theta n}$ 公式来进行计算。

（3）由于电磁波是以横波的形式传播的，波的振动方向与传播方向相互垂直，传播中能量的损失情况主要决定于垂直传播方向上电参数的大小。当（$\theta \pm \alpha$）很小时，吸收系数 β 主要决定于切向方向的参数 β_t，当（$\theta \pm \alpha$）很大时（但要 $\leqslant 0.5\pi$），吸收系数 β 主要决定于法向方向的参数 β_n。

一般说来，垂直于层理面的法向方向的电阻率要比切向方向的电阻率大得多，因此，电磁波沿切向方向传播时的能量损失必然远小于法向方向传播的能量损失，这是电磁波在岩溶地质中顺层传播特点的直接表现。

3.3.3 电磁波在岩溶地质中的干涉现象

在岩溶地区，由于各种原因而形成的二次波较强，而且往往可以传播到很远的地方，与直达波迭加，形成各种形式的干涉现象。这些干涉现象表现在曲线上是有规律的振荡起伏。这种起伏的间距与波长有关，波长越短（频率越高），起伏的间距也越短，出现的概率也越大。

如图 3-13 所示，电磁波从发射机发出，到达接收点的传播路径可能有四种：①直达波；②地下不均匀界面的反射与散射波；③地表反射波；④穿过地表在空气中沿地表传播（滑行波）后又返回到地下接收点的地表侧面波。一般情况下，这几种波在地下同时存在，在任意点实测的场强都应是这几种波的迭加，但事实上往往是以其中某一两种波为主与直达波形成干涉。下面分两种情况来分析。

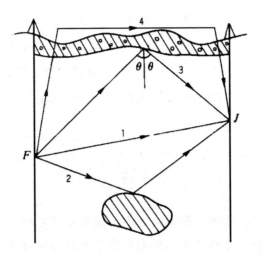

图 3-13　波的传播路径示意图

1—— 直达波；2——衍射波；3——反射波；4——地表侧面波

1. 地表侧面波

由发射孔中的发射机所发出的电磁波的部分能量以临界角传到地面，沿地表在空气一边传播到接收孔，再以临界角返回地下到达接收机，这就是地表侧面波。如果地表覆盖层是理想导体，则地表波将毫不损耗地由发射孔沿地空界面传播到接收孔，如果地表覆盖层不是理想导体，则有一部分能量由空气中返回地下，所以这时，地表每一点的场都要比理想导电介质表面的场小，可用衰减系数 $y(sx)$ 来表示这一特征。在理想导电介质表面上 $y(sx)$ 为 1，一般表土覆盖的地表面的 $y(sx)$ 值在 $0.5 \sim 0.9$。地表侧面波的场强值可用式（3-20）计算：

$$E_{\text{面}} = \frac{2\varepsilon_1^2}{\varepsilon_2^4} e^{-\beta_1(z-z_0-h)-h\beta_2} \cdot \frac{y(sx)}{x} \qquad （3-20）$$

其中，$z-z_0$ 为发射与接收孔高程差；h 为地表覆土（即覆盖层）厚度；ε_1 和 ε_2 分别是灰岩和覆盖层的相对介电常数；x 是两孔间水平距离；s 是与地下介质的电学性质有关的系数。

通常可用下式求得：

$$s = \frac{\pi}{\lambda} \frac{\sqrt{(\varepsilon-1)^2 + \left(\frac{2}{f\rho}\right)^2}}{\varepsilon^2 + \left(\frac{2}{f\rho}\right)^2} \qquad （3-21）$$

地表侧面波和直达波迭加后合成场强为

$$E_{合} = \sqrt{E_{直}{}^2 + E_{面}{}^2 + 2E_{直} \cdot E_{面} \cos(\varphi_2 - \varphi_1)} \qquad (3-22)$$

其中，$E_{直}$ 可用式（3-10）求得；φ_1 和 φ_2 分别为直达波和侧面波的相位角，$\varphi_1 = \alpha R_1$，$\varphi_2 = \alpha R_2$；R_1 为直达波的波程；R_2 为侧面波的波程；α 为相位常数，其表达式为

$$\alpha = 2\pi f \sqrt{\mu\varepsilon} \cdot \sqrt{\frac{1}{2}\sqrt{1 + \left(\frac{1}{2\pi f \rho \varepsilon}\right)^2} + 1} \qquad (3-23)$$

2. 反射波

从电磁波能量传播的角度来考虑，如果是裸露型溶洞，灰岩直接与空气接触，则由地下传播到地空界面的能量大部分应该是先透过界面然后才进入空气中，它们被界面反射的能量是比较弱的。但是当存在覆盖层时就会产生较强烈的反射。因此，在一定的条件下地表面的反射波是不容忽视的。反射波的场强可用式（3-24）表示：

$$E_{反} = E_0 \frac{e^{-\beta(R_2 + R_3)}}{R_2 + R_3} \sin^2\theta \cdot V \qquad (3-24)$$

其中，$R_2 + R_3$ 为反射波的波程；V 为反射系数，对于平面波有

$$V = \frac{n^2 \cos\theta - \sqrt{n^2 - \sin^2\theta}}{n^2 \cos\theta + \sqrt{n^2 - \sin^2\theta}} \qquad (3-25)$$

其中，$n = \dfrac{k_2}{k_1} = \sqrt{\dfrac{\varepsilon_2}{\varepsilon_1}}$。

直达波与反射波的迭加场强可表示为

$$E_{合} = \sqrt{E_{直}{}^2 + E_{反}{}^2 + 2E_{直}E_{反}\cos(\varphi_2 - \varphi_1)} \qquad (3-26)$$

其中，$E_{直}$ 可用（3-10）式求得；φ_1 和 φ_2 为直达波与反射波的相位角，$\varphi_1 = \alpha R_1$，$\varphi_2 = \alpha (R_1 + R_2)$。

直达波可与侧面波、反射波形成明显的干涉现象，如图3-14所示。图中，曲线1表示直达波和侧面波的干涉现象；曲线2表示直达波与反射波的干涉现象。

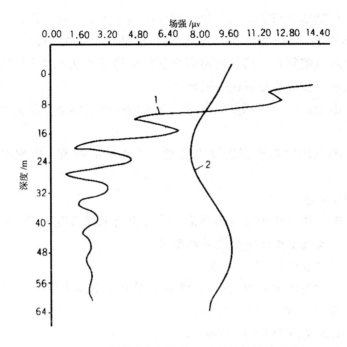

图 3-14　直达波与侧面波、反射波的干涉现象

综上所述，由反射波或地表侧面波等所形成的二次波与直达波迭加所形成的干涉现象在岩溶地区普遍存在，且有以下特点。

（1）只有二次波和直达波的强度相近时，才能出现明显的干涉条纹。若其中一个过强，另一个就会被掩盖，干涉条纹也就不明显。

（2）干涉曲线的起伏振荡主要由两种迭加波的相位变化所造成，而相位的改变又主要由波程差和相位常数 α 的变化所致，因此，干涉周期的长短也就由这两个因素所决定。α 大，则干涉周期变短，所以干涉周期与工作频率和介质的电性有关。

（3）在实测曲线上消除地表反射波或地表侧面波的影响之后，曲线上仍存在干涉现象，就可认为是由溶洞所形成的，此时的往往二次波的波源也正是要找的溶洞。

3.3.4　瞬变电磁法的应用条件及工作参数选择

1. 应用条件

（1）被探测溶洞应具有数米大小的规模，被探测溶洞与围岩之间应有电性差异。

（2）与其他类型的电法相比，瞬变电磁法无需布极，因此尤其适用于不方便布极的环境。若地面已经或者曾经使用二灰处治以及其他方法硬化，将呈现高阻特征，传统的电阻率层析成像等方法无从布极，但使用瞬变电磁法可以很好地克服这一困难。

（3）由于采用线框测量的方法，要求被探测溶洞上方没有极低电阻屏蔽层。

（4）测区内没有较强的输电线缆、工业游散电流、大地电流或电磁干扰。

2. 仪器要求

瞬变电磁法应选用具有多通道、采样率与采样长度可调信号叠加功能的仪器，主要技术指标应符合下列要求。

（1）发射电压为 12 ～ 400 V。

（2）发射基频频率为 2.5 ～ 225 Hz，并在该范围内分档。

（3）带宽为 10 ～ 7.5×10^3 Hz。

（4）时窗范围为 0.05 ～ 160 ms。

（5）通道灵敏度为 0.5 μV。

（6）发射电流不小于 5 A。

（7）测试道不小于 12 道。

（8）动态范围不小于 140 dB。

（9）等效输入噪声不大于 1 μV。

（10）对工频干扰抑制不小于 60 dB。

3. 测点测线布置要求

根据《公路工程物探规程》（JTG/T C22—2009），测点测线布置应满足以下要求。

（1）应垂直于溶洞、地质构造带及岩性分界面的走向平行布置多条测线，以追踪其走向。

（2）通过溶洞发育地段的测线应不少于两条，每条测线上反映同一溶洞的异常点应不少于 3 个。

（3）瞬变电磁法测网布置应考虑线框尺寸和布框要求，线距宜为线框边长 L 的 1 ～ 2 倍，点距可选择 L、$L/2$ 或 $L/4$。

4. 线框布置要求

探测浅层溶洞宜选用重叠回线、中心回线装置，探测深度较深宜选用大定源回线装置。重叠回线装置线框、中心回线和偶极装置的发射线框边

长 L 宜为溶洞最大埋深 H_{max} 的 0.5 ～ 1.0 倍；大定源回线装置的发射线框边长宜根据探测深度在 $100\ m \times 200\ m$ ～ $300\ m \times 600\ m$ 范围内选择；中心回线、大定源回线和偶极装置的接收线框边长，以及发射和接收线框的间距宜根据试验选定。

3.4　瑞雷面波法勘查技术研究

瑞雷面波法是近年来发展非常迅速的一种地球物理方法。这种波沿着自由界面传播（如地球和空气界面），它是纵波和横波的干涉波，并且总是在地震记录中显示出强振幅信号。瑞雷面波理论频散曲线的计算只局限于水平层状介质，对于复杂层位条件下的瑞雷面波场及其频散曲线的特征无法进行计算。而真实的地下介质往往是不均匀的，尤其是岩溶地区的基岩面往往存在较大的起伏情况及倾斜状况，溶洞及其临空面又存在严重的干涉现象，致使现有技术难以根据频散曲线推断岩溶的位置及发育程度。

3.4.1　瑞雷面波在均匀介质中的频散特性

1. 瑞雷面波在均匀介质中的频散方程

瑞雷面波是一种沿介质表面传播并由 P 波和 SV 波耦合而成的波动。取自由界面为 XY 平面，Z 轴指向弹性介质内部垂直向下，$z < 0$ 为真空区域，在 $z=0$ 平面上波场满足自由边界条件，即应力为零。

由弹性理论可知，均匀、各向同性固体介质中的弹性波动方程为

$$(\lambda + 2\mu)\nabla\nabla \cdot u - \mu\nabla \times \nabla \times u = \rho\frac{\partial^2 u}{\partial t^2} \tag{3-27}$$

由于 Z 轴为体系对称轴，而且，此时笔者只考虑 SV 波，对于平行于自由表面运动的剪切波（SH 波）不作考虑，因此，在引入位移势后可得

$$\nabla\left[(\lambda+2\mu)\nabla^2\varphi - \rho\frac{\partial^2\varphi}{\partial t^2}\right] + \nabla\times\nabla\times\left[(\mu\nabla^2\psi - \rho\frac{\partial^2\psi}{\partial t^2})e_z\right] = 0 \tag{3-28}$$

若波动引起介质的形变只有体积上的变化而无旋转，则有

$$(\lambda+2\mu)\nabla^2\varphi - \rho\frac{\partial^2\varphi}{\partial t^2} = 0 \tag{3-29}$$

若波动引起介质的形变只有剪切变形和转动而无体积变化，则有

$$\mu \nabla^2 \psi - \rho \frac{\partial^2 \psi}{\partial t^2} = 0 \tag{3-30}$$

由式（3-29）、式（3-30）可得：

$$\nabla^2 \varphi = \frac{1}{V_p^2} \frac{\partial^2 \varphi}{\partial t^2} \quad \nabla^2 \psi = \frac{1}{V_s} \frac{\partial^2 \psi}{\partial t^2} \tag{3-31}$$

其中，$V_p = \sqrt{\dfrac{\lambda + 2\mu}{\rho}}$，$V_s = \sqrt{\dfrac{\mu}{\rho}}$ 分别表示介质中纵波传播速度和横波传播速度。

则纵、横波速度之比为

$$\frac{V_p}{V_s} = \sqrt{\frac{\lambda + 2\mu}{\mu}} = \sqrt{\frac{1 - \sigma}{0.5 - \sigma}} \tag{3-32}$$

其中，λ，μ 为拉梅常数；σ 为泊松比，且 $\sigma = \dfrac{\lambda}{2(\lambda + 2\mu)}$，表示物体的纵向拉伸与横向压缩形变之比。

从式（3-32）可见，两波速度之比可以确定泊松比的值。反之，已知泊松比的值也可以确定速度比。当 σ 值从 0 变化到 0.5，相应的纵、横波速度比从 $\sqrt{2}$ 变化到 ∞，由于一般岩石的泊松比为 0.25 左右，因此相应的纵、横波速度比 $V_p/V_s = \sqrt{3}$。极坚硬岩石的 σ 值仅为 0.05，流体的 σ 值为 0，而软的、没有很好地胶结的土的 σ 值可达 0.45。对于流体来说，其抵抗剪应力的能力为零，因此 $\mu = 0$，$\sigma = 0.5$，其横波速度为零，即横波不能在流体中传播。

由式（3-31）可知，矢量波动方程式（3-27）被转换成了形如式（3-31）所示的两个标量波动方程，在此基础上可进一步考虑平面波的传播，并引入波沿自由界面传播的视速度 $V = \dfrac{w}{k}$，则有

$$\begin{cases} \varphi = (A_1 e^{-imz} + A_2 e^{imz}) e^{iw(x/V - t)} \\ \psi = (B_1 e^{-inz} + B_2 e^{inz}) e^{iw(x/V - t)} \end{cases} \tag{3-33}$$

其中，A_1，A_2，B_1，B_2 为待定系数；e^{imz} 表示下行波；e^{-imz} 表示上行波。由于在半空间中没有向上传播的波，要求 A_1，B_1 为零，略去 A，B 中的下标，则式（3-31）可表示为

$$\begin{cases} \varphi = A e^{i(mz + wx/V)} \\ \psi = B e^{i(nz + wx/V)} \end{cases} \tag{3-34}$$

式（3-34）表明，纵波和横波都是随 z 增大而衰减的波。由于自由界面处应力分量等于零，即 $\tau_{zz}=\tau_{xz}=0$，故

$$\begin{cases} \tau_{zz} = \lambda \nabla^2\varphi + 2\mu\left(\dfrac{\partial^2\varphi}{\partial z^2} - \dfrac{\partial^2\psi}{\partial z\partial x}\right) = 0 \\[2mm] \tau_{xz} = \mu\left(2\dfrac{\partial^2\varphi}{\partial x\partial z} + \dfrac{\partial^2\psi}{\partial x^2} - \dfrac{\partial^2\psi}{\partial z^2}\right) = 0 \end{cases} \tag{3-35}$$

可得：

$$\begin{cases} \left(2m^2 - \dfrac{\mu}{\lambda}k_p^{\,2}\right)\varphi - 2k\dfrac{w^2}{V^2}\psi = 0 \\[2mm] 2m\varphi + \left(\dfrac{w^2}{V^2} + k^2\right)\psi = 0 \end{cases} \tag{3-36}$$

其中，$k_p=w/V_p$；$k_s=w/V_s$。

式（3-36）有非零解的充要条件是其行列式为零：

$$\begin{vmatrix} 2m^2 - \dfrac{\mu}{\lambda}k_p^{\,2} & -2k\dfrac{w^2}{V^2} \\[3mm] 2m & \dfrac{w^2}{V^2} + k^2 \end{vmatrix} = 0 \tag{3-37}$$

由此可以得到：

$$\left(2 - \dfrac{V^2}{V_s^2}\right)^2 - 4\sqrt{1 - \dfrac{V^2}{V_p^{\,2}}}\sqrt{1 - \dfrac{V^2}{V_s^2}} = 0 \tag{3-38}$$

式（3-38）即为半空间中瑞雷面波的频散方程，V 为瑞雷面波的相速度，一般记为 V_R。

2. 瑞雷面波速度与泊松比的关系

将式（3-32）中的 $V_p = V_s\sqrt{\dfrac{1-\sigma}{a5-\sigma}}$ 代入式（3-38）即可得 V_R，V_s 与泊松比 σ 之间的关系：

$$\dfrac{1}{8}\left(\dfrac{V_R}{V_S}\right)^6 - \left(\dfrac{V_R}{V_S}\right)^4 + \dfrac{2-\sigma}{1-\sigma}\left(\dfrac{V_R}{V_S}\right)^2 - \dfrac{1}{1-\sigma} = 0 \tag{3-39}$$

设：

$$\eta = \dfrac{V_R}{V_S} \tag{3-40}$$

其中，η 为校正系数，它表示瑞雷面波速度 V_R 与横波速度 V_S 的关系，其大小依赖于泊松比 σ。纵波速度 V_P、横波速度 V_S 和瑞雷面波速度 V_R 随泊

松比的变化情况如图 3-15 所示。

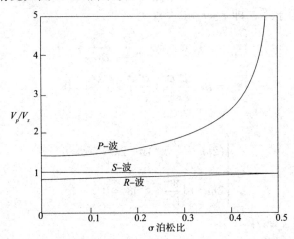

图 3-15 P 波、S 波和 R 波三种不同波速与泊松比 σ 的关系

由图可见，在均匀介质中，瑞雷面波波速具有以下三个特点。

（1）在相同介质中，纵波波速最快，横波次之，瑞雷面波最慢。

（2）V_R 与 V_S 均呈近线性关系，并且当泊松比 σ 较大时，$V_R \approx V_S$。一般情况下，岩石的泊松比为 0.25 左右，土的泊松比为 0.45～0.49。因此对于土质地基，可以认为瑞雷面波波速与横波波速近似相等，求横波波速 V_S 可用求瑞雷面波波速 V_R 来代替。

（3）V_R 与频率 f 无关，表明在均匀介质中面波无频散现象。

3. 瑞雷面波的质点振动特性

由于自由界面处正应力和剪应力均等于零，即 $\tau_{zz} = \tau_{xz} = 0$，因此介质质点的水平位移 u_x 与垂直位移 u_z 分别为

$$
\begin{cases}
U_x = A_0 \left(e^{-\frac{k_1}{\lambda_R} z} - \dfrac{\varepsilon_1 \varepsilon_2}{\pi} e^{-\frac{\varepsilon_1}{\lambda_R} z} \right) \sin(wt - kx) = C \sin(wt - kx) \\[4mm]
U_z = A_0 \left(2\varepsilon_2 e^{-\frac{\varepsilon_1}{\lambda_R} z} - \dfrac{k_1}{2\pi} e^{-\frac{k_1}{\lambda_R} z} \right) \cos(wt - kx) = D \cos(wt - kx)
\end{cases}
\tag{3-41}
$$

其中，ε，k 为瑞雷面波衰减系数；λ_R 和 w 分别为瑞雷面波波长及其频率；A_0 为任意常数。

由式（3-41）可得：

$$
\frac{U_x^2}{C^2} + \frac{U_z^2}{D^2} = 1
\tag{3-42}
$$

式（3-42）表明，沿半空间表面传播的瑞雷面波，其质点的振动轨迹在 X，Z 平面内是一个椭圆。

4.瑞雷面波穿透深度与波长的关系

图 3-16 为根据式（3-42）计算得出的面波质点水平位移和垂直位移振幅随深度的变化曲线，其中，横坐标表示质点水平震动和垂直震动的归一化振幅，纵坐标表示瑞雷面波传播的深度与波长之比。从图 3-16 可知，当泊松比 σ 从 0.1 增大至 0.5 时，水平和垂直位移的振幅也随之增大，转换为面波的能量增多。对于不同的介质，随着深度增大，面波的水平和垂直位移振幅达到极大值后迅速降低，其主要能量均集中在 $z/\lambda_R < 1$ 的深度范围内，由此可知，面波的穿透深度约为 1 个波长。

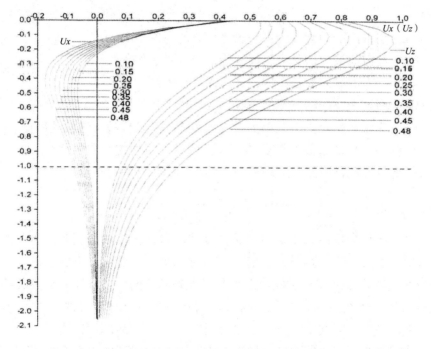

图 3-16　瑞雷面波振幅随深度的变化曲线

从图 3-16 中还可看到，当深度 z 为波长 λ_R 的一半时，面波的能量较强；当 z 与 λ_R 相当时，其能量迅速衰减。因此某一波长的面波的速度主要与深度小于 λ_R 的地层的物理性质有关，该特性为面波勘查的定量解释提供了依据。通常认为面波的勘查深度约为半个波长，然而，实际研究表明，瑞雷面波的穿透深度或实际分层厚度与波长之间的比例关系并非定值，而是在一个区间内随着介质的泊松比的变化而变化，同时随着上下两层介质的波速变化而变化。

5.瑞雷面波在均匀介质中的频散特性

在均匀介质中，不同频率成分面波的相速度 V_R 相同，即 V_R 与频率 f 无关，因而实测得到的速度即为介质的速度。而对于非均匀介质，由于面波的相速度与频率（波长）有关，因此不同频率的单频面波都按自己的相速度传播，于是各分振动的相位差随波的传播而改变，从而导致由分振动叠加的速度不等于相速度，也就是瑞雷面波的频散特性（即相速度随频率而改变的特性）。瑞雷面波的频散特性与波场分布的介质空间内介质的物质成分、结构、密度、孔隙度等因素有关。

另外，根据理论推导和研究，发现瑞雷面波还具有下面几个重要特性。

（1）瑞雷面波的能量约占一次激发总能量的 67 %。

（2）瑞雷面波传播速度与横波传播速度具有相关性。

（3）瑞雷面波的波长不同，穿透深度也不同。

（4）瑞雷面波的勘查深度与频率成反比关系。

（5）在相同的介质中，瑞雷面波的传播速度较横波、纵波速度低。

这些特性是瑞雷面波勘查的物理基础。利用瑞雷面波的这些特性，可以有效地辨识瑞雷面波，为瑞雷面波的应用提供了物理前提。

3.4.2　瑞雷面波在岩溶地质中的频散特性

对于层状介质中瑞雷面波的传播规律、特征方程的建立和其特征方程的求解以及反演，国内外已经有比较成熟的理论和算法。但在理论上，由于边界条件的复杂性，这种特殊情况下瑞雷面波的传播规律研究及其特征方程的建立还在进一步加强，传统的解析法无法求解，主要考虑数值方法，为解决工程问题中采空区、岩溶洞穴等地质问题提供依据。

瑞雷面波理论频散曲线的计算方法（如传递矩阵法和反射透射系数法）虽然能够计算各种水平层位条件下的理论频散曲线，但是这种方法只能进行水平层位条件下的频散曲线。而在岩溶地质条件下，起伏的基岩面以及散布的溶洞对面波的波形、频率特征，以及传播能量等都有着非常重要的影响，特别是对面波的高频成分影响更大。瑞雷面波穿越溶洞和起伏基岩面时，激发出新的体波和面波，并且体积越大的溶洞、起伏越大的基岩面对面波传播的阻碍性越强，且面波高频部分能量损失得越多。

瑞雷面波沿水平方向传播，由于这一特性，溶洞可以视为起伏基岩面的对称模型，因此起伏基岩面与溶洞对瑞雷面波传播的影响较为类似。此处只选择起伏基岩面进行研究，并将起伏基岩面简化为圆弧基岩面，如图 3-17 所示。

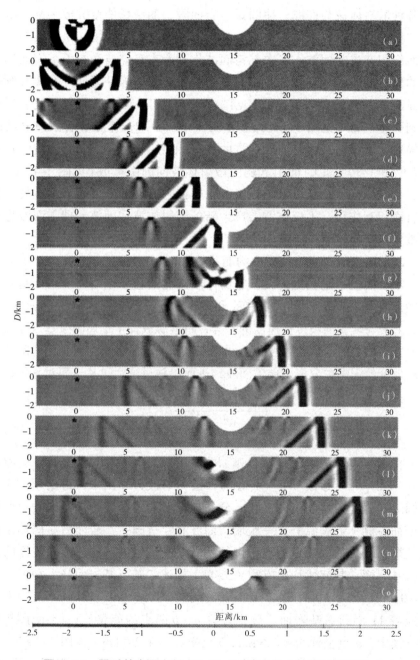

图 3-17　圆弧基岩面主频 1Hz P-SV 波水平分量传播的快照

1. 瑞雷面波在岩溶地质中的干涉特性

根据文献 [105] 的研究，地震波的波场快照图（见图 3-17）展示出波场与圆弧基岩面相互作用的过程非常复杂。穿越圆弧基岩面时体波激发产生各种散射体波与面波，使圆弧基岩面附近的波场能量分散杂乱，既有一次瑞雷面波也有二次瑞雷面波。其中，一次瑞雷面波指一次 P 波与水平基岩面作用产生的面波，二次瑞雷面波指其余来自体波和圆弧基岩面作用产生的散射面波。从穿越过程看，先是 P 波通过圆弧基岩面并在离开圆弧基岩面时激发出二次瑞雷面波 [见图 3-17（j）]；而 S 波跟在 P 波后爬行通过圆弧基岩面 [见图 3-17（g）和图 3-17（h）]，伴随着有散射 P 波向地下辐射；后续而至的是一次瑞雷面波 [见图 3-17（m）]，其通过圆弧基岩面 [见图 3-17（m）] 时引起弱的散射体波向周围扩散 [见图 3-17（n）和图 3-17（o）]。总结以上的描述，基岩面附近震源产生的地震波场与起伏基岩面相互作用，不仅体波会产生新的散射体波和面波，瑞雷面波也同样会激发出新的体波和面波。

2. 瑞雷面波在岩溶地质中的能量特性

瑞雷面波不是独立的波，它由体波与界面相互作用而产生，基岩面附近的爆炸源在基岩面只产生 P 波和瑞雷面波，两者有着较大的速度差异，利用 P 波与瑞雷面波传播速度的差异，将震源放置于距离圆弧基岩面较远的位置上，使 P 波与瑞雷面波到达圆弧基岩面的时间分离，再利用时间窗，便可从理论地震图中分离出瑞雷面波，进而单独讨论圆弧基岩面对其传播的影响。将圆弧基岩面模型宽度 w 固定为 1.0 km，其深度计算方程如下。

$$D = \sqrt{w^2 + \frac{w^2 - d^2}{2d} - x^2} - \frac{w^2 - d^2}{2d} \qquad (3-43)$$

将爆炸震源放置于距圆弧基岩面中心横向距离 20.5 km 处，震源深度为 0.5 km，介质参数不变。将瑞雷面波入射波分离出来，讨论瑞雷面波通过圆弧基岩面前后能量的变化，分析地形对瑞雷面波传播的影响。取圆弧基岩面左侧（近震源侧）一次瑞雷面波和穿过圆弧基岩面后右侧瑞雷面波及其散射波传播较稳定的点，进行两者之间能量的对比。不同陡度的几种圆弧基岩面，其起伏均由方程（3-43）描述，圆弧基岩面最大深度分别为 d = 0、0.1、0.2、0.3、0.4、0.5、0.6、0.7、0.8、0.9、1.0 km，它们分别对应着 11 个圆弧基岩面。分别计算 a、b 两点的能量比，绘示于图 3-18 中。其中，a 点坐标为 − 3.6 km；b 点坐标为 + 2.0 km（见图 3-19）。很显然，随着 d/w（最大深度与宽度一半之比）比值的增大，圆弧基岩面变陡，瑞雷面波穿过圆弧基岩面的能量减小。最大陡度 $d/w=1$ 对应着半圆形基岩面，图 3-18 显示，穿过该形状基岩面的垂直方向和水平方向的能量都低于 10%，为 11 个基岩面模型中 a，b 能量比最小者，这说明基岩面越陡，对瑞雷面波传播能量的阻碍性越强。

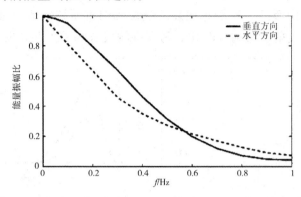

图 3-18　瑞雷面波受圆弧基岩面影响前后 a，b 两点能量对比

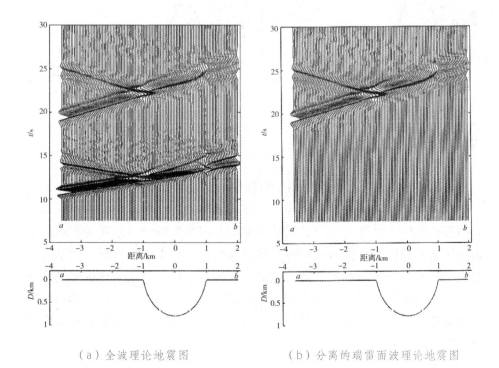

（a）全波理论地震图　　　　　　　（b）分离的瑞雷面波理论地震图

图 3-19　理论地震图

3. 瑞雷面波在岩溶地质中的频率特性

图 3-20 显示了 a，b 两点的频率谱对比。其中，实线表示 a 点的频率谱，虚线代表 b 点的频率谱。可以看到圆弧基岩面不仅使瑞雷面波前行能量减少，而且使频谱变得复杂，出现多个峰值，且伴有高峰值向低频方向移动，基岩面越陡，移动越明显。这说明瑞雷面波传播经过起伏基岩面时，存在波的反射、透射和转化，另有高频成分的消失和减弱现象。

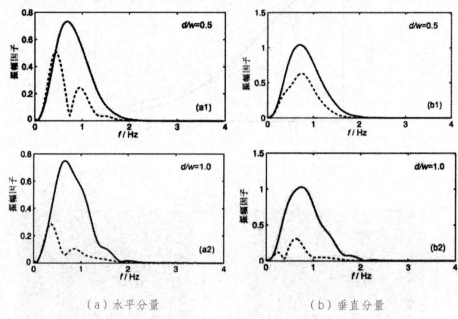

（a）水平分量　　　　　　　　　　（b）垂直分量

图 3-20　a、b 两点的频谱对比

4. 瑞雷面波在岩溶地质中的振幅特性

取 d/w=1.0、d/w=0.5 两个陡度的基岩面模型，计算瑞雷面波对应基岩面的振幅响应（见图 3-21），两种陡度的基岩面振幅响应共同的特点是瑞雷面波通过圆弧基岩面时振幅随传播路径减小，基本上是近源一侧基岩面对应的振幅大于远源侧基岩面对应的值；再者，尽管两基岩面的平缓度不同，振幅谱变化的形态在响应的频率上近似一致；第三个特征是低频成分通过基岩面保留相对大的能量，而频率越高的成分，被起伏基岩面阻碍或反射的能量越多。

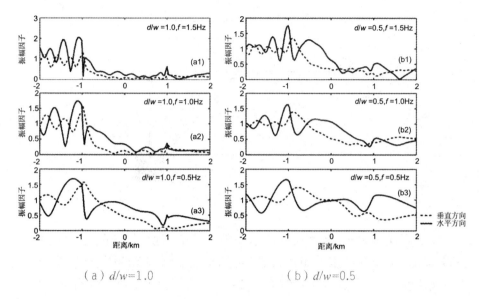

（a）d/w=1.0　　　　　　　　（b）d/w=0.5

图 3-21　两种地形对应的振幅频率谱

5. 瑞雷面波在勘查岩溶时存在的问题

现有技术一般利用瑞雷面波散射形成的"之"字形曲线并结合运动时距方程求解溶洞位置。但由于运动时距方程适用情况十分有限（仅适用于均质体中的溶洞），再加上实际传播过程中的严重干涉，势必带来更严重的误差。

目前在现场面波勘查中已观测到在洞穴存在的深度范围内，频散曲线上出现断点（之字形），而且频散点分布非常散乱，但在国内外理论上都没有给出合理的证明和解释，软弱层、空洞的存在与瑞雷面波频散曲线的"之"字形之间的关系尚未搞清，只是有文章定性地把地下存在的洞穴看作一种特殊的有限软弱夹层介质体，瑞雷面波在其上有着特有的传播规律，可以根据瑞雷面波频散曲线出现异常的位置确定所在测点处地下洞穴存在与否、其埋藏深度以及发育状况等。

例如文献 [106] 设计了两个埋深不同的溶洞进行计算，模型一是埋深为 5 m，大小为 6 m×6 m 的矩形体溶洞；模型二埋深为 10 m，大小为 6 m×6 m 的矩形体溶洞。在不考虑干涉的情况下，瑞雷面波遇到溶洞发生散射的传播原理如图 3-22 所示。瑞雷面波从震源出发沿浅层地表路径传播，当在传播过程中遇到溶洞时会发生散射，沿路径返回地面。

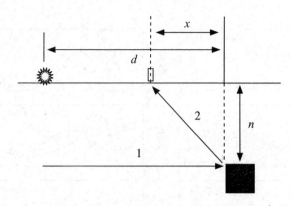

图 3-22 运动时距方程计算原理图

设溶洞埋深为 h，距离震源的水平距离为 d，地面接受散射波的检波器距离非均匀地质体的水平距离为 x，可知检波器到震源的距离 $L = d - x$，瑞雷面波速度为 v，瑞雷面波沿路径 1、2 的时间历程为 t_x。可以得到如下方程。

$$t_x = \frac{1}{v}\left[d + \left(x^2 + h^2 \right)^{1/2} \right] \qquad （3-44）$$

从式（3-44）看出瑞雷面波散射的时距曲线是抛物线。因此，可以在地面布置检波器接收地震波得到地震记录。有了地震记录中相位差计算得到的瑞雷面波速度，就可以利用时距曲线上的两点求方程组得到溶洞的埋深 h 及其距离震源的水平距离 d。

以上的分析证明地形对地震波场的影响是很大的，地表水平时，近地表爆炸震源在地表一定范围内只能产生 P 波和瑞雷面波。而在地形有起伏时情况则要复杂得多，以上两种波与地形相互作用，又会产生新的散射体波和散射面波。这也是利用瑞雷面波勘查岩溶时出现误差的重要原因。

地形对瑞雷面波的影响很明显，不同平缓度的地形对瑞雷面波的传播阻碍程度也不同，越陡的地形，对瑞雷面波的阻碍性越大，且频率越高的成分受阻碍越大；再有，瑞雷面波经过地形时不仅能量改变，同时会发生波的转换，引起波谱的改变。相似的地形对瑞雷面波的振幅响应又具有一定的相似性。

根据运动时距方程解得模型一中 $d=46.0$ m，$h=10.6$ m，与实际埋深 $h=10.0$ m 较为接近，但与实际位置 $d=43.0$ m 存在一定差距。根据运动时距方程解得模型二中 $d=43.8$ m，$h=9.9$ m，与实际位置 $d=43.0$ m 较为接近，但与实际埋深 $h=5.0$ m 存在较大差距。这样的误差主要是由于没有考虑瑞雷面波在传播过程中受到的干涉。值得注意的是，这两个溶洞模型均处于理想的均质体中，虽然严格满足上述运动时距方程的使用条件，但是由于未能考虑传播过程中的干涉问题，仍产生了较大的误差。而在实际工程中，溶洞所处的围岩环境往往较为破碎，基岩面起伏极大，覆盖层分层明显（溶洞往往在洪积层、冲积层、沙滩等与水流密切相关的环境中形成，表现为覆盖层往往成层分布），在这样的环境中继续使用上述运动时距方程势必带来更大的误差。因此，在岩溶这样的复杂地质条件下，应慎用瑞雷面波法勘查溶洞位置及其围岩性质。

3.4.3　瑞雷面波法应用条件及工作参数选择

1. 应用条件

使用瑞雷面波法进行地球物理勘探应满足如下应用条件。

（1）被追踪地层与其相邻层之间，被探测溶洞与周边介质之间应存在明显的波速差异。

（2）被追踪地层应为横向相对均匀的层状介质，被追踪的不良地质体应具有一定规模。

（3）地面应相对平坦，地层界面起伏不大，并避开沟、坎等复杂地形的影响。

需要注意的是，虽然溶洞与围岩之间存在明显的波速差，但是岩溶地质构造复杂，与瑞雷面波法假定的横向均匀的层状介质相比差别巨大，使用瑞雷面波法进行岩溶路基勘查的效果并不理想。应该注意到，"之"字型曲线不仅仅存在于岩溶地质中，地面起伏、基岩面起伏及地层不均匀等情况都可能导致形成"之"字型曲线，不能仅仅因为"之"字型曲线的存在就断定存在溶洞。

2. 仪器要求

瑞雷面波法建议采用具有数据处理、存储、记录功能的面波仪，附属设备有电缆、电线、蓄电池、震源、卷尺。主要技术指标应符合下列要求。

（1）接收道应具有良好的一致性，不宜少于 12 道，建议使用 24 道。

（2）模 / 数 (A/D) 转换精度不低于 16 bit。

（3）有较大的增益和可控动态，输入阻抗应大于 3 kΩ，增益动态范围不小于 96 dB。

（4）具有可调、范围较大的采样率，最小采样间隔不应大于 0.1 ms。

（5）具有较宽的频率响应，可调通频带范围：2 ～ 2 000 Hz。

3. 测点测线布置要求

根据《公路工程物探规程》（JTG/T C22—2009）和《多道瞬态面波勘察技术规程》（JGJ/T 143—2017），测点测线布置应满足以下要求。

（1）应视勘探对象布设成测线或测网。多道接收时，测线宜布置成直线。

（2）测点位于测线上，周围地形平缓，无临空面，每条测线不得少于3个测点。为提高精度，建议使用 15 m 点距。

（3）检波器应以测点为中心，向测点的两端展布，展布方向应根据测区的地形、地质及场地条件确定。

（4）观测方式可采用一端或两端激震多道观测，排列长度应大于探测深度。

4. 间距要求

（1）道间距一般为 0.5 ~ 1 m，炮检距应达到最大勘探深度的一半，具体采用的炮检距可由现场试验确定。震源采用锤击垫板，单边激发的方式，激发锤重不低于 24 磅。

（2）瑞雷面波勘探的深度应在一个波长之内，偏移距和检波点距较小时有利于探测浅层信息，但探测深度较小。为了获得深部信息，应加大偏移距和检波点距。采用等幅振动信号时，偏移距不宜超过探测深度，检波点距应小于勘探深度所需波长的 1/2。

3.5 岩溶综合勘查实例

3.5.1 勘查方案的选择与确定

从应用条件和勘查效果等方面，分别对电阻率层析成像、瞬变电磁法和瑞雷面波法等勘查方案进行对比，如表 3-6 所示。

表 3-6　勘查方案对比

方　案	应用条件	勘查效果
电阻率层析成像	被探测溶洞与围岩之间应有电性差异；被探测溶洞上方没有极高电阻屏蔽层；测区内没有较强的输电线缆、工业游散电流、大地电流或电磁干扰；测区地形相对较平坦	能直观判断溶洞的位置；探测精度随着深度的增加而逐渐降低
瞬变电磁法	被探测溶洞与围岩之间应有电性差异；被探测溶洞上方没有极低电阻屏蔽层；测区内没有较强的输电线缆、工业游散电流、大地电流或电磁干扰	在高阻的碳酸盐岩地区有较大的穿透距离；地空界面、基岩面的存在，致使电磁波出现强烈的反射及散射现象，形成很强的二次波，出现干涉和畸变，因此适用于地层较为简单的地区
瑞雷面波法	溶洞与周边介质之间应存在明显的波速差异；地层应为横向相对均匀的层状介质；地面应相对平坦，地层界面起伏不大，并避开沟、坎等复杂地形的影响	面波浅层分辨率较高，且有别于折射或反射方法，不受各地层速度关系的影响；瑞雷面波法主要通过"之"字型曲线判断溶洞的位置所在，但地面起伏、基岩面起伏及地层不均匀等情况都可能导致形成"之"字型曲线，不能仅仅因为"之"字型曲线的存在就断定存在溶洞

　　最终决定采用电阻率层析成像 + 钻探法综合勘查岩溶路基主要是因为以下实际情况。

　　（1）测区内地形起伏不大，具备使用物理勘探的条件。电阻率层析成像探测的原理是根据电阻率分布图分析溶洞位置；瞬变电磁法和瑞雷面波法都是通过波的反射分析溶洞位置，易受干涉（反射、折射等）影响。因此，在同等条件下，采用电阻率层析成像所得到的结果更为直观。

　　（2）测区内尚未铺筑基层，接地良好且便于布极，有利于进行电阻率层析成像探测（反之，若已铺筑级配碎石基层或水泥稳定碎石基层，则不具备接地条件，此时只能采用瞬变电磁法或瑞雷面波法）。

　　（3）测区内没有较强的输电线缆、工业游散电流、大地电流或电磁干扰，为电阻率层析成像勘查岩溶地质提供了良好的地球物理条件。

　　（4）根据现场测试的结果，岩石、土壤，以及溶洞的电阻率存在显著的差异，而地层性质、地质界面则与电阻率的变化基本一致。

3.5.2　测试过程及数据处理方法

电阻率层析成像勘查系统一般由两部分组成：野外数据采集系统和资料实时处理系统。前者包括电极系、多路电极转换器和主机。现场测量时将全部电极一次性布设在测线上，多路电极转换器根据装置不同自动转换测量极和供电极，并将测量信号送入主机。根据工作区的地球物理特征，测量系统采用重庆地质仪器厂生产的 DUK-2 电阻率层析成像测量系统，相应的工作装置采用 WN 电阻率层析成像勘查装置。在内业数据处理过程中，采用电阻率层析成像系统软件对数据进行反演，在数据处理过程中，首先剔除野外采集数据的突变点，再利用电阻率层析成像系统对数据进行分析，并选择合适的参数进行反演。详细步骤如下。

1. 测线布置

为查明沿线岩溶发育情况，分别于 K178+550—K179+150 段布置 1 条测线（见图 3-23），于 K179+800—K182+500 段布置 10 条测线，于 K183+300—K183+600 段布置 3 条测线。与此同时，沿线共进行 137 组钻芯取样试验，用于电阻率层析成像的标定和校正。

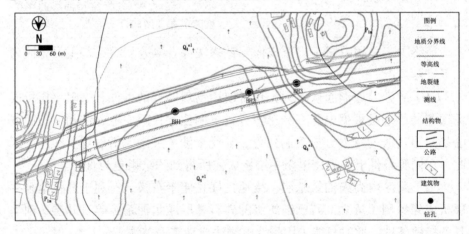

图 3-23　电阻率层析成像测线及钻孔布置图

2. 电极装置与电极距的选择

电阻率层析成像电极装置根据其排列方式，可以划分为二极装置（AM）、三极装置（AMN）、温纳装置（AMNB）、偶极装置（ABMN）和斯龙贝格装置（AMNB）。由 3.1.2 节可知，在常用的几种装置形式中，温纳装置的信号强度最强，布极简单，易于连续勘查和解释成图，故选取温纳装置（AMNB）为勘查装置，如图 3-24 所示。

　　根据 3.2.3 节，供电电极距 AB（电极 A、B 之间的距离）应大于 3 倍的溶洞埋深 H，且测量电极距 MN（电极 M、N 之间的距离）与供电电极距 AB 的比值不宜超过 1/30。由地质资料、钻孔资料可知，地层主要由上覆沉积物和下伏灰岩构成，溶洞多分布于基岩面附近，最小埋深 6 m，最大埋深 30 m。因此，供电电极距 AB 选定为 90 m；测量电极距 MN 选定为 3 m。

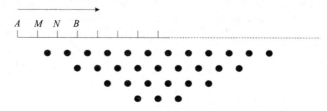

图 3-24　装置固定断面扫描示意图

3. 数据处理与反演

　　将从野外采集的电阻率层析成像数据进行畸变点切除后，对数据进行反演，并附上地形，生成电阻率剖面图。目前国内的反演方法[107] 主要有 Marquardt 反演法、Box-Kanemasu 反演法、最小二乘反演法等。本次测试利用 RES2DINV 软件，并以常用的最小二乘反演法为基础进行视电阻率数据的反演。最小二乘反演法的实质是通过实测数据与正演模型建立一个目标函数，并且使目标函数值达到极小，这样使实测的电阻率值和计算的理论值的残差的平方和达到最小，从而提高解释的精度和准确性。式（3-45）为最小二乘反演法的基本方程[104]。

$$(\boldsymbol{J}^{\mathrm{T}}\boldsymbol{J} + \lambda\boldsymbol{F})\boldsymbol{d} = \boldsymbol{J}^{\mathrm{T}}\boldsymbol{g} \qquad （3-45）$$

其中，$\boldsymbol{F} = \boldsymbol{f}_x\boldsymbol{f}_x^{\mathrm{T}} + \boldsymbol{f}_z\boldsymbol{f}_z^{\mathrm{T}}$；$\boldsymbol{f}_x$ 为水平平滑滤波系数矩阵；$\boldsymbol{f}_z$ 为垂直平滑滤波系数矩阵；$\boldsymbol{J}$ 为偏导数矩阵；$\boldsymbol{J}^{\mathrm{T}}$ 为 $\boldsymbol{J}$ 的转置矩阵；λ 为阻尼系数；$\boldsymbol{d}$ 为模型参数修改矢量；$\boldsymbol{g}$ 为模型差异矢量。反演后，显示结果为电阻率剖面图，如图 3-25 所示。图中，蓝色、深蓝色区域为低阻层，推断为粉质黏土层；绿色、黄色区域为高阻层，推断为中风化石灰岩；红色、深红色区域为电阻率异常层，推断为溶洞。

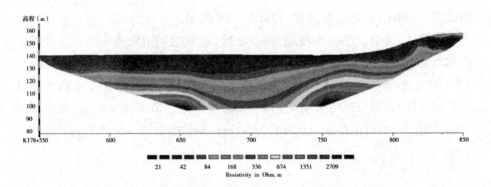

图 3-25　K178+550 ～ K178+850 段电阻率层析成像图

3.6　电阻率层析成像正演模拟及影响因素分析

为探寻溶洞在电阻率层析成像图中的成像特征及其影响因素，采用 RES2DMOD 软件建立数值模型进行正演。模型中，溶洞顶板厚度为 h，溶洞形状为正方形，跨度与高度均为 l。将填充物以空气为主的溶洞称为空溶洞；将填充物以土为主的溶洞称为填充溶洞。假设土电阻 ρ_s 为 50 $\Omega \cdot m$，空气电阻 ρ_a 为 100 000 $\Omega \cdot m$，岩层电阻 ρ_r 为 1 000 $\Omega \cdot m$。

3.6.1　厚跨比对成像特征的影响

在岩溶地区修筑路基，经常遇到有关溶洞顶板的安全跨度问题。目前，根据规范一般将厚跨比作为安全跨度的判别标准。根据《公路路基设计规范》（JTG D30—2015）以及铁路科研成果和京珠高速公路粤境北段的实践经验可知，当厚跨比 $h/l \leqslant 0.8$ 时，溶洞顶板存在失稳的可能性。因此，厚跨比 $h/l \leqslant 0.8$ 的溶洞须作为勘查重点。为行文方便，将 $h/l > 0.8$ 的溶洞称为小跨度溶洞，将 $h/l \leqslant 0.8$ 的溶洞称为大跨度溶洞。

采用斯龙倍格装置进行成像，分析厚跨比对成像特征的影响，如图 3-26 所示。模型中，溶洞无填充，顶板厚度 h 为 10 m。结果表明，对于图 3-26（a）中的大跨度溶洞，高阻异常较为明显，视电阻率可达 1 500 $\Omega \cdot m$；对于图 3-26（b）中的小跨度溶洞，直观地看，高阻异常也有明显表现，但其视电阻率最高约 1 100 $\Omega \cdot m$，仅略大于岩层的电阻率（1 000 $\Omega \cdot m$）。

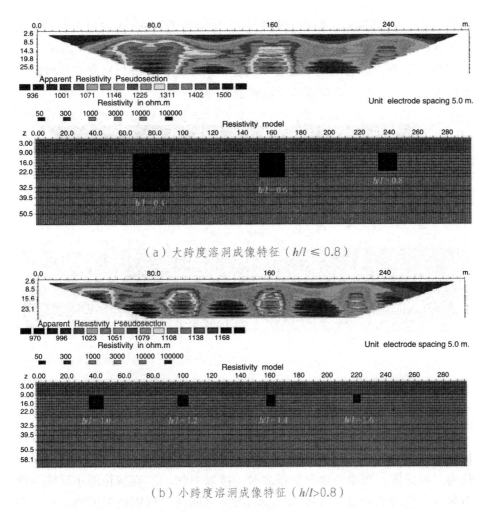

（a）大跨度溶洞成像特征（$h/l \leqslant 0.8$）

（b）小跨度溶洞成像特征（$h/l>0.8$）

图 3-26 厚跨比对成像特征的影响

3.6.2 埋深对成像特征的影响

分析埋深对成像特征的影响，如图 3-27 所示。模型中，溶洞无填充，跨度 l 为 4 m。结果表明，当埋深较小时，小跨度溶洞也可以被发现；当埋深增大时，高阻异常逐渐减弱甚至消失，视电阻率也随之降低至与围岩相同的 1 000 Ω·m。因此，勘察埋藏较深的溶洞时，电阻率层析成像可靠性不高。

可以发现，在低阻背景中，高阻介质的视电阻率远小于其实际电阻率。高阻介质的范围越小，埋藏越深，视电阻率越低。在如图 3-27 所示的模型中，尽管溶洞的实际电阻率高达 100 000 Ω·m，但视电阻率最高仅有 1 200 Ω·m。此外，视电阻率还将受到空隙率、含水率等因素的影响。在雨季和旱季，地层电阻率也有很大差别。因此，在分析地层与视电阻率对应关系时，最好依靠钻探等手段辅助判别。

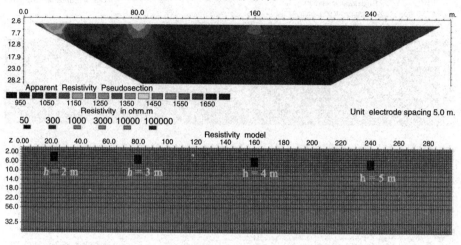

图 3-27　溶洞埋深对成像特征的影响

3.6.3　填充物含量对成像特征的影响

分析填充物含量对成像特征的影响，如图 3-28 所示。模型中，溶洞顶板厚度 h 为 5 m。结果表明，当填充物含量小于 50% 时，在成像图中反映为高阻异常；当填充物含量很多时（接近 100%），在成像图中反映为低阻异常；当填充物含量介于 50% 至 100% 之间时，判别较为困难，但采用斯龙倍格装置可以改善其成像。因此，在填充物含量较多的情况下，建议采用斯龙倍格装置进行探测。

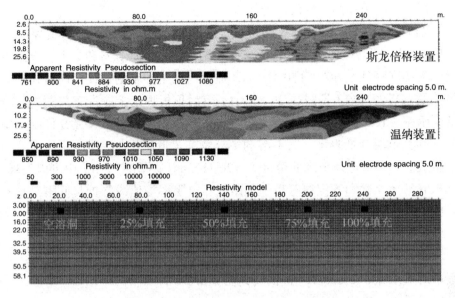

图 3-28　填充物含量对成像特征的影响

3.7　勘查结果分析及应用论证

3.7.1　溶洞在电阻率层析成像图中的成像特征

将高度大于 10 m 的溶洞命名为大型溶洞；将高度小于 5 m 的溶洞命名为小型溶洞；将填充物以空气为主的溶洞命名为空溶洞；将填充物以黏土、砾石为主的溶洞命名为填充溶洞。在已勘明的溶洞中，分别选取大跨度空溶洞、大跨度填充溶洞、小跨度空溶洞及小跨度填充溶洞，观察其成像特征，分析如下。

大跨度空溶洞的成像特征

K174+205 处下伏大跨度空溶洞，溶洞高度约 13 m，顶板厚度约 17 m，由于洞内所填充空气的高阻特性，与围岩存在较大的物性差异，对应的电阻率值为 1 200 ~ 5 400 Ω·m，显示为高阻异常 [见图 3-29（a）]。高阻异常是空溶洞的一种重要成像特征，两者之间已被证实存在较好的对应关系 [108 ~ 110]。

2. 大跨度填充溶洞的成像特征

K179+965 处下伏大跨度填充溶洞，溶洞高度约 19 m，顶板厚度约 1.5 m。由于围岩风化严重，较为破碎，洞内充填大量砾石和黏土，导致电阻率大幅度降低至 60 ～ 150 $\Omega \cdot m$，显示出低阻异常的特征，同时伴随有等值线弯折的现象 [见图 3-29（b）]。溶洞顶板理论上应具有与围岩相当的电阻率（100 ～ 400 $\Omega \cdot m$），但是由于顶板厚度较薄且被夹在低阻层中间（其上土层为低阻层，其下溶洞填充物亦为低阻层），通电后出现低阻屏蔽效应，导致电阻率降低至 80 ～ 120 $\Omega \cdot m$。从图 3-29(b) 中可以发现，低阻异常还经常和等值线弯折一起出现。电阻率等值线弯折与低阻异常的对应关系在国外已有论述，此处不再赘述，详见文献 [111]。

3. 小跨度空溶洞的成像特征

K178+900 处下伏小跨度空溶洞，溶洞高度约 5 m，在电阻率层析成像图中对应于 400 ～ 650 $\Omega \cdot m$ 的弱高阻异常 [见图 3-29（c）]。空溶洞理论上应显示出比围岩（100 ～ 400 $\Omega \cdot m$）高得多的电阻率值，实际上在电阻率层析成像图中只显示了 400 ～ 650 $\Omega \cdot m$ 的弱高阻。溶洞由于规模较小，被其周围的低阻层（围岩）屏蔽，导致电阻率值降低，因此呈现为弱高阻。

4. 小跨度填充溶洞的成像特征

K176+370 和 K176+385 处下伏约 5 m 高的小跨度填充溶洞，对应的视电阻率值为 70 ～ 120 $\Omega \cdot m$，显示出等值线弯折的现象，同时表现出不明显的低阻异常现象 [见图 3-29（d）]。出现等值线弯折的原因可能是灰岩顶板较薄，在某些部位存在裂隙，而地下水的交换在此附近又较为频繁，从而导致顶板和溶洞中的填充物含水率提高，电阻率降低，从而形成等值线弯折的现象。

根据上述分析可知，大跨度空溶洞在电阻率层析成像图中具有高阻异常的成像特征（1 200 ～ 5 400 $\Omega \cdot m$）；大跨度填充溶洞兼有等值线弯折和低阻异常的特征；小跨度空溶洞呈现为弱高阻的特征（400 ～ 650 $\Omega \cdot m$）；小跨度填充溶洞主要呈现为等值线弯折特征。高阻异常和低阻异常主要出现于大跨度空溶洞和大跨度填充溶洞，而在小跨度空溶洞和小跨度填充溶洞中并不明显。

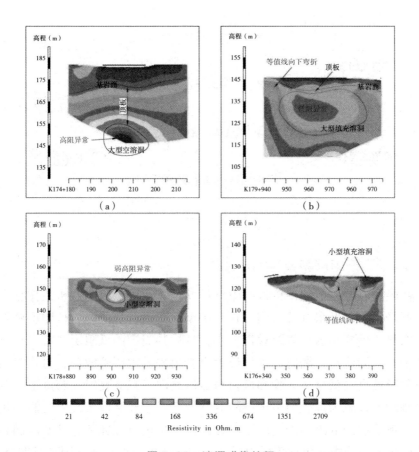

图 3-29　溶洞成像特征

　　基于上述分析，还可以建立溶洞成像特征图，如图 3-30 所示。其中，实线箭头表示必然存在，虚线箭头表示可能存在。例如，等值线弯折必然存在于填充型溶洞；高阻异常必然存在于大跨度空溶洞，可能存在于小跨度空溶洞；低阻异常必然存在于大跨度填充溶洞，可能存在于小跨度填充溶洞。由此可见，若仅仅将高阻异常区和低阻异常区解释为溶洞，则有可能遗漏掉小型溶洞的判别。注意到弱高阻、等值线弯折等现象，可以避免漏判溶洞。

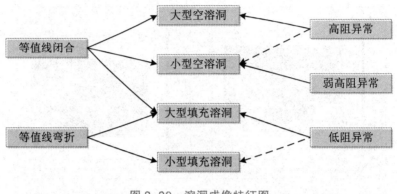

图 3-30　溶洞成像特征图

3.7.2　低阻屏蔽效应的形成

在溶洞成像特征的分析过程中已经发现，使用电阻率层析成像技术调查溶洞经常出现低阻屏蔽效应。在对小型溶洞进行探测时，低阻屏蔽效应尤其明显，主要是由于高阻规模较小，且被其周围的低阻层环绕。在对大跨度填充溶洞进行探测时，顶板位置也会出现低阻屏蔽效应，可能是由于高阻顶板被夹在低阻填充物和低阻覆盖层之间。只有在对大跨度空溶洞进行探测时可以较为理想地呈现高阻异常特征，主要是由于高阻溶洞的规模较大，覆盖层的低阻屏蔽效应不明显。以下采用有限元法，针对溶洞在电阻率层析成像图中频繁出现低阻屏蔽效应及等值线弯折的原因进行解释。

用有限元模拟均匀空间中同时存在高阻介质和低阻介质的情况，假定背景介质电阻率为 $100\ \Omega\cdot m$，左侧高阻介质电阻率为 $2\,000\ \Omega\cdot m$，右侧高阻介质电阻率为 $2\,500\ \Omega\cdot m$，低阻介质电阻率为 $10\ \Omega\cdot m$。使用 Tecplot 程序将计算结果绘制为等值线的形式，如图 3-31 所示。其中，了解有限元模拟电阻率层析成像的原理及编程方法可以参阅文献 [104, 107]，此处不再重复。由图 3-31 可知，电阻率等值线在低阻介质处发生显著畸变。若低阻介质的形态、位置不同，等值线的弯折方式也不尽相同，但总的规律都是吸引等值线向下方的低阻介质靠拢，从而产生等值线弯折的现象。因此，等值线弯折常常伴随着低阻介质一起出现。

同时可以发现，在不受低阻介质干扰的一侧，电场可以有效传入下方；而在被低阻介质干扰的一侧，电阻率等值线聚集于低阻介质附近，延伸受到很大限制。因此，若低阻介质范围很大形成覆盖层，或高阻介质范围很小被低阻介质覆盖，都可能会阻止电场向高阻介质中传播，从而形成低阻屏蔽效应。如图 3-29 所示，在调查小跨度空溶洞、小跨度填充溶洞和大跨度填充溶洞的成像特征时受到低阻屏蔽作用的影响，均与此有关。

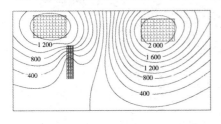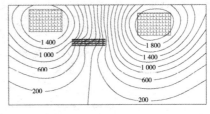

图 3-31　均匀空间中同时存在高阻介质和低阻介质的电阻率等值线

3.7.3　电阻率层析成像图的解释推断

由于低阻屏蔽效应的存在，高阻介质（空溶洞或较薄的溶洞顶板）经常被遮盖，这为小跨度空溶洞、小跨度填充溶洞和大跨度填充溶洞的解释推断带来较大困难。为解决此问题，课题将溶洞成像特征图应用于电阻率层析成像图的解释推断，同时根据钻探成果进行验证，具体步骤如下。

1. 异常特征的分析与验证

K178+650 和 K178+750 附近存在大范围的高阻异常区，根据溶洞成像特征图（见图 3-30）可知，此处很可能分布有大跨度空溶洞。钻探成果 BH1 和 BH2（见图 3-32 和图 3-33）表明，K178+650 处下伏约 11.5 m 高的大跨度空溶洞，K178+750 处下伏约 13 m 高的大跨度空溶洞，从而证实了推测。

K178+800 附近存在小范围且不明显的低阻异常，根据溶洞成像特征图（见图 3-30）可知，此处可能分布有小跨度填充溶洞，而在低阻异常右侧发现的等值线弯折进一步证实了这种可能性。钻探成果 BH3（见图 3-32 和图 3-33）表明，K178+800 附近下伏约 5 m 高的溶洞，主要由黏土、角砾土和砾石充填，顶板厚度约 0.7 m。高阻顶板理论上具有大于 100 $\Omega \cdot$ m 的电阻率（风化程度较高的灰岩），但由于被夹在低阻填充物和低阻覆盖层之间，产生低阻屏蔽作用，因而在电阻率层析成像图中仅仅显示出 60 ～ 80 $\Omega \cdot$ m 的电阻率。

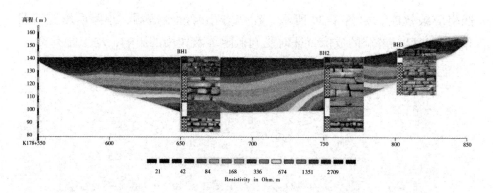

图 3-32　K178+550—K178+850 段钻探位置

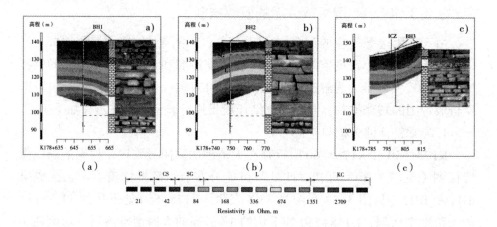

图 3-33　电阻率层析成像剖面和钻孔样品之间的比较

2. 地层电阻率范围的推测

由钻探成果可知，地层由上至下分别为黏性土、砾质黏性土、角砾土、灰岩、溶洞填充物等。

黏性土层呈红褐色，稍湿，可塑状，含 13 % 的角砾，砾石主要为灰岩，呈棱角状，粒径 0.2 ～ 1 cm，分布不均，黏性较好。

砾质粘性土层呈黄褐色，稍湿，可塑状，切面具有光泽，无摇振反应，干强度及韧性中等，砾石的主要成分为沙岩，含量约为 26 %。

角砾土层呈灰褐色，稍湿，中密，颗粒主要成分为沙岩，粒径 0.2 ～ 2 cm，含量约 67 %，呈棱角状，黏性土填充。

中风化灰岩层呈灰白色，隐晶质结构，中厚层状构造，节理裂隙发育，方解石脉充填，岩质硬，取芯较完整，多呈短柱状，节长 20 ～ 30

cm，最长达 40 cm，采取率 81 %，RQD=35，局部见溶蚀现象。

溶洞填充物主要为黏土、角砾土及砾石。

经过电阻率层析成像剖面和钻孔样品之间的比较（见图 3-33），可以推测各类土和岩石的电阻率范围。图 3-33 中，C、CS、SG、L、KC、ICZ 分别表示黏性土、砾质黏性土、角砾土、灰岩、溶洞和溶洞充填物。将钻孔资料与电阻率层析成像剖面对比可知，小于 30 Ω·m 的电阻率区应为黏性土 [见图 3-33（a）和图 3-33（b）]；30 ～ 50 Ω·m 的电阻率区应为砾质黏性土 [见图 3-33（a）、图 3-33（b）和图 3-33（c）]；50 ～ 100 Ω·m 的电阻率区应为角砾土 [见图 3-33（a）和图 3-33（b）]；100 ～ 1 300 Ω·m 之间的电阻率区应为灰岩 [见图 3-33（a）、图 3-33（b）和图 3-33（c）]；1 300 Ω·m 以上的电阻率区应为溶洞 [见图 3-33（a）和图 3-33（b）]。与 Telford 总结的电阻率范围[112]相比，两者规律大体一致，但由于具体的含水率、测试方法等不尽相同，个体数值不可避免地存在微小差异。

3. 电阻率层析成像深度范围的限制与克服

尽管测区内各类土和岩石的电阻率固有的差异有利于揭示溶洞的存在，但由于电阻率层析成像所探测的深度范围有限，导致深部异常信息容易丢失，使个别溶洞探测效果不够理想。以 K178+550—K178+850 段为例，测区内仅有中间 K178+650—K178+750 段可以达到 1 m 至 35 m 的深度范围，而两侧 K178+550—K178+650 段和 K178+750—K178+850 段成像的范围更加有限，但若辅以钻探手段则可以方便地确定溶洞大小 [见图 3-33（a）和图 3-33（b）]。例如，K178+650 附近下伏 31 m 深的溶洞顶板尚在成像范围之内，而其底板埋深已经超过电阻率层析成像范围，若结合钻探成果则可以确定其底板埋深为 42.5 m[见图 3-33（a）]；类似的，K178+750 附近下伏 28 m 深的溶洞顶板尚在成像范围之内，而其底板埋深也已经超过了电阻率层析成像范围，若结合钻探成果则可以确定其底板埋深为 41 m [见图 3-33（b）]。

4 电阻率层析成像解释图的绘制

根据电阻率层析成像剖面和钻孔样品之间的比较推测得到的各类土和岩石的电阻率范围可知，小于 100 Ω·m 的电阻率区应为土（包括粘性土、砾质黏性土和角砾土）；100 ～ 1 300 Ω·m 的电阻率区应为灰岩；1 300 Ω·m 以上的电阻率区应为溶洞。根据以上各类土和岩石的电性差异，即可绘制溶洞 A，B，以及各地层在电阻率层析成像解释图中的位置，最终得到的电阻率层析成像解释图如图 3-34 所示。在 5.1 节异常特征的分析与推测的基础上，可以进一步补充绘制溶洞 C、D。

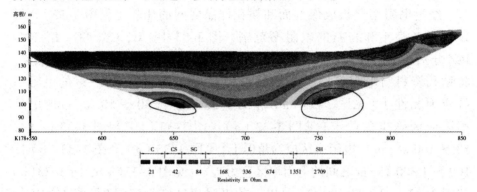

（a）溶洞及地层位置的初步绘制

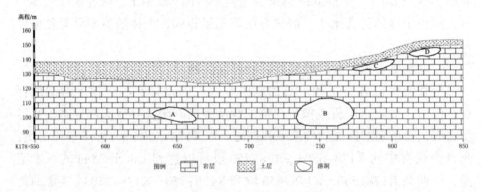

（b）电阻率层析成像解释图

图 3-34　电阻率层析成像推断反演典型实例

3.8　本章小结

（1）钻探最常见的用途是分析地层结构及岩性特征，此外，还可以用于岩溶区段划分和形态特征分析。这有利于判断施工的难易程度和处治费用的高低。

（2）根据规模大小及填充与否，将溶洞划分为四种类型，发现大跨度空溶洞有高阻异常的成像特征；大跨度填充溶洞兼有等值线弯折和低阻异常的特征；小跨度空溶洞有弱高阻的成像特征；小跨度填充溶洞主要呈现为等值线弯折的特征。

（3）建立溶洞成像特征图，并在工程实际中应用。发现高阻异常和低阻异常主要出现于大跨度空溶洞和大跨度填充溶洞，而在小跨度空溶洞和小跨度填充溶洞中并不明显。等值线弯折必然存在于填充型溶洞，且经常伴随低阻异常出现。

（4）在均匀空间中同时存在高阻介质和低阻介质的情况下，等值线总是倾向于向低阻介质靠拢，从而产生等值线弯折的现象。与此同时，由于电阻率等值线聚集于低阻介质附近，延伸受到很大限制，从而产生低阻屏蔽效应。

（5）除了高阻异常区和低阻异常区，等值线弯折等位置也可能发育有溶洞，在解释推断的过程中应关注这些特征，防止漏判。

（6）在溶洞规模较大的情况下，成像特征主要表现为高阻异常和低阻异常，解释推断较为简单，且非常容易理解，但在溶洞规模较小的情况下，由于低阻效应的存在，高阻介质（空溶洞或较薄的溶洞顶板）经常被遮盖，这为解释推断带来较大困难。因此，尚需要加强小型溶洞成像特征的研究。

第4章 溶洞顶板稳定性分析

岩溶地区，尤其是隐伏型岩溶地区潜在的塌陷风险，对工程建设构成严重危害，这无疑会增加工程风险和工程建设的成本。根据溶洞顶板的厚薄、埋深，又可将隐伏型岩溶划分为深埋薄顶、浅埋薄顶、深埋厚顶及浅埋厚顶4种类型。深埋薄顶型岩溶和浅埋薄顶型岩溶都属于岩溶破坏的高发类型。本章基于半定量评价技术和定量评价技术评判岩溶路基的安全等级，并进行受力模式分析和溶洞顶板稳定性影响因素的初步分析。

4.1 溶洞顶板稳定性的半定量评价

目前已有一些基于数值模拟的定量评价方法，但是受到探测手段的限制，较难查清溶洞与围岩的边界条件与性能指标。因此，定量评价在工程实践中受到很大限制。与定量评价相比，半定量评价具有较好的理论依据，而且仅需要少量的数据就可以进行分析，以便在初步勘查阶段就对岩溶稳定性做出大致的判断。适用的简要评价方法主要包括抗弯估算法、坍塌填塞法、坍塌平衡法及破裂拱估算法等，应结合实际情况选用：①抗弯估算法适用于厚跨比 $h/L < 0.5$、弯矩较大的情况；②坍塌填塞法、坍塌平衡法适用于顶板严重风化、裂隙发育、有可能坍塌的情况；③破裂拱估算法适用于顶板为风化破碎的岩层。

4.1.1 抗弯估算法

当溶洞顶板岩层完整，近似水平层，且洞跨较大，弯矩是主要控制条件时可用此方法估算其安全厚度。结合顶板厚跨比值，抗弯厚度的估算可采用梁的简化计算模型，如图 4-1 所示。设溶洞宽度为 l，顶板总荷载（自重和附加荷载）为 q'，则跨中最大弯矩 M 的计算方法如下：

$$M = \frac{q'l^2}{12} \qquad (4-1)$$

单向板较双向板承载力小，出于安全方面考虑，采用单向板模型计算，根据强度理论公式可进行如下推导：

$$[\sigma] \geq \frac{M}{I} y_{\max} \qquad (4-2)$$

其中，$[\sigma]$ 为允许应力；I 为惯性矩；$y_{\max}$ 为中性轴位置，矩形截面为 $h_r/2$。

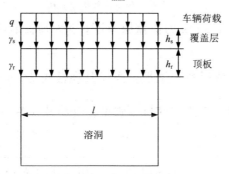

图 4-1　溶洞结构力学计算简化模型

由于基岩上面还有一定厚度的覆盖土层，车辆荷载 q 从路基传到溶洞顶板时，还有一定的折减。将车辆荷载 q 看作均布荷载，计算其在顶板跨中位置（M 点）的附加应力，如图 4-2 所示。车辆荷载 q 在 M 点引起的附加应力 σ_z 的计算过程如下：

$$\sigma_z = \frac{q}{\pi}\left[\arctan\frac{m}{n} - \arctan\frac{m-1}{n} + \frac{mn}{m^2+n^2} - \frac{n(m-1)}{n^2+(m-1)^2}\right] = K_z q \qquad (4-3)$$

其中，B 为路基顶面宽度；$m = X/B$，X 为 M 点到 Z 轴的距离；$n = Z/B$，Z 为 M 点到路基顶面的距离；K_z 为附加应力系数。

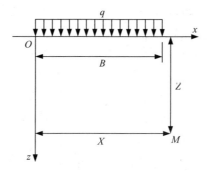

图 4-2　附加应力计算模型

按最不利情况考虑，当车辆荷载作用于顶板正中央（即 $X=B/2$，$m=X/B=0.5$）时，所产生的附加应力 σ_z 最大。将 $m=0.5$ 代入式（4-3）可得到如下公式：

$$\sigma_z = \frac{q}{\pi}\left(2\arctan\frac{1}{2n} + \frac{4n}{4n^2+1}\right) = K_z q \qquad (4-4)$$

于是，作用于顶板上的荷载 q' 的计算过程如下：

$$q' = K_z q + \gamma_s h_s + \gamma_r h_r \qquad (4-5)$$

其中，γ_s 为覆盖层重度；h_s 为覆盖层厚度；γ_r 为顶板岩体重度；h_r 为顶板岩体厚度。

据前所述，将顶板视为梁板，假设其惯性矩为 $I = h_r^3/12$，岩体抗弯拉强度取值 $[\sigma] = \frac{1}{20}R_c$，$R_c$ 为岩体抗压强度，并将式（4-1）和式（4-5）代入式（4-2），可得：

$$h_r \geqslant \frac{5\gamma_r l + \sqrt{\left(5\gamma_r l\right)^2 + 10\left(K_z q + \gamma_s h_s\right)R_c}}{R_c}l \qquad (4-6)$$

在具体计算和判断过程中，通过代入顶板岩体抗压强度 R_c，车辆荷载 q，覆盖层重度 γ_s，顶板岩体重度 γ_r，路基宽度 B 值，即可通过计算判断出抗弯拉条件下顶板是否安全。按照表 4-1 的材料参数及荷载参数进行计算。对设计方案进行计算和对比，其结果如表 4-2 所示，三维曲面图如图 4-3 所示。

表 4-1 材料参数及荷载参数

R_c	130 MPa	γ_s	18.6 kN · m^{-3}
γ_r	26.3 kN · m^{-3}	B	26 m
q	5 kN · m^{-2}	—	—

表 4-2　抗弯条件计算结果表

编　号	埋深 h_s/m	洞宽 l/m	顶板安全厚度 h/m
1	1	1	0.06
		3	0.18
		5	0.32
		8	0.53
		12	0.86
		15	1.13
		20	1.63
2	3	1	0.08
		3	0.25
		5	0.42
		8	0.70
		12	1.10
		15	1.43
		20	2.03
3	5	1	0.10
		3	0.29
		5	0.50
		8	0.83
		12	1.30
		15	1.67
		20	2.35

编　号	埋深 h_s/m	洞宽 l/m	顶板安全厚度 h_j/m
4	10	1	0.13
		3	0.39
		5	0.66
		8	1.08
		12	1.67
		15	2.14
		20	2.97
5	15	1	0.15
		3	0.46
		5	0.78
		8	1.28
		12	1.97
		15	2.51
		20	3.46
6	25	1	0.19
		3	0.59
		5	0.99
		8	1.60
		12	2.45
		15	3.12
		20	4.27

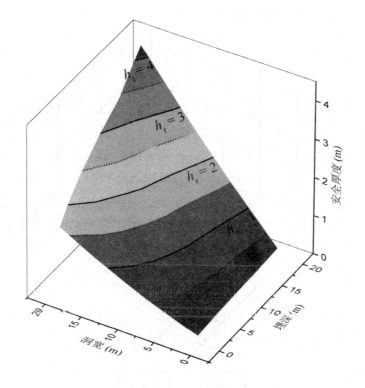

图 4-3 抗弯条件计算曲面图

由计算结果对比分析可知，顶板安全厚度 h_r 随埋深 h_s 和洞宽 l 的增加而增加。但在溶洞规模较小（$l \leqslant 5\,\mathrm{m}$）的条件下，不论埋藏深浅，顶板安全厚度均小于 $1\,\mathrm{m}$。随着溶洞规模不断增大，埋深 h_s 对顶板安全厚度 h_r 的影响程度也逐渐提高（例如，对于 $l=20\,\mathrm{m}$ 的溶洞，埋深 h_s 对顶板安全厚度 h_r 的影响要大于 $l=10\,\mathrm{m}$ 的溶洞）。

4.1.2 坍塌填塞法

该方法适用于顶板严重风化，裂隙发育，有可能坍塌的溶洞、土洞。该方法认为洞顶坍塌后，塌落体体积增大，当坍塌到一定高度时，洞体自行填满，无须考虑其对地基的影响，塌落高度再加适当的安全系数，便为顶板安全厚度。

在坍塌前，溶洞可视作半径为 r、高为 H_0 的圆柱体，则溶洞体积 $V_0 = \pi r^2 H_0$；类似的，将溶洞顶板及覆盖层视作半径为 r、高为 H 的圆柱体，则 $V = \pi r^2 H$。假设溶洞顶板及覆盖层坍塌后发生了碎胀（碎胀系数为 K），为填满塌陷区域须满足以下条件：

$$V \cdot K = V_0 + V \qquad (4-7)$$

进一步计算可得如下公式：

$$H = H_0 / (K-1) \qquad (4-8)$$

假设碎胀系数 K 为 1.2，则 $H=10H_0$，即溶洞埋深和洞高之比 $H/H_0 \geqslant$ 10 时，可正常施工，不采取处治措施。

若考虑洞形和充填物等因素，可将式（4-8）改进为如下形式：

$$H = \lambda \alpha (H_0 + \beta N) / (K-1) \qquad (4-9)$$

其中，λ 为洞形修正系数，为安全计可取 $\lambda = 1$；α 为顶板岩石风化程度修正系数，一般可取 $\alpha = 0.3$；β 为洞内充填物修正系数；N 为溶洞内充填物厚度。

4.1.3 坍塌平衡法

岩溶形成前，在垂直应力和水平应力作用下上部土体处于自然平衡状态。随着岩溶的出现，上部土体失去支撑，应力状态发生变化，如图 4-4 所示。

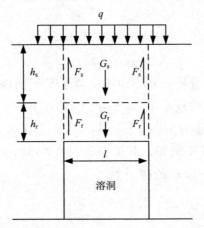

图 4-4 溶洞顶板稳定性示意图

假设作用在溶洞顶板上的压力为 P_0，那么 P_0 主要由以下作用力组成：

$$P_0 = ql + G_r + G_s - 2F_r - 2F_s \qquad (4-10)$$

其中，P_0 为岩溶顶板所受的压力；q 为作用在路基顶面的均布荷载；G_r 为岩溶顶板总重量，$G_r = l\gamma_r h_r$；γ_r 为顶板重度；l 为岩溶宽度；h_r 为岩溶顶板厚度；G_s 为覆盖层总重量，$G_s = l\gamma_s h_s$；γ_s 为覆盖层重度；h_s 为覆盖层厚度；F_r

和 F_s 分别为顶板和覆盖层侧壁的摩阻力，两者的计算过程如下：

$$F_r = \int_0^{h_r} (K_r \gamma_r \tan \varphi_r z + C_r) \mathrm{d}z = \frac{1}{2} K_r \gamma_r \tan \varphi_r h_r^2 + C_r h_r$$

$$F_s = \int_0^{h_s} (K_s \gamma_s \tan \varphi_s z + C_s) \mathrm{d}z = \frac{1}{2} K_s \gamma_s \tan \varphi_s h_s^2 + C_s h_s$$

（4-11）

其中，K_r 和 K_s 分别为顶板和覆盖层的侧压力系数；C_r 和 C_s 分别为顶板和覆盖层的内聚力，φ_r 和 φ_s 分别为顶板和覆盖层的内摩擦角。

因此，式（4-10）可改写为如下形式：

$$P_0 = ql + l\gamma_r h_r + l\gamma_s h_s - K_r \gamma_r \tan \varphi_r h_r^2 - 2C_r h_r - K_s \gamma_s \tan \varphi_s h_s^2 - 2C_s h_s \quad (4-12)$$

可以看出，当 $P_0 = 0$ 时，亦即 l、h_r 和 h_s 达到某一特定关系时，顶板恰好处于深度方向的静力平衡状态，可得如下关系式：

$$l = \frac{K_r \gamma_r \tan \varphi_r h_r^2 + 2C_r h_r + K_s \gamma_s \tan \varphi_s h_s^2 + 2C_s h_s}{q + \gamma_r h_r + \gamma_s h_s}$$

（4-13）

整理得如下关系式：

$$h_r = \frac{\gamma_r l - 2C_r + \sqrt{(2C_r - \gamma_r l)^2 - 4K_r \gamma_r \tan \varphi_r \left(K_s \gamma_s \tan \varphi_s h_s^2 + 2C_s h_s - ql - \gamma_s h_s l \right)}}{2K_r \gamma_r \tan \varphi_r}$$

（4-14）

通过给定相应的材料参数和荷载参数（见表 4-3），计算结果汇总如表 4-4 所示，三维曲面如图 4-5 所示。

表 4-3　材料参数及荷载参数

γ_r	26.3 kN · m⁻³	γ_s	18.6 kN · m⁻³
φ_r	35°	φ_s	25°
C_r	0.5 MPa	C_s	50 KPa
K_r	0.7	K_s	0.6
q	5 kN · m⁻²	—	—

表4-4 坍塌平衡法计算表

编 号	覆盖层厚度h_s/m	洞宽l/m	顶板安全厚度h_r/m
1	1	1	0.17
		3	0.74
		5	1.37
		8	2.39
2	3	1	−0.04*
		3	0.61
2	3	5	1.31
		8	2.45
3	5	1	−0.30
		3	1.20
		5	2.61
		8	2.46
4	10	1	−1.15
		3	−0.23
		5	0.74
		8	2.31
		12	4.58
		15	6.41
5	15	1	−2.36
		3	−1.22
		5	−0.02
		8	1.86
		12	4.54
		15	6.67
		20	10.39

编　号	覆盖层厚度h_s/m	洞宽l/m	顶板安全厚度h_t/m
6	25	1	−6.30
		5	−2.75
		8	−0.04
		15	6.36

注：有部分计算结果为负值，表明抵抗坍塌的摩阻力已足够大，在该条件下顶板是安全的。

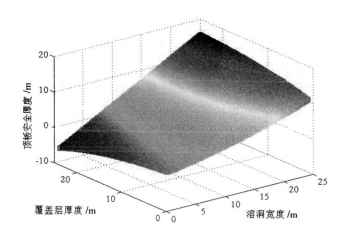

图 4-5　坍塌平衡法计算曲面图

4.1.4　破裂拱估算法

该方法适用于顶板为风化破碎的岩层。当溶洞顶板未发生坍塌时，相当于天然拱处于平衡状态，发生坍塌以后将形成破裂拱，如图 4-6 所示。计算破裂拱的高度 H 的公式如下：

$$H = \frac{0.5b + H_0 \tan(90° - \varphi)}{f} \qquad (4-15)$$

其中，b 为溶洞宽度；H_0 为溶洞高度；φ 为岩石内摩擦角；$f - \tan\varphi$。

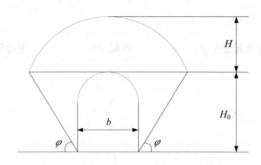

图 4-6　破裂拱估算法估算顶板安全厚度

溶洞不规则时，H_0 和 b 应取较大尺寸。实际上，破裂拱以上的岩体的重量由拱承担，因承担上部荷载尚需要一定的厚度，故溶洞顶板的安全厚度为破裂拱高加上部荷载作用所需要的厚度，再加上适当的安全系数。

取灰岩的内摩擦角 $\varphi = 35°$，在不考虑安全系数的情况下，不同条件下的顶板安全厚度如表 4-5 所示。

表 4-5　破裂拱法计算表

编　号	溶洞高度 H_0/m	溶洞宽度 b/m	顶板安全厚度 H/m
1	1	1	1.35
		3	2.05
		5	2.75
		8	3.80
2	3	1	3.35
		3	4.05
		5	4.75
		8	5.80
		12	7.20

编　号	溶洞高度 H_0/m	溶洞宽度 b/m	顶板安全厚度 H/m
3	5	1	5.35
		3	6.05
		5	6.75
		8	7.80
		12	9.20
		20	12.00
4	8	1	8.35
		3	9.05
		5	9.75
		8	10.80
		12	12.20
		20	15.00
5	12	1	12.35
		3	13.05
		5	13.75
5	12	8	14.80
		12	16.20
		20	19.00

4.2　溶洞顶板稳定性的定量评价

4.2.1　几何模型及网格划分

研究区域位于江西省昌栗高速公路里程桩号 K178 附近。岩体的完整程度对电阻率层析成像具有较大的影响，一般在有裂纹的地方产生折断或者突变[113]。根据电阻率层析成像资料，研究区域的电阻率等值线较为平缓，不存在折断或剧烈的变化，加之钻探取出的岩体裂隙较少，可以认为地层中不存在控制性的结构面。由该路段施工图设计资料中的区域工程地质概况可知，该地区构造运动不明显，未发现断层、褶皱，由此证实了这种推断。按照连续介质进行岩层、土层的模拟，并做如下假设。

（1）溶洞周围岩体按连续线性弹性体考虑，溶洞在天然状态下是稳定的。

（2）溶洞围岩是均质各向同性的地下空间半无限体，岩体是小变形岩体。

（3）考虑到溶洞充填物的力学性质与岩石相比很低，一般不能承受应力，所以按空溶洞进行计算。

（4）溶洞的形状和大小，只考虑其现状，不考虑其今后的变化。

考虑到 CAD 在绘制图形方面具有优势，ANSYS 在划分网格方面具有优势，FLAC^{3D} 程序在分析岩土问题时具有优势，故将三者集合，借助 CAD、ANSYS、FLAC^{3D} 联合建模，最终建立岩溶地质模型。FLAC^{3D} 程序在前处理建模以及网格划分方面一直不方便模型建立，只能靠数据文件来实现，不能做到完全真实地创建地质模型，比较复杂的模型在建立时十分困难，还不易控制网格点数据，所提供的初始单元只适用建立规则的三维岩土工程模型，其自带的 FISH 语言虽然可以完成复杂模型的建立，但是非常繁琐且需要耗费大量时间。因此，业界提出了一种基于 AutoCAD、ANSYS 和 FLAC^{3D} 程序的联合建模方法。首先在 AutoCAD 程序中进行基础数据预处理，绘制得到岩溶地质的 REGION 模型，再利用 SAT 数据交换格式导入 ANSYS 程序。利用 ANSYS 程序进行网格划分主要是因为其强大的布尔运算功能，且能够进行自适应网格划分，便于几何改进和单元类型的变化，对于三维实体模型更为适合，可以满足任意实体模型的创建工作。因此，利用已有的建模与网格划分功能强大的 ANSYS 软件的复杂岩土工程建立相应的数值模型，再导入 FLAC^{3D} 中，建模就很快了。在 ANSYS 程序中完成网格划分，并通过动态数组导出网格及节点数据，实现 FLAC^{3D} 复杂模型的快速建立。

（1）基于 CAD 程序建立面域模型。如图 4-7 所示，将图形移动至坐标原点，并按照模型实际大小进行缩放。将样条曲线转换为多段线，若地质体较大，须将转换精度设置为 0 或其他任意小值。若多段线精度过高，可采用 spl 命令，按选取对象方式，将多短线转换为样条曲线，以便重新设置转换精度。再利用 overkill 命令删除重复线。利用 join 命令合并多段线，并将无须断点的多段线合并在一起。利用 break 命令于所有交叉点处设置断点，再利用 overkill 命令删除重复线。使用 region 命令选择全部，形成面域模型之后需要去掉最外面域。若存在重叠的情况（内外相套），应使用差集命令（其中，并集为 UNI；差集为 SU；交集为 IN）得到新的外环，再用新的外环替换到原来的外环。选择所需的 REGION 模型输出为基于 ACIS 编码的 SAT 文件，并进行检查。

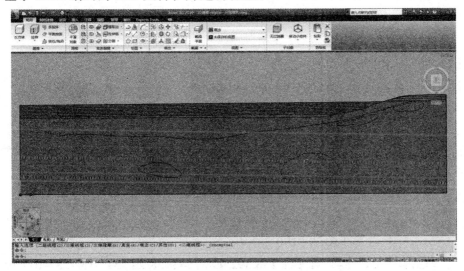

图 4-7　基于 CAD 程序建立面域模型

SAT 文件是 ACIS 提供的一种模型存储文件，它描述模型的数据结构，如图 4-8 所示。SAT 采用完全开放的文件格式，数据以纯文本的形式存储，并以空格和回车来分隔。下面对 SAT 文件的格式进行详细分析，其中，文件头共三行，由一系列整数、字体串、双精度数和实数组成。以如图 4-7 所示的模型为例进行图形数据信息的提取，得到的 SAT 文件内容如下。

700 1866 27 0

16 Autodesk AutoCAD 19 ASM 215.0.0.4214 NT 24 Sun Dec 25 10:44:42 2016

1 9.999 999 999 999 999 5e-007 1e-010

body $-1 -1 $-1 $27 $-1 $-1 #

body $-1 -1 $-1 $28 $-1 $-1 #

……

……

```
body $-1 -1 $-1 $53 $-1 $-1 #
lump $-1 -1 $-1 $-1 $54 $0 #  .
......
......
lump $-1 -1 $-1 $-1 $80 $26 #
shell $-1 -1 $-1 $-1 $-1 $81 $-1 $27 #
shell $-1 -1 $-1 $-1 $-1 $82 $-1 $28 #
......
......
shell $-1 -1 $-1 $-1 $-1 $107 $-1 $53 #
face $108 -1 $-1 $-1 $109 $54 $-1 $110 forward double out #
face $111 -1 $-1 $-1 $112 $55 $-1 $113 forward double out #
......
......
face $186 -1 $-1 $-1 $187 $80 $-1 $188 forward double out #
color-adesk-attrib $-1 -1 $-1 $-1 $81 256 #
loop $-1 -1 $-1 $189 $190 $81 #
plane-surface $-1 -1 $-1 156.392 998 7543328 24.751 513 758 910 079
0 0 0 1 1 0 0 forward_v I I I I #
......
......
```

其中，第一行包含了经编码的版本号、文件中存储的数据记录总数和存储的实体个数；本例中版本号为 7.0，数据记录总数为 1 866，模型实体个数为 27，"0"表示标记文件中没有记录历史数据。第二、三行包含了生成文件的软件名称及其长度、ACIS 版本信息（版本字串的长度和版本名称）和文件生成时间及时间字串的长度；生成文件的软件为 Autodesk AutoCAD，字串长度为 16，ACIS 的版本名称为 ASM 215.0.0.4214 NT，长度为 19，文件生成的时间为 Sun Dec 25 10:44:42 2016，字串长度为 24。第四行表示模型的单位长度及造型器精度和计算精度，单位长度为 1 mm，造型器精度为 9.999 999 999 999 5 e-007，计算精度为 1e-010。Body、lump、shell、face 等实体类型标识符是和 ACIS 类一一对应的唯一的字符串。如标识符"body"即对应 BODY 类。同时，标识符中可以用"-"来表明类的派生关系，如"plane-surface"表示类的派生关系为 ENTITY-SURFACE-PLANE。

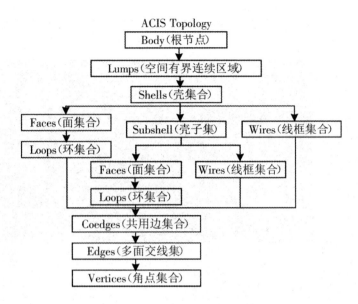

图 4-8 SAT 文件数据结构

（2）借助 ANSYS 程序划分网格。通过 file → import → SAT 路径导入前述面域模型，如图 4-9 所示。选取 ANSYS 程序和 FLAC³ᴰ 程序通用的 SOLID45 单元，并设置相应的材料类型。

```
/PREP7
ET,1,SOLID45
MP,EX,1,1.5E9
MP,DENS,1,2700
MP,EX,2,1.1E9
MP,DENS,2,2000
……
……
MP,EX,23,1.4E9
MP,DENS,23,2300
```

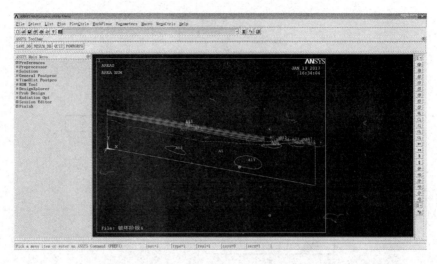

图 4-9 将面域模型导入 ANSYS 程序

由于 FLAC^{3D} 程序对网格大小的要求较为严格，为防止出错，需要在 ANSYS 程序中定义相等尺度的网格，如图 4-10 所示。以下为定义网格及划分单元的主要过程。

```
ASEL,S,AREA,,1
VSLA,S,0
VPLOT,ALL
VATT,1,1,1
ASLV,S
AESIZE,ALL,2
……
……
ASEL,S,AREA,,5
VSLA,S,
VPLOT,ALL
VATT,23,1,1
ASLV,S
AESIZE,ALL,2
WPCSYS,1,0
WPROTA,0,-90,0
CSYS,WP
```

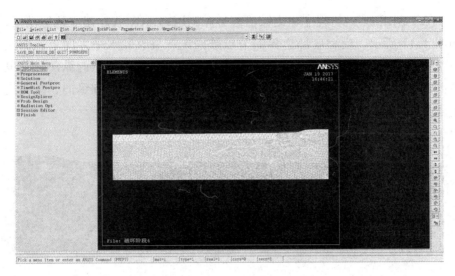

图 4-10　使用 ANSYS 程序生成网格

生成网格之后，通过动态数组将网格信息导出为 FLAC^{3D} 程序可以识别的格式，并将节点数据写入外部文件如下。

*do,i,1,NodeNum

*get,NodeData(i,1),node,i,LOC,x

*get,NodeData(i,2),node,i,LOC,y

*get,NodeData(i,3),node,i,LOC,z

*enddo

*vget,EleData(1,node_1),elem,1,NODE,node_1

*vget,EleData(1,node_2),elem,1,NODE,node_2

……

……

*vget,EleData(1,node_8),elem,1,NODE,node_8

*vget,EleMat(1),ELEM,1,ATTR,MAT

*CFOPEN,node.dat,d:\

*vwrite,

*vwrite, nodenum

%I

*vwrite,sequ,NodeData(1,1),NodeData(1,2),NodeData(1,3)

%I , %G , %G , %G

*cfclos

（3）调用 FLAC³ᴰ 程序建立数值模型。调用 FLAC³ᴰ 程序建立数值模型，如图 4-11 所示。模型底部边界的节点被固定在垂直和水平方向上，而左右两侧垂直边界的节点被固定在水平方向上，前后边界节点的纵向位移也被固定。其中，垂直方向指深度方向，水平方向包括横向和纵向，纵向指里程方向，横向指垂直于里程的方向（横断面方向）。

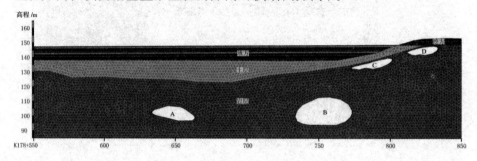

图 4-11　几何模型及其网格划分情况

岩体的完整程度对电阻率层析成像具有较大的影响，一般在有裂纹的地方产生折断或者突变[113]。根据勘查资料，研究区域的电阻率等值线较为平缓，不存在折断或剧烈的变化，加之钻探取出的岩体裂隙较少，可以认为地层中不存在控制性的结构面。且由该路段施工图设计资料中的区域工程地质概况可知，该地区构造运动不明显，未发现断层、褶皱，因此按照连续介质进行岩层、土层的模拟。

将 4 个不同埋深和规模的溶洞依次编号为 A、B、C、D，其主要信息见表 4-6。其中，规模最大的是溶洞 B，埋藏最浅和顶板厚度最薄的是溶洞 C、D。溶洞 A、B、C 均下伏于填方路段，溶洞 D 下伏于挖方路段。

表 4-6　溶洞主要信息

编号	规模 /m²	埋深 /m	高度 /m	跨度 /m	顶板厚度 /m	路基平均填筑高度 /m	路堑平均开挖深度 /m
A	214	31	10	30	18	9	—
B	612	25	19	40	19	10	—
C	110	5	4.5	29	1.9	6	—
D	96	5.5	5	22	1.7	—	4

检查网格之间是否存在间隙，并进一步设置本构模型、材料参数，以

及边界条件，初始化平衡后即可进行数值模拟。程序运行的主要过程如下。

```
new
impgrid,Layered_construction.Flac3D
plot zone
generate merge 0.1
attach face range z 0 70
;检查网格
range name rockrange group 1
;岩层区域命名
range name soilrange group 2
;土层区域命名
……
……
range name cave4 group 20
;溶洞 4 命名
group face soilrock1 internal range group 1 group 2
generate separate face group soil_rock1 range group soilrock1
interface 1 face range group soil_rock1
;岩层与土层之间的接触面
group face soilrock2 internal range group 6 group 7
generate separate face group soil_rock2 range group soilrock2
interface 2 face range group soil_rock2
;挖方岩层与土层之间的接触面
group face soilrock3 internal range group 5 group 7
generate separate face group soil_rock3 range group soilrock3
interface 3 face range group soil_rock3
;挖方岩层与土层之间的接触面
interface 1 prop kn 9.8e7 ks 9.8e7 friction 20 bslip on
interface 2 prop kn 9.8e7 ks 9.8e7 friction 20 bslip on
interface 3 prop kn 9.8e7 ks 9.8e7 friction 20 bslip on
```

;一个好的经验法则是，将接触面的 kn 和 ks 参数设置为十倍于邻近区域的等效刚度。其中，bslip on 表示界面允许滑动，从而允许基岩面附近的土层产生变形。

```
model mech null range nrange cave1
model mech null range nrange cave2
model mech null range nrange cave3
model mech null range nrange cave4
;生成溶洞群组合 ABCD
model mech null range nrange subgrade1
model mech null range nrange subgrade2
……
……
model mech null range nrange subgrade9
;恢复原始地表
set small
solve
save initialmodel
;开挖 SE1
restore initialmodel
;初始化原始地质模型中的位移和塑性区
ini xdis 0 ydis 0 zdis 0
ini state 0
;开挖 SE1
model mech null range nrange soilexcavation1
set small
solve
save SE1
call SE1.f3dat
;开挖 SE2
restore SE1
;开挖 SE2
model mech null range nrange soilexcavation2
set small
solve
save SE2
call SE2.f3dat
```

……

……

; 填筑 SC9

restore SC8

; 填筑 SC9

model mech mohr range nrange subgrade9

prop,bulk 56e6,shear 19e6,coh 10000,fric 30,density 2100 range nrange subgrade9

set small

solve

save SC9

call SC9.f3dat

4.2.2 材料力学行为测试与模拟

1. 关于 Hoek–Brown 强度参数的讨论

Mohr–Coulomb 屈服准则可表示为

$$\sigma_1 = \frac{1+\sin\varphi}{1-\sin\varphi}\sigma_3 + \frac{2c\cdot\cos\varphi}{1-\sin\varphi} \tag{4-16}$$

其中，σ_1，σ_3 分别为岩体屈服时的最大有效主应力和最小有效主应力；φ 为内摩擦角；c 为内聚力。

由式（4-16）可知，Mohr–Coulomb 屈服准则仅考虑剪切面上的正应力和黏聚力，实质上是一种剪应力屈服准则。而对于溶洞稳定性问题，由于溶洞围岩处于临空状态，岩体经常处于低应力区甚至拉应力区，故将 Hoek–Brown 屈服准则应用于岩体模型，以便更好地描述岩体在低应力区和拉应力区的屈服行为。Hoek–Brown 屈服准则可表示为

$$\sigma_1 = \sigma_3 + \sigma_{ci}\left(m_b\frac{\sigma_3}{\sigma_{ci}} + s\right)^a \tag{4-17}$$

其中，σ_{ci} 为岩石单轴抗压强度；m_b，a 为无量纲的经验参数；s 取值范围 $0.0 \sim 1.0$，σ_1 表示破坏时的最大主应力；σ_3 表示破坏时的最小主应力。

Hoek-Brown 屈服准则中的参数可按下式确定：

$$\begin{cases} m_b = \exp\left(\dfrac{GSI-100}{28-14D}\right)m_i \\[2mm] s = \exp\left(\dfrac{GSI-100}{9-3D}\right) \\[2mm] a = \dfrac{1}{2}+\dfrac{1}{6}\left(e^{-GSI/15}-e^{-20/3}\right) \end{cases} \tag{4-18}$$

其中，m_i 值反映岩石的软硬程度。地质强度指标 GSI 值与风化情况、岩石结构有关。尽管 Hoek 已经发表了根据风化情况、岩石结构和岩性（沉积岩、变质岩和火成岩）确定 GSI 和 m_i 的方法，但这种方法经验性较强，误差较大。

现场可以钻取到两种芯样，一些是完整岩石试样，更多的是带有随机分布的节理和裂隙的普通岩石试样，如图 4-12 所示。一般认为，室内试验完整岩石试样的 GSI=100，而普通岩石试样的 GSI 值较难确定。m_i 仅与岩石类型有关，因此普通岩石和完整岩石具有相同的 m_i 值。

图 4-12　完整岩石试样（左）与普通岩石试样（右）

为便于书写，定义向量 $\Theta=(GSI, m_i)$。一种确定 Θ 的简单方法是测试不同围压条件下的强度，并使用式（4-17）对强度曲线进行拟合，即可得到 Θ。其中，使 R-square $[\Theta (GSI, m_i)]$ 最大的解被写作 $\Theta^*=(GSI^*, m_i^*)$。即 $\Theta^*=\arg\max \{R$-square $[\Theta (GSI, m_i)]\}$。然而，R-square $[\Theta (GSI, m_i)]$ 往往存在多个极值，在拟合时容易遇到多个使 R-square $[\Theta (GSI, m_i)]$ 达到极大值的解，导致 Θ 难以确定。

为克服这一问题，本书采用了一种间接确定 Θ 的方法，如图 4-13 所示。该方法的假设：①室内试验不涉及爆破施工、开挖卸荷等扰动，故认

为 $D=0$ ；②室内试验完整岩石试样的 GSI=100 ；③普通岩石和完整岩石拥有相同的 σ_{ci} 值和 m_i 值。

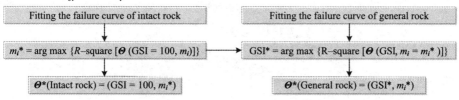

图 4-13　Hoek-Brown 强度参数的确定流程

2.Hoek-Brown 强度参数的获取

进行了无侧限抗压强度试验、巴西劈裂试验和三轴试验，将试验结果总结于表 4-7。通过实验室测试获得的路堤填料和粉质黏土的材料参数也列于表 4-7 中。表 4-7 中，E 为杨氏模量，ν 为泊松比，ρ 为密度，φ 为摩擦角，c 为黏聚力，UCS 为无侧限抗压强度，σ_{ti} 为劈裂强度。

表 4-7　材料参数

地　层	E/MPa	ν	ρ/(kg·m⁻³)	φ/°	c/kPa	UCS/MPa	σ_{ti}/MPa
路基	50	0.35	2100	24	10	—	—
土层	30	0.35	1900	20	50	—	—
完整岩石	60 000	0.25	2700	44	23 000	120	11
普通岩石	44 000	0.25	2700	40	13 000	88	3.5

由单轴试验得知 σ_{ci}=120 MPa。室内试验不涉及爆破施工、开挖卸荷等扰动，故认为 D=0。一般认为，室内试验完整岩石试样的 GSI=100，因此 $m_b=m_i$，s=1，a=0.5。仅有 1 个未知参数 m_i 待定。拟合计算得到，m_i*=arg max {R-square [Θ (GSI=100，m_i)]}=13，R-square [Θ (GSI=100，m_i*)]=0.98。拟合曲线为图 4-14 中的黑色实线。根据 Hoek 的研究，中细粒石灰石 m_i 为 12 ± 3。这一结果与本书的拟合结果非常接近。

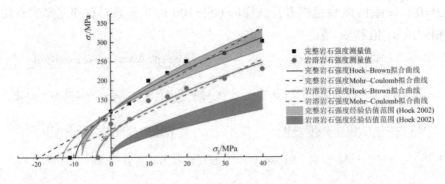

图 4-14 对三轴试验结果的拟合

根据假设，普通岩石和完整岩石拥有相同的 σ_{ci} 值和 m_i 值。因此，仅有 1 个未知参数 GSI 待定。拟合计算得到，GSI*=arg max {R-square [Θ (GSI, $m_i = m_i^*$)]}=88，R-square [Θ (GSI*, m_i^*)]=0.95。拟合曲线为图 4-14 中的红色实线。

将 Θ^*(Intact rock)=(GSI=100, m_i^*) 和 Θ^*(General rock)=(GSI*, m_i^*) 代入式（4-18），即可得到完整岩石和普通岩石的 Hoek-Brown 强度参数，如表 4-8 所示。

表 4-8 岩层 Hoek-Brown 参数

地 层	GSI	m_i	m_b	s	a
完整岩石	100	13	13	1	0.5
普通岩石	88	13	8.5	0.3	0.5

3. 与已发表资料的比较

在缺乏试验数据的情况下，GSI 和 m_i 值一般通过 Hoek (1997) 发表的资料确定。使用经验法确定 GSI 和 m_i 值，并将估计的强度范围绘制于图 4-14。灰色区域表示完整岩石的强度预测范围，蓝色区域表示普通岩石的强度预测范围。发现完整岩石的强度预测范围与拟合结果、试验结果基本一致。但普通岩石的强度预测范围明显低于拟合结果和试验结果。这是因为使用经验表格估计 GSI 具有较强的主观性，容易出现误差。在本例（见表 4-9）中，经验表格认为 GSI 介于 50~60，明显小于拟合结果（GSI=88）。

表 4-9 与已发表资料的比较

方 法	Θ	完整岩石	普通岩石
强度包络线拟合	GSI	100	88
	m_i	13	13
经验评估	GSI	100	50~60
	m_i	9~15	9~15

4. 与 Mohr-Coulomb 强度准则的比较

采用 Mohr-Coulomb 强度准则进行拟合，并与 Hoek-Brown 强度准则的拟合结果进行比较，如图 4-14 所示。黑色虚线表示采用 Mohr-Coulomb 强度准则对完整岩石试验结果的拟合结果，其 R-square 为 0.91，明显劣于 Hoek-Brown 强度准则的拟合结果。红色虚线表示采用 Mohr-Coulomb 强度准则对普通岩石试验结果的拟合结果，其 R-square 为 0.86，也明显劣于 Hoek-Brown 强度准则的拟合结果。

根据拟合结果，对单轴抗压强度 UCS 和劈裂强度进行预测，如表 4-10 所示。发现 Mohr-Coulomb 强度准则预测的单轴抗压强度比试验值小 10 % 左右，预测的抗拉强度超出试验值 2 倍。除了普通岩石单轴抗压强度的预测值偏小，Hoek-Brown 强度准则的预测值总体与试验值接近。

表 4-10 与 Mohr-Coulomb 强度准则的比较

试 样		完整岩石	普通岩石
UCS/MPa	试验室测试	120	88
	按 Hoek-Brown 准则拟合	120	62
	按 Mohr-Coulomb 准则拟合	111	72
σ_{ti}/MPa	试验室测试	11	3.5
	按 Hoek-Brown 准则拟合	10	4.0
	按 Mohr-Coulomb 准则拟合	19	16

4.2.3 应变软化现象与模拟

1. 应变软化现象

图 4-15 为岩石试样三轴压缩试验的应力应变全程曲线。图 4-15 中，岩石的强度变化大致可以分为弹性阶段、应变软化阶段和残余阶段。在弹性变形阶段，应力随应变增长，直至达到屈服极限 σ_1^{peak}；在应变软化阶段，应力逐渐降低至残余强度 σ_1^{res}；在残余阶段，应力维持在残余强度 σ_1^{res} 上下波动。

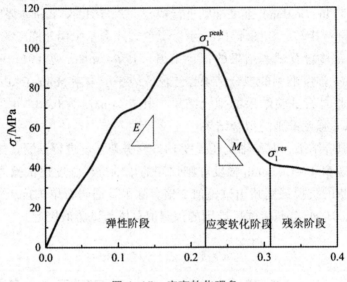

图 4-15 应变软化现象

绘制 σ_1^{peak}，σ_1^{res} 和围压 σ_3 的关系，如图 4-16 所示。采用 Hoek-Brown 准则拟合，得到弹性变形阶段的 GSI^{peak} 值和残余阶段的 GSI^{res} 值。发现应变软化后 GSI 值显著减小，强度曲线随之下降。

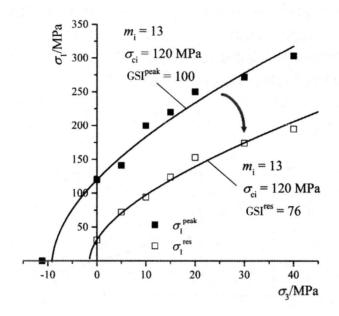

（a）完整岩石

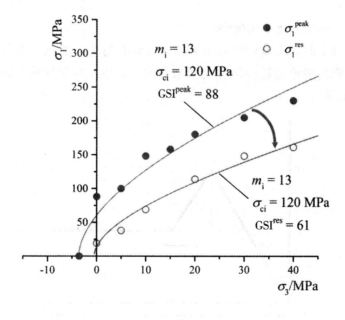

（b）普通岩石

图 4-16 屈服极限 σ_1^{peak} 和残余强度 σ_1^{res} 的包络线

　　将应变软化阶段应力降低的模量称为 M，分析 M 的变化趋势，如图 4-17 所示。发现围压为 0 时，M 较大，屈服阶段相对较短，峰后应力跌落较快。随着围压增加，M 逐渐减小，弹性变形阶段加长，峰值强度相应增加，峰后应力跌落速度有所减缓，残余强度增加。

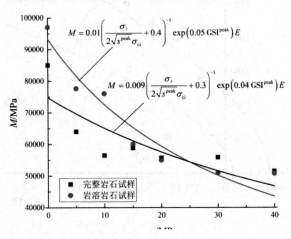

$$M = 0.01 \left(\frac{\sigma_3}{2\sqrt{s^{peak}}\,\sigma_{ci}} + 0.4 \right)^{-1} \exp\left(0.05\,GSI^{peak}\right) E$$

$$M = 0.009 \left(\frac{\sigma_3}{2\sqrt{s^{peak}}\,\sigma_{ci}} + 0.3 \right)^{-1} \exp\left(0.04\,GSI^{peak}\right) E$$

图 4-17　软化模量的变化趋势

2. 建立应变软化本构模型

　　本案例中的岩石试样具有显著的应变软化行为。显然，这种应力 - 应变关系不能简单地通过弹塑性模型来表示。故建立应变软化本构模型，如图 4-18 所示。

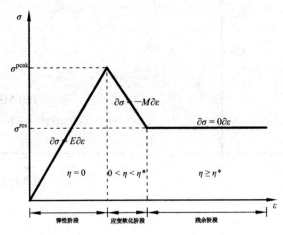

（a）应力 - 应变关系模型

图 4-18　应变软化抽象模型

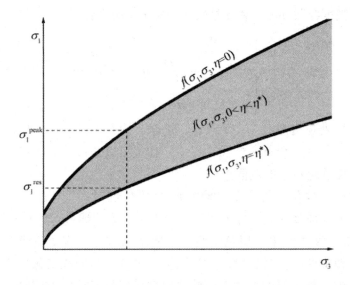

（b）强度变化模型

图 4-18 应变软化抽象模型（续）

软化指标 η 可以采用不同方式定义。一种流行的方法是将其定义为塑性剪切应变（γ^{p}），从主要塑性应变（$\varepsilon_1^{\mathrm{p}}$）中减去次要塑性应变（$\varepsilon_3^{\mathrm{p}}$）得到，即

$$\eta = \gamma^{\mathrm{p}} = \varepsilon_1^{\mathrm{p}} - \varepsilon_3^{\mathrm{p}} \tag{4-19}$$

将从应变软化阶段到残余强度阶段转变的软化指标表示为 η^*。如图 4-18（a）所示，在弹性阶段，软化指标 η 的值将保持为 0。在软化阶段，该值的范围在 0 和 η^* 之间。在残余强度阶段，该值将大于 η^*。参数 η^* 可以使用式（4-20）估计：

$$\eta^* = \frac{M - E}{ME}\left(1 + \frac{K_\psi}{2}\right)\left(\sigma_1^{\mathrm{peak}} - \sigma_1^{\mathrm{res}}\right) \tag{4-20}$$

其中，K_ψ 为剪胀系数：

$$K_\psi = \frac{1 + \sin\psi}{1 - \sin\psi} \tag{4-21}$$

其中，ψ 是剪胀角，可以通过下式确定（Hoek 和 Brown 1997）：

$$\begin{cases} \psi = 0, \text{ if } \mathrm{GSI} \leqslant 25 \\ \psi = \dfrac{5\mathrm{GSI} - 125}{1\,000}\varphi, \text{ if } 25 < \mathrm{GSI} < 75 \end{cases} \tag{4-22}$$

假设强度参数 m_b，s 和 a 是软化指标 η 的分段函数：

$$\omega = \begin{cases} \omega^{\text{peak}}, & \text{if } \eta = 0 \\ \omega^{\text{peak}} - \dfrac{\omega^{\text{peak}} - \omega^{\text{res}}}{\eta^*}\eta, & \text{if } 0 < \eta < \eta^* \\ \omega^{\text{res}}, & \text{if } \eta \geq \eta^* \end{cases} \qquad (4\text{-}23)$$

其中，ω 代表强度参数 m_b，s 或 a。将 GSI=GSI^{peak} 代入式（4-18）可以获得峰值 ω^{peak}。将 GSI=GSI^{res} 代入式（4-18）可以获得残余值 ω^{res}。

3. 应变软化现象的数值重现

根据应变软化本构模型，采用 FLAC$^{\text{3D}}$ 软件对三轴试验进行模拟。模拟得到应力–应变曲线，并与实测的应力–应变曲线进行比较，如图 4-19 所示。图 4-19 中，采用黑色实线表示实测的应力–应变曲线，采用红色虚线表示模拟曲线。对比发现，不同围压下的模拟曲线变化趋势与试验曲线大体一致，这表明本书建立的数值模型可以较好地模拟试样的应变软化行为。

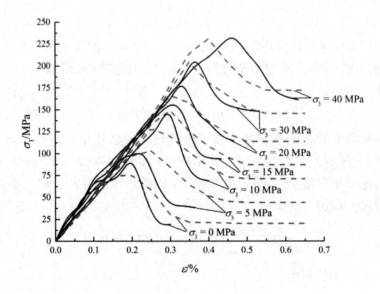

图 4-19　应变软化现象及数值重现（普通岩石）

绘制剪应变增量云图和位移向量云图，与被加载至破坏的试样对比，如图 4-20 所示。结果表明，剪应变增量较大的区域与试样破坏的区域基本一致，都是沿着斜面发生剪切破坏。位移向量云图进一步表明，在试样屈服之后，共产生两条相互交叉的屈服面，屈服后产生的碎块既有沿屈服面滑移的趋势，也有向外侧鼓胀的趋势。

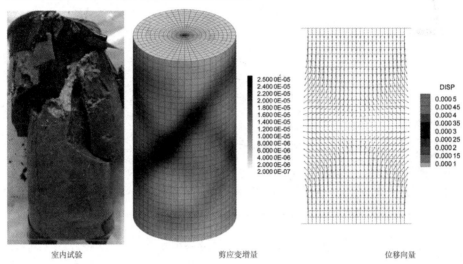

室内试验　　　　　　　剪应变增量　　　　　　　　　位移向量

图 4-20　破坏形式模拟

4.2.4　地应力测试与模拟

1. 地应力测试

采用钻孔变形计，测量研究区域地应力，测点位置见图 4-21，测试结果见表 4-11。测点均布置在溶洞 30 m 以外，受溶洞干扰较小。图 4-21 中，3 条交于一点的线段为 3 个主应力矢在水平面上的投影，线段长度代表主应力量值大小，即最长线段代表大主应力投影，最小线段代表小主应力投影。通常，最大主应力和第二主应力几乎是水平的，最小主应力几乎是垂直的，且水平应力超过垂直应力，表明地应力主要由构造应力构成。从测点数据来看，地应力规律性较好：大主应力为 3.5 ~ 4.5 MPa，方位为 N65°E ~ N87°E，倾角为 1° ~ 13°；中主应力为 1.4 ~ 2.3 MPa，方位为 S3°E ~ S26°E，倾角为 -13° ~ -1°；小主应力为 1.2 ~ 2.1 MPa，倾角为 -93° ~ -106°。

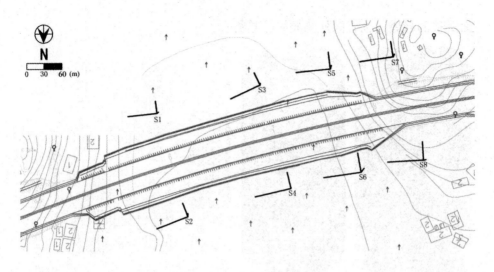

图 4-21　地应力水平投影

表 4-11　地应力测试结果

No.	Depth/ m	$\sigma_{h,max}$			$\sigma_{h,min}$			σ_v		
		Value /MPa	Direction	Dip angle /°	Value /MPa	Direction	Dip angle /°	Value /MPa	Direction	Dip angle /°
S1	37	3.48	N84°E	8	1.43	S7°E	−5	1.25	S50°W	−100
S2	42	3.98	N69°E	13	1.67	S21°E	−2	1.60	S62°W	−103
S3	47	3.76	N65°E	4	1.79	S26°E	−6	1.55	S6°W	−97
S4	57	4.27	N77°E	1	1.91	S13°E	−3	1.83	S6°W	−93
S5	45	3.54	N84°E	5	2.01	S7°E	−13	1.74	S15°W	−104
S6	52	3.77	N82°E	12	2.3	S10°E	−11	2.09	S38°W	−106
S7	48	3.46	N82°E	7	1.8	S9°E	−9	1.65	S27°W	−102
S8	56	4.01	N87°E	9	2.12	S3°E	−1	1.89	S83°W	−99

2.地应力模拟

通过拟合获得地应力线性回归方程，发现研究区域的地应力与深度呈近似线性关系，如图 4-22 所示。

$$\begin{cases} \sigma_H = 0.027\,6H + 2.459\,4 \\ \sigma_h = 0.029\,8H + 0.447\,5 \\ \sigma_v = 0.030\,0H + 0.261\,5 \end{cases} \tag{4-24}$$

其中，H 表示计算位置埋深。

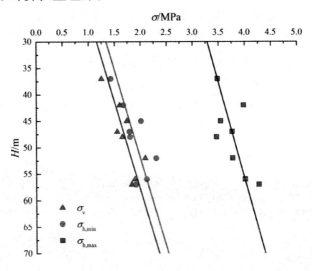

图 4-22　地应力沿深度方向的变化趋势

使用式（4-24）作为初始应力，将其作用于地质模型，模拟结果如图 4-23 所示。由于溶洞对应力场的扰动，地应力不可避免地产生了重分布。因此，模拟结果整体与测量结果一致，但细节上仍有一定偏差。从 K178+550 到溶洞 A 之间，模拟结果与测量结果吻合较好；从溶洞 A 到溶洞 B 之间，模拟结果超过测量结果约 0.3 MPa；从溶洞 B 到 K178+850 之间，模拟结果低于测量结果约 0.5 Mpa。

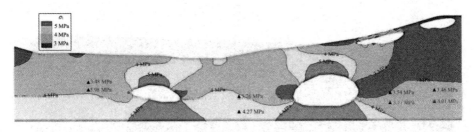

图 4-23　地应力模拟

4.2.5 路基填筑引起溶洞变形破坏过程的数值模拟与验证

1. 数值模型

采用 FLAC³ᴰ 软件模拟 K178+800 处的路基施工过程，如图 4-24 所示。模型底部在垂直和水平方向上固定，左右边界在水平方向上固定。根据地质条件勘察得知，地层中不存在控制性的结构面，因此按照连续介质进行岩层、土层的模拟。本构模型、材料参数及屈服准则见第 4.2.2、4.2.3 节。模拟过程如下：①建立只包含岩层、土层的自由场模型，进行地应力模拟与验证，如图 4-23 所示；②模拟路基施工，分为 EC1~EC9 施工期，每段施工期填筑 1 m，如图 4-25 所示。

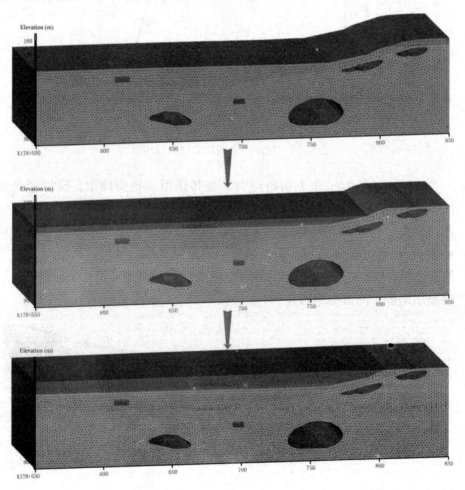

图 4-24　岩溶路基施工几何模型

118

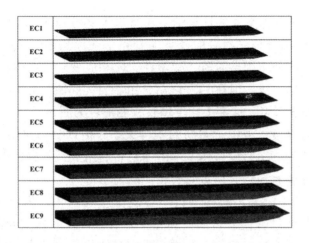

图 4-25　路基施工期

2. 沉降过程模拟

本书主要关注溶洞 C。该溶洞曾在路基建设过程中失稳并引起路基沉陷。针对溶洞 C 跨中位置的沉降，分别采用如下 4 种方案进行数值计算和对比：①假设岩体全部由完整岩石组成，服从弹塑性本构关系；②假设岩体全部由完整岩石组成，服从应变软化本构关系；③假设岩体全部由普通岩石组成，服从弹塑性本构关系；④假设岩体全部由普通岩石组成，服从应变软化本构关系。图 4-26 为 4 种方案的计算结果及其与监测数据的对比。

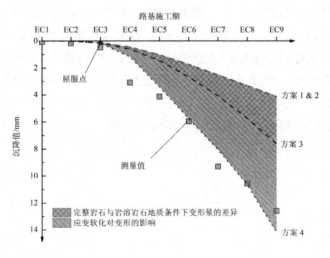

图 4-26　沉陷过程监测与模拟

发现方案 3 与方案 4 的计算结果在路基建设期 EC3 之前维持一致，但在 EC3 之后出现分歧，两者的分歧随着路基建设迅速扩大。这是由于在 EC3 之前，岩体处于弹性阶段，弹塑性岩体和应变软化岩体具有相同的力学行为，变形也一致。但在 EC3 之后，由于岩体屈服，方案 4 中的应变软化岩体强度显著降低，应变大幅度增长，变形较为明显。

方案 1 与方案 2 采用了不同的本构关系，但计算结果始终维持一致。这是由于这两种方案假设岩体全部由完整岩石组成，具有较高的强度，直至 EC9 仍处于弹性阶段，所以具有相同的力学行为。

在图 4-26 中，采用斜向平行图案表示应变软化行为对沉降的影响，采用网格图案表示普通岩石假设和完整岩石假设之间的差异。结果表明，假设岩体全部由完整岩石组成，或忽略应变软化行为，将大幅低估岩体变形。施工荷载越大，应力水平越高，差异也越明显。方案 4 假设岩体全部由普通岩石组成，且考虑了应变软化行为，计算结果也最接近实际情况。除特别说明以外，后文均采用方案 4 进行数值模拟。

3. 变形破坏模式模拟与验证

图 4-27、4-28 显示了在路基填筑过程中的位移场计算结果以及与现场照片的对比。试算表明，溶洞在第 4 层路基填筑之前发生的位移量较小，因此，本节主要针对第 4、5、6 层路基的填筑过程进行讨论，如图 4-25 所示。图 4-27 中，发生沉陷破坏的溶洞 C 位于该高速公路里程桩号 K178+790 附近。计算结果显示，溶洞顶板和覆盖层以剪切破坏为主，路基以水平层状拉裂破坏为主。在沉陷破坏过程中，溶洞顶板中逐渐形成倾斜剪切带，岩层沿此剪切带向下滑动，为覆盖层的牵引滑动埋下了隐患。在失去基岩支撑后，土层产生较大的下滑力，同时由于差异沉降触发了竖直剪切带的形成，为路基沉降埋下了隐患。在失去地基支撑后，路基产生较大的沉降，同时形成水平层状拉裂带。此外，由于基岩面存在 15° 倾角，导致土层右侧还产生明显的顺层滑动现象。

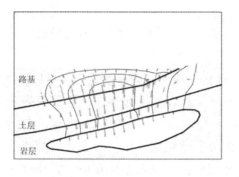

（a）路基第 4 层填筑

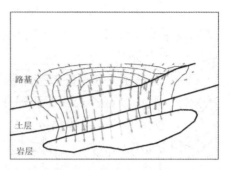

（b）路基第 5 层填筑

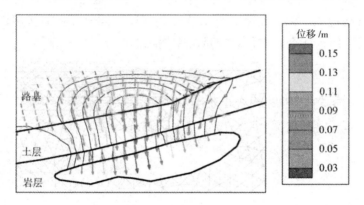

（c）路基第 6 层填筑

图 4-27　位移向量场在岩溶路基沉陷破坏过程中的变化情况

图 4-28　岩溶路基变形破坏现象

　　土层和路基都在失去支撑后滑动，伴随土层产生的是竖直剪切带，而伴随路基产生的却是拉伸断裂带。这可能是由于土层在向下滑动时仍要承受路基的作用，并不会产生拉应力，也不会由此产生拉伸断裂带。而路基在沉降的过程中，一方面要继续向土层施加压力，另一方面则在路基内部产生较大的拉应力，进一步导致产生水平层状拉伸断裂带并发展至路表（这种破坏模式与图 4-28 中现场观察到的路表裂缝一致），不仅导致路基沉降，还将使路基土变得松散。

图 4-29 显示了典型的岩溶路基塑性区分布（几何模型为图 4-11 中的溶洞 C）。其中，红色表示剪切塑性区，蓝色表示拉伸塑性区，黄色表示兼具剪切塑性区和拉伸塑性区，灰色表示弹性区。由图 4-29 可知，溶洞顶板全跨分布剪切塑性区。覆盖层左侧分布剪切塑性区，与差异沉降剪切带一致。覆盖层在基岩面附近存在拉伸塑性区，说明土层在该位置还存在弯拉变形破坏。土层右侧主要分布拉伸塑性区，这与图 4-27 中土层出现的顺层滑动现象一致。路基破坏形式较为多样，同时存在剪切塑性区和拉伸塑性区，但未能全部在位移向量场中揭示。

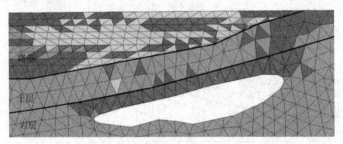

图 4-29　路基填筑完成后的塑性区分布

4.3　岩石应变软化行为对溶洞稳定性的影响

4.3.1　应变软化区的发展及其向残余强度区的转变

如图 4-30 所示，根据强度软化指标 η 将溶洞围岩划分为弹性区、应变软化区和残余强度区。在弹性区，$\eta=0$；在应变软化区，$0 < \eta < \eta^*$；在残余强度区，$\eta \geqslant \eta^*$。

将应变软化区域的发展分为 4 个阶段。在 EC1 至 EC3 期间，溶洞围岩全部处于弹性区，为方便行文，笔者将其称为阶段 1。在 EC3 至 EC5 期间，溶洞顶板两端支座从上侧开始出现应变软化区，并逐渐向下扩展，笔者将其称为阶段 2。在 EC5 至 EC7 期间，溶洞顶板两端支座应变软化区进一步扩大，残余强度区也开始出现，随即，顶板跨中位置也出现了应变软化区，并由下至上迅速贯通顶板，笔者将其称为阶段 3。在 EC7 至 EC9 期间，溶洞顶板两端支座的应变软化区和残余强度区继续扩大，但趋势变缓，而溶洞跨中位置出现了残余强度区，并迅速贯通顶板，笔者将其称为阶段 4。总之，在本案例中，顶板支座屈服和进入残余强度阶段的时间早于跨中位置，但后期发展较为缓慢。跨中位置屈服和进入残余强度阶段较晚，但后期发展较快，且能贯通顶板。顶板支座屈服一般出现在地应力较小的情况下；随着地应力增大，顶板支座稳定性有所提高，但跨中位置更容易破坏。在本案例中，由于埋藏深度较浅，地应力较小，所以出现了顶板支座屈服。

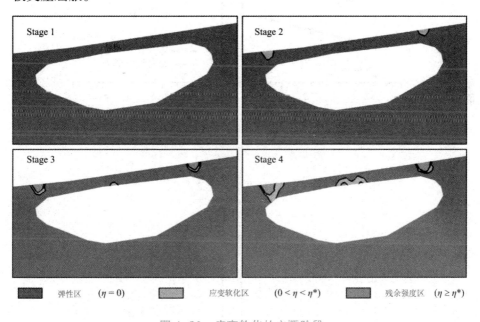

图 4-30　应变软化的主要阶段

4.3.2　应力路径

采用应变软化模型，针对跨中位置和两端支座的应力路径进行分析，见图 4-31 中的黑色实线。作为对比，弹塑性模型的应力路径也被绘制在图 4-31 中，见灰色实线。应变软化模型和弹塑性模型具有相同的屈服强度，见蓝色虚线。红色虚线表示应变软化模型的残余强度。

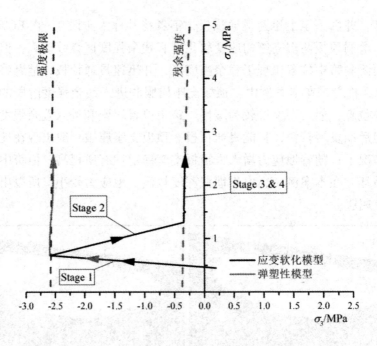

（a）左支座应力路径

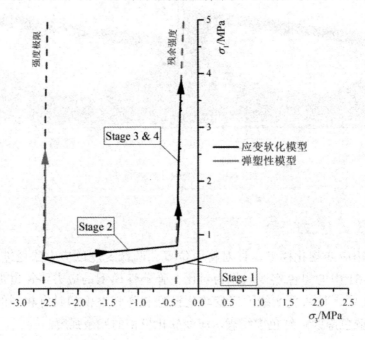

（b）右支座应力路径

图 4-31　关键位置的应力路径

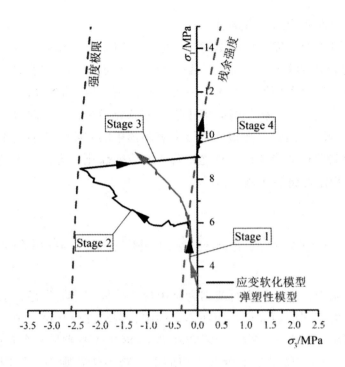

（c）跨中位置应力路径

图 4-31 关键位置的应力路径（续）

1. 应变软化模型的应力路径

两端支座具有相似的应力路径和屈服模式。但由于顶板向左侧倾斜，左端支座承受的荷载更大，所以应力略高于右端支座。在阶段 1 中，两端支座的 σ_1 维持在 0.5 MPa 左右，σ_3 沿加载路径增大至 -2.6 MPa 左右，最终因受拉而屈服。在阶段 2 中，由于应变软化，岩体强度降低，σ_3 沿卸载路径减小至 -0.3 MPa 左右，最终进入残余强度阶段。在阶段 3 和阶段 4 中，由于路基建设仍在继续，应力无法卸载，只能沿残余强度曲线发展。在此过程中，应变大幅增加，溶洞顶板的变形也将成倍增加（见图 4-26）。

跨中位置的应力路径与两端支座存在明显区别。在阶段 1 中，σ_1 沿加载路径增大至 6 MPa 左右，σ_3 维持在 -0.2 MPa 左右。在阶段 2 中，σ_1 沿加载路径增大至 9 MPa 左右，σ_3 沿加载路径增大至 -2.5 MPa 左右，最终因受拉作用而屈服。在阶段 3 中，由于应变软化，岩体强度降低，σ_3 沿卸载路径减小至 0 MPa 左右，最终进入残余阶段。在阶段 4 中，由于路基建设仍在继续，应力无法卸载，软化指数 η 随之大幅度增长（见图 4-30）。

2.弹塑性模型的应力路径

在阶段 1 中，弹塑性模型的应力路径与应变软化模型完全一致，两端支座 σ_3 被逐渐加载至抗拉强度，最终因受拉而屈服。在屈服之后，两端支座的应力路径沿着屈服曲线不断发展。在两端支座屈服之后，跨中位置沿应力路径不断加载，但加载幅度小于应变软化模型，直至阶段 4 结束，仍处于弹性阶段。因此，弹塑性岩层中溶洞顶板的稳定性明显高于应变软化岩层中溶洞顶板的稳定性。总之，若忽略应变软化行为，岩体变形将被大幅低估，稳定性将被明显高估。

4.4　按梁假设计算溶洞顶板稳定性的可行性

一般认为，地下洞室可能因为跨中位置拉伸屈服而失稳，也可能因为两端支座剪切屈服而失稳。而在本案例中，两端支座和跨中位置都因受拉作用而屈服（见图 4-31）。笔者曾在图 4-30 中观察到另一个有趣的现象：溶洞顶板两端支座是从上侧开始屈服的，跨中位置则是从下侧开始屈服的。实际上，这种破坏模式非常类似固支梁。计算其弯矩分布有助于理解这种破坏模式，尤其是两端支座，为何从上侧开始因受拉作用而屈服。

采用如下 3 种模型进行弯矩计算和对比：①按应变软化数值模型计算；②按简支梁模型计算；③按固支梁模型计算。计算结果见图 4-32，其中，黑色虚线、灰色实线和红色实线分别表示应变软化模型、简支梁模型和固支梁模型的弯矩分布。表 4-12 给出了弯矩计算方法，其中，$M_p(x)$ 表示顶板因承受荷载集度而产生的弯矩，通过 $\int_0^x F_s(x)\mathrm{d}x$ 计算。$F_s(x)$ 表示垂直方向的剪力，对剪应力 τ_{xz} 积分即可得到。M_L，M_R 分别为溶洞顶板左侧支座和右侧支座处的拱脚弯矩，可使用力法求解。l 表示顶板跨度，σ 表示顶板倾角，q 表示荷载集度，x 表示坐标位置，坐标轴已被绘制在图 4-32 中。

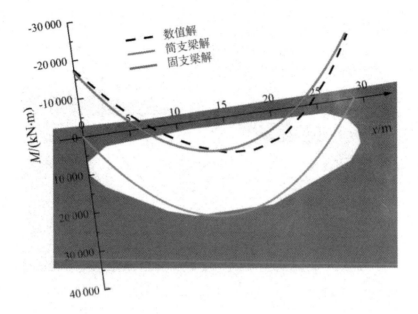

（a）阶段 1 顶板弯矩分布

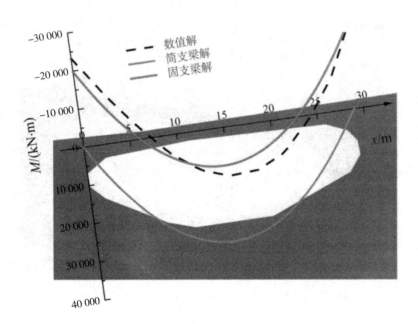

（b）阶段 2 顶板弯矩分布

图 4-32　顶板弯矩分布

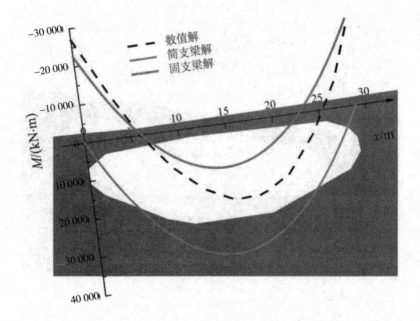

（c）阶段 3 顶板弯矩分布

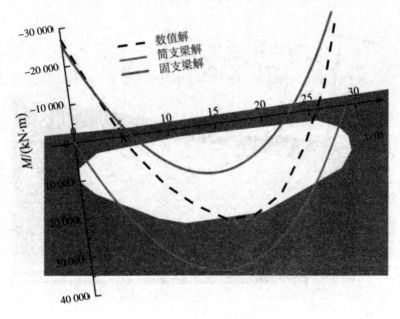

（d）阶段 4 顶板弯矩分布

图 4-32 顶板弯矩分布（续）

表 4-12　弯矩计算方案

计算方法	计算方案
数值解	$M(x)=M_{\mathrm{P}}(x)+M_{\mathrm{L}}-\dfrac{M_{\mathrm{L}}+M_{\mathrm{R}}}{l\cos\theta}x$
简支梁假设	$M(x)=-\dfrac{1}{2}q\left(x^2-lx\right)$
固支梁假设	$M(x)=-\dfrac{1}{2}q\left(x^2-\dfrac{1}{\cos\theta}lx+\dfrac{1}{6\cos^2\theta}l^2\right)$

4.4.1　应变软化模型的弯矩分布

在阶段 1 中，两端支座在其上侧受拉，弯矩约为 –18 000 kN·m，因受拉而屈服；跨中位置在其下侧受拉，弯矩约为 8 000 kN·m，在阶段 1 结束时仍处于弹性阶段。在阶段 2 中，两端支座屈服后进入应变软化阶段，弯矩进一步增大至约 –23 000 kN·m，最终进入残余强度阶段；跨中位置的弯矩进一步增大至约 11 000 kN·m，最终因受拉而屈服。在阶段 3、4 中，两端支座进入残余强度阶段后，弯矩小幅度增大至约 –27 000 kN·m；跨中位置屈服后依次进入应变软化阶段和残余强度阶段，应变快速增长，弯矩大幅度提高至约 22 000 kN·m。

总之，两端支座在其上侧受拉，屈服和进入残余强度阶段较早；跨中位置在其下侧受拉，屈服和进入残余强度阶段较晚，但后期弯矩增长较快。破坏位置之所以集中于两端支座上侧和跨中位置下侧，实际上与弯矩分布有很大关系。

4.4.2　简支梁模型的弯矩分布

在 4 个阶段中，两端支座不承受弯矩；跨中位置在其下侧受拉，弯矩由 18 000 kN·m 增长至约 30 000 kN·m。因此，若采用简支梁假设计算溶洞顶板稳定性，将高估两端支座的稳定性，且低估跨中位置的稳定性。当地规范推荐采用简支梁假设计算溶洞顶板稳定性，可能导致较大的偏差。

4.4.3　固支梁模型的弯矩分布

在阶段 1 中，固支梁模型的弯矩分布非常接近应变软化数值模型，对弯矩估计的差异不超过 10%；在阶段 2 中，顶板开始屈服并发生应变软化，差异逐渐扩大至 20%；在阶段 3、4 中，跨中位置屈服并进入应变软化阶段和残余强度阶段，采用固支梁模型计算的跨中弯矩远小于实际。因此，在弹性阶段，按固支梁假设计算溶洞顶板受力情况所产生的误差是可以接受的。但在屈服之后，由于固支梁模型未能考虑应变软化行为，对弯矩的估计远小于实际。

4.5 影响受力模式和变形破坏的因素

关于溶洞跨度、顶板厚度、岩体质量、地应力等因素的影响已有较多研究[16, 45]。较之以往研究，课题初步揭示了洞穴形状、顶板倾角和相邻溶洞的影响。

4.5.1 洞穴形状的影响

根据面积、跨度、中心位置等效的原则选取椭圆形、矩形溶洞与实际形状进行对比，等效结果如图 4–33 所示，稳定性计算结果如图 4–34 所示（设溶洞顶板中心位置为坐标原点），发现洞穴形状对溶洞的变形及稳定性有显著影响。采取椭圆形溶洞模型将导致沉降计算偏小，安全系数计算偏大，采取矩形溶洞模型将导致沉降计算偏大，安全系数计算偏小，若采取两者均值，可使计算结果接近实际。其中，稳定性按强度折减法进行计算，折减方式为同时折减 σ_{ci} 和 GSI，将计算不收敛作为失稳判据，计算结果为安全系数 FOS。

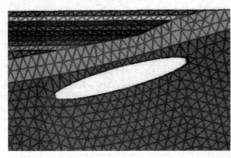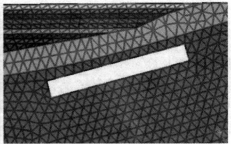

图 4–33　形状等效溶洞

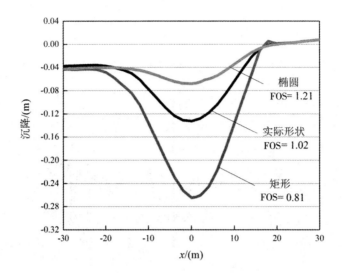

图 4-34 洞穴形状对稳定性的影响

为进一步分析洞穴形状的影响，图 4-35、图 4-36 和图 4-37 分别给出了矩形、椭圆形和实际形状溶洞顶板的应力状态，图 4-38 给出了洞穴形状对顶板破坏形式的影响。其中，最大主应力、中间主应力及最小主应力分别用 σ_1，σ_2 及 σ_3 表示。包括 Hoek-Brown 准则在内的岩石屈服准则通常是 σ_1 和 σ_3 的函数，对 σ_2 的考虑较少，因此，以下主要分析 σ_1，σ_3。

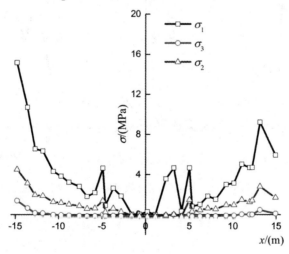

图 4-35 矩形溶洞顶板的应力响应

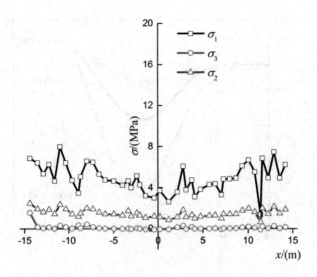

图 4-36　椭圆形溶洞顶板的应力响应

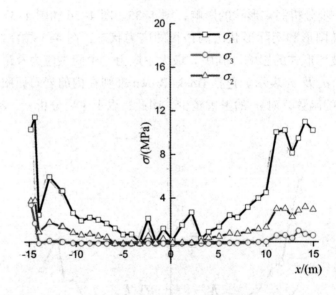

图 4-37　实际形状溶洞顶板的应力响应

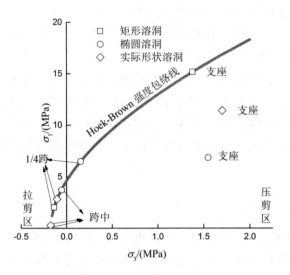

图 4-38　溶洞形状对顶板破坏形式的影响

根据应力状态将破坏形式划分为张拉破坏、拉伸剪切破坏[116]、压缩剪切破坏。根据 $\sigma_3 \leqslant -\sigma_{ti}$（单轴抗拉强度）界定张拉破坏；根据 $-\sigma_{ti} < \sigma_3 < 0$，$\sigma_3 + \sigma_{ci}\left(m_b\dfrac{\sigma_3}{\sigma_{ci}} + s\right)^a \geqslant \sigma_1$ 界定拉伸剪切破坏；根据 $\sigma_3 \geqslant 0$，$\sigma_3 + \sigma_{ci}\left(m_b\dfrac{\sigma_3}{\sigma_{ci}} + s\right)^a \geqslant \sigma_1$ 界定压缩剪切破坏。在 Hoek-Brown 准则中，取 $\sigma_1{}' = 0$，$a = 0.5$，代入式（4-17）即可得到 σ_{ti}：

$$\sigma_{ti} = \frac{1}{2}\left(\sqrt{m_b{}^2 + 4s} - m_b\right)\sigma_{ci} \tag{4-25}$$

发现矩形溶洞的顶板在其支座附近处于三向压缩状态，出现较大的主应力差 $\sigma_1 - \sigma_3$，在图 4-38 中对应于压缩剪切破坏，可能与矩形四角的应力集中有关。由支座至跨中，$\sigma_1 - \sigma_3$ 快速减小，但 σ_3 由压应力转变为拉应力，导致破坏形式由压缩剪切破坏逐渐转变为拉伸剪切破坏。在跨中附近，σ_3 减小至抗拉强度，并出现张拉破坏。

椭圆形溶洞的顶板除跨中都处于三向压缩状态，且 $\sigma_1 - \sigma_3$ 较之矩形溶洞有所降低，支座亦未出现塑性屈服。由支座至跨中，$\sigma_1 - \sigma_3$ 保持不变，但 σ_3 大幅度减小，因此逐渐出现压缩剪切破坏。在跨中附近，σ_3 由压应力降低至拉应力，但未达到抗拉强度，因此出现拉伸剪切破坏。

实际形状溶洞顶板在支座的受力状态以压剪为主，应力水平介于矩形溶洞和椭圆形溶洞之间。在跨中和 1/4 跨，$\sigma_1-\sigma_3$ 较之矩形溶洞略有降低，但幅度不大，受力状态仍以拉剪为主。

综上所述，矩形溶洞的顶板受力状态以拉剪为主，而椭圆形溶洞的顶板主要为压剪，稳定性得以明显改善，这一现象主要与椭圆形溶洞的拱效应有关。实际形状溶洞也出现了一定程度的拱效应，具体表现在顶板受力状态自跨中向支座逐渐由拉剪变为压剪，较之矩形溶洞的受力状态有所改善。

4.5.2 顶板倾角的影响

由图 4-39 和图 4-40 可知，在顶板由 0° 旋转至 25° 的过程中，位移向量总是随着顶板旋转，以致反馈于路表的沉陷中心发生偏移，但沉陷大小和安全系数 FOS 均未发生明显变化。岩溶地区基岩面起伏较大，往往导致沉陷中心出现偏移。可结合顶板倾向、倾角和埋深，按 $\tan\alpha \cdot H_r$ 推测偏移距离，判断溶洞的位置所在。其中，α 为顶板倾角，H_r 为顶板埋深。

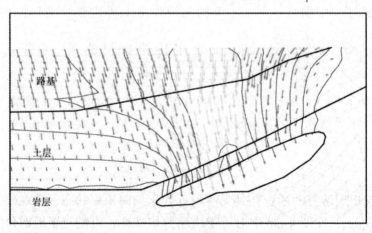

图 4-39 25° 倾角顶板溶洞的位移向量场

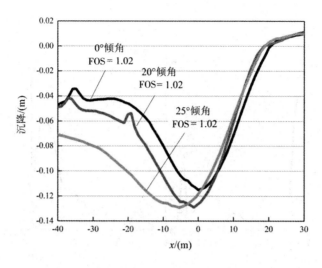

图 4-40　顶板倾角对岩溶路基变形和稳定性的影响

　　为进一步分析顶板倾角的影响，图 4-41 给出了 25° 倾角顶板的应力状态，图 4-42 给出了倾角对顶板破坏形式的影响。图 4-41 中，所述支座位置指 $x=-14.5$ m，所述 1/4 跨位置指 $x=-7.3$ m。图 4-43 给出了 25° 倾角顶板 1# ～ 5# 点的破坏形式。为方便分析，将顶板左侧称为低侧，右侧称为高侧。其中，1# 点对应低侧支座（$x=-14.5$ m）；2# 点对应低侧 1/4 跨（$x=-7.3$ m）；3# 点对应跨中（$x=0$ m）；4# 点对应高侧 1/4 跨（$x=7.3$ m）；5# 点对应高侧支座（$x=14.5$ m）。

　　可以发现，对于 25° 倾角顶板，高侧应力水平总体高于低侧。高侧支座将出现较大的主应力差 $\sigma_1-\sigma_3$，在图 4-43 中对应压缩剪切破坏；低侧支座主应力差 $\sigma_1-\sigma_3$ 稍小，但仍发生压缩剪切破坏。在增加顶板倾角的过程中，受力状态整体由压剪区向拉剪区偏移（见图 4-43）。最为明显的是跨中附近，若顶板倾角 0° 增加至 25°，破坏形式将由拉伸剪切破坏逐渐转变为张拉破坏。文献 [117] 也曾得到类似的结论：在侧压系数大于 1（水平地应力大于垂直地应力）的情况下，狭长型洞室（顶板倾角达到 90°）的跨中位置可能出现拉应力。

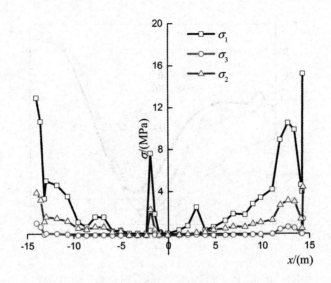

图 4-41 25°顶板倾角的应力响应

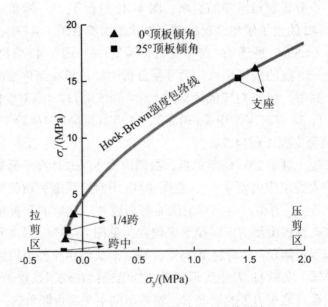

图 4-42 倾角对顶板破坏形式的影响

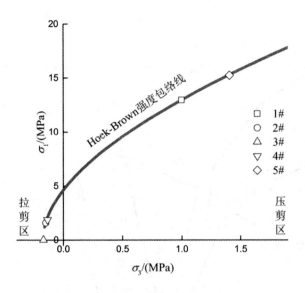

图 4-43　25° 倾角顶板溶洞的破坏形式分布

4.5.3　相邻溶洞的影响

通过改变溶洞 C 和溶洞 D 之间的距离 d 进行试算，发现其对顶板受力状态影响很小。但在溶洞相邻非常近的情况（小于 1 m）下，相邻溶洞所夹薄围岩将产生明显的应力集中。在这种情况下，相邻溶洞所夹薄围岩的受力特征类似于岩柱，并发挥重要的承载作用（后文将这类薄围岩称为岩柱），其承载能力对溶洞稳定性具有重要影响。溶洞多为不规则椭圆形，因此相邻溶洞之间的岩柱多为不规则花瓶形（见图 4-44），其应力分布规律较之常规的矩形岩柱也更为复杂。本节仅针对其应力分布规律做初步分析。

图 4-44 给出了溶洞岩柱的典型应力响应（仅绘制单侧）。将此花瓶形的岩柱划分为上段岩柱、中段岩柱、下段岩柱，发现上段岩柱处于三向压缩状态，主应力差 $\sigma_1-\sigma_3$ 维持在较高水平，可能产生剪切塑性区。在上段岩柱转向中段岩柱的折角处，存在明显的应力集中，再向下则快速减小。沿下段岩柱，$\sigma_1-\sigma_3$ 逐渐减小，但 σ_3 由压应力转变为拉应力，不利于岩柱稳定。因此，溶洞岩柱稳定性分析应重点关注折角处的应力集中区和下段岩柱的拉应力区。

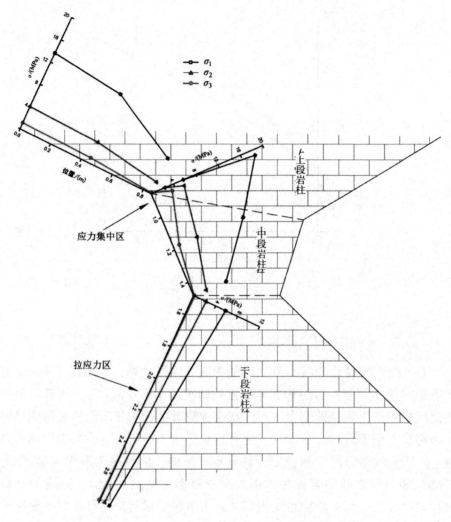

图 4--44 溶洞岩柱典型应力响应（最窄处宽 0.5 m）

4.6 本章小结

（1）揭示了一种岩溶路基失稳模式。溶洞顶板中逐渐形成剪切带，岩层沿此剪切带向下滑动。在失去基岩支撑后，土层产生较大的下滑力，同时由于差异沉降，触发了竖直剪切带的形成。在失去地基支撑后，路基产生较大的沉降，同时形成水平层状拉裂带并发展至路表，不仅导致路基沉降，还将使路基土变得松散。

（2）由于拱效应和地应力的挤压作用，弯拉应力有可能被抵消，导致溶洞顶板进入剪切塑性状态，而非拉伸塑性状态。矩形溶洞的顶板受力状态以拉剪为主；椭圆形溶洞的顶板主要为压剪，稳定性得以明显改善；实际形状溶洞的稳定性介于两者之间。顶板倾角对变形大小和稳定性影响不明显（指 25° 以内的缓倾顶板），但溶洞顶板的受力模式有所改变。在溶洞相邻非常近的情况（小于 0.5 m）下，所夹薄围岩形似花瓶形岩柱，容易在折角处产生应力集中，并在下段产生拉应力区。在初步勘查阶段，受限于此时的勘查资料，可分别按椭圆形溶洞和矩形溶洞计算，再取其平均值。若顶板倾角不超过 25°，溶洞间距不小于 0.5 m，且仅需定性评估稳定性，可忽略其影响。

（3）可将沉陷视为失稳的前兆。在产生沉陷后，各地层势必产生裂缝。起初各裂缝仍具有较大的刚度，地质体尚未成为可变体系，短期内仍可维持在沉陷阶段。但在地下水活动、外部荷载等的长期作用下，裂缝刚度降低，逐渐扩展，引起应力重分布，并导致岩溶路基稳定性大幅度降低，发展成为失稳。这种由沉陷发展为失稳的过程有待进一步研究。

第5章 岩溶路基安全填筑高度

分析路堤填筑对下伏溶洞的影响非常重要，可以将路堤高度限制在合理的范围之内。强度折减法是稳定性评价的常用方法，抗弯估算法则是岩溶地区公路基础设计与施工技术指南的推荐方法之一。为计算岩溶路基的极限填筑高度和安全填筑高度，分别使用强度折减法和弯拉理论求解。首先介绍了本研究的折减方法，以及岩溶路基极限填筑高度和安全填筑高度的求解方法。抗拉强度是抗弯理论的重要参数，本研究基于 Hoek–Brown 准则推导得到岩体抗拉强度与抗压强度 σ_{ci}、岩石类型 m_i、施工扰动程度 D、地质强度指标 GSI 的关系，然后基于抗弯理论推导路堤安全填筑高度的解析解，提出考虑地应力和固支约束的修正解。在实例中分别应用强度折减法和抗弯估算法计算岩溶路基的极限填筑高度和安全填筑高度。最后讨论溶洞的安全厚跨比。

5.1 岩石强度特征

除如式（4–17）所示的表示方法外，Hoek–Brown 屈服准则也可表示为

$$f\left(\sigma_1,\ \sigma_3,\ \mathrm{GSI}\right)=\sigma_1-\sigma_3-\sigma_{ci}\left(m_b\frac{\sigma_3}{\sigma_{ci}}+s\right)^a \tag{5-1}$$

其中，m_b，a，s 为 GSI 的函数，即

$$\begin{cases} m_b=\exp\left(\dfrac{\mathrm{GSI}-100}{28-14D}\right)m_i \\[2mm] s=\exp\left(\dfrac{\mathrm{GSI}-100}{9-3D}\right) \\[2mm] a=\dfrac{1}{2}+\dfrac{1}{6}\left(\exp\left(-\dfrac{\mathrm{GSI}}{15}\right)-\exp\left(-\dfrac{20}{3}\right)\right) \end{cases} \tag{5-2}$$

　　岩石的强度变化可以分为弹性变形阶段、应变软化阶段和残余阶段。本书使用 GSI^{peak} 和 GSI^{res} 区分这三个阶段。如图 5-1 所示，当 $GSI=GSI^{peak}$ 时，岩体处于弹性变形阶段，$GSI^{res} < GSI < GSI^{peak}$ 时为应变软化阶段，$GSI=GSI^{res}$ 时为残余阶段。如图 5-2 所示，在弹性变形阶段，岩石的强度由 $f(\sigma_1, \sigma_3, GSI^{peak})$ 决定。在残余阶段，岩石的强度由 $f(\sigma_1, \sigma_3, GSI^{res})$ 决定。

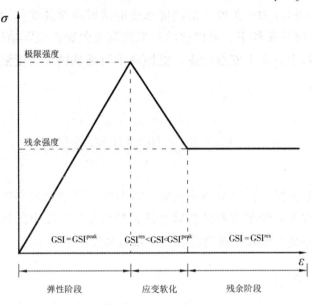

图 5-1　岩石的强度变化

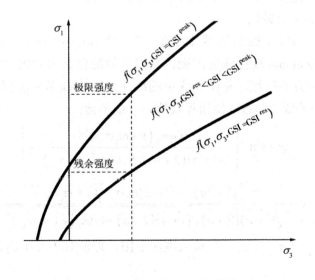

图 5-2　不同强度阶段的屈服条件

5.2 岩溶路基极限填筑高度和安全填筑高度

将 GSI=GSI^{peak} 条件下溶洞能承受的路堤填筑高度称为极限填筑高度（UBH），将 GSI=GSI^{res} 条件下溶洞能承受的路堤填筑高度称为安全填筑高度（SBH）。理想条件下，可以将路基填筑高度限制在极限填筑高度之内。但在实际工程中，出于安全考虑，更倾向于将路基填筑高度限制在安全填筑高度之内。

5.3 基于强度折减法的数值解

使用强度折减法可以方便地求解岩溶路基的极限填筑高度和安全填筑高度。本书首先介绍了现有的折减方法，然后介绍了本书的折减方法，最后介绍了岩溶路基极限填筑高度和安全填筑高度的求解方法。

5.3.1 综述

到目前为止，对适用于 Hoek–Brown 准则的强度折减法，国内外学者已经开展了一定程度的研究，大致可以分为 4 类。

1. 等效 c-φ 折减法

首先基于 Hoek 提出的数学变换 [118]，将 Hoek–Brown 非线性准则转化为 Mohr–Coulomb 线性强度准则，获得等效的粘聚力和内摩擦角。Mohr Coulomb 图下方的区域（见图 5-3 中的线 A）和 Hoek Brown 图下方的区域（见图 5-3 中的线 B）通过使用等效的 c-φ 值平衡。

$$\varphi = \sin^{-1}\left[\frac{6am_b\left(s+m_b\sigma_{3n}\right)^{a-1}}{2(1+a)(2+a)+6am_b\left(s+m_b\sigma_{3n}\right)^{a-1}}\right] \tag{5-3}$$

$$c = \frac{\sigma_{ci}\left[(1+2a)s+(1-a)m_b\sigma_{3n}\right]\left(s+m_b\sigma_{3n}\right)^{a-1}}{\sqrt{(1+a)(2+a)}\sqrt{(1+a)(2+a)+6am_b\left(s+m_b\sigma_{3n}\right)^{a-1}}} \tag{5-4}$$

其中，$\sigma_{3n}=\sigma_{ci}^{-1}\cdot\sigma_{3max}$；$\sigma_{3max}$ 是最大围压上限，即所有单元中出现的 σ_3 的最大值。

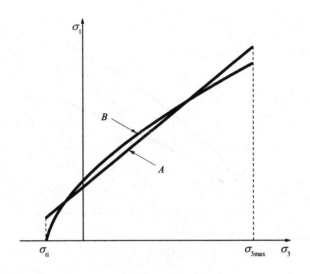

图 5-3　Hoek-Brown 及其等效的 Mohr-Coulomb 准则

而基于等效的粘聚力和内摩擦角进行全局折减，求解安全系数[119～122]。这种方法的缺点是等效的 c-φ 值会忽略单元的局部（或瞬时）应力状态。

2. 局部或瞬时线性化方法

如果一个单元的应力状态（σ_1，σ_2，σ_3）已知，特别是 σ_3 是已知的时，则可以计算相应的瞬时 c 和 φ 值。然后，瞬时 c 和 φ 值被用于执行强度折减[123～124]。这种方法的关键问题是如何确定瞬时 c 和 φ 值。Fu 和 Liao[123]通过求解牛顿迭代公式导出了瞬时 c 和 φ 值。尽管该方法非常复杂，但它可以应用于任何非线性准则。本书推荐使用更简单的方法来获得瞬时 c 和 φ 值，即使用 $\sigma_{3n}=\sigma_{ci}^{-1}\cdot\sigma_3$ 代替 $\sigma_{3n}=\sigma_{ci}^{-1}\cdot\sigma_{3max}$，根据式（5-3）和式（5-4）求解每个单元的相应摩擦角和内聚力的局部（区域）值，如 Shen 和 Karakus[125] 所做的那样。

3. 降低强度包线法

根据 Hoek 的研究[118]，可以确定等效于 Hoek-Brown 主应力包络线的剪应力包络线（见图 5-4 中的线 A）。正如 Hammah 等人[126] 所做的那样，等效剪应力包络线被安全系数降低（见图 5-4 中的线 B）。

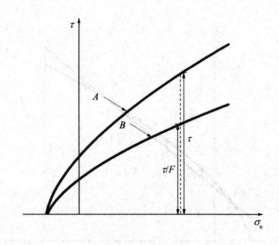

图 5-4　降低强度包线法

4.参数折减法

该方法选择一个或多个 Hoek-Brown 参数（如 GSI，σ_{ci} 和 m_i）来执行强度降低。这种方法的关键问题是所选的 Hoek-Brown 参数会影响 FOS 值。宋琨等人 [127] 发现通过 GSI 和 σ_{ci} 的减少而获得的 FOS 值与通过极限平衡法获得的 FOS 值趋于一致。

其中，方法 1、2 和 3 的共同缺点是，折减后不再是 Hoek-Brown 准则。尽管可以再次拟合为 Hoek-Brown 准则，但增加了应用的难度。另外，方法 1、方法 2 和方法 3 假定岩石破坏是由剪切断裂引起的，然而，地下洞室的破坏模式比剪切破坏更为复杂。因此，本书选择方法 4 进行强度降低。

本书采用宋琨等人推荐的参数 [127]，即对参数 GSI 和 σ_{ci} 进行折减。以下解释为何选择这两个参数。

在 Hoek-Brown 准则中，强度参数包括 σ_{ci}，m_b，s，a。m_b，s 和 a 都是 GSI 的函数，折减 GSI 即可实现 m_b，s 和 a 的折减。σ_{ci} 与 GSI 相互独立，因此折减 σ_{ci} 非常必要。例如，对于单轴抗压强度试验，应有 $\sigma_3=0$。在这种情况下，Hoek-Brown 屈服准则可以简写为

$$\sigma_1 = \sigma_{ci} \cdot s^a \qquad （5-5）$$

对于完整岩石，$s=1.0$，可以进一步简写为

$$\sigma_1 = \sigma_{ci} \qquad （5-6）$$

在这种情况下，单独折减 GSI 无法实现强度折减，因此，必须同时折减 σ_{ci} 和 GSI。

5.3.2　强度折减方案

对比两种折减方案，这两种方案都属于上述方法 4。

方案 1：

将参数 σ_{ci} 和 GSI 分别折减 FOS，使岩溶路基达到极限平衡状态，得到折减后的参数 $\sigma_{ci}{}'$ 和 GSI′。

$$\begin{cases} \sigma_{ci}{}' = \dfrac{\sigma_{ci}}{FOS} \\[2mm] GSI' = \dfrac{GSI}{FOS} \end{cases} \tag{5-7}$$

将 GSI′ 代入式（5-2），得到折减后的参数 $m_b{}'$，s' 和 a'。

$$\begin{cases} m_b{}' = \exp\left(\dfrac{GSI-100FOS}{(28-14D)FOS} \right) m_i \\[3mm] s' = \exp\left(\dfrac{GSI-100FOS}{(9-3D)FOS} \right) \\[3mm] a' = \dfrac{1}{2} + \dfrac{1}{6}\left(\exp\left(-\dfrac{GSI}{15FOS} \right) - \exp\left(-\dfrac{20}{3} \right) \right) \end{cases} \tag{5-8}$$

方案 2：

将参数 σ_{ci} 和 exp(GSI/K) 分别折减 FOS，得到折减后的参数 $\sigma_{ci}{}'$ 和 GSI′。

$$\begin{cases} \sigma_{ci}{}' = \dfrac{\sigma_{ci}}{FOS} \\[2mm] GSI' = GSI - K\ln(FOS) \end{cases} \tag{5-9}$$

其中，$K=[(28-14D)+(9-3D)+15]/3=(52-17D)/3$。

将 GSI′ 代入式（5-2），得到折减后的参数 $m_b{}'$，s' 和 a'。

$$\begin{cases} m_b{}' = \left(\dfrac{1}{FOS} \right)^{\frac{K}{28-14D}} \exp\left(\dfrac{GSI-100}{28-14D} \right) m_i \\[3mm] s' = \left(\dfrac{1}{FOS} \right)^{\frac{K}{9-3D}} \exp\left(\dfrac{GSI-100}{9-3D} \right) \\[3mm] a' = \dfrac{1}{2} + \dfrac{1}{6}\left(\begin{array}{l} \left(\dfrac{1}{FOS} \right)^{-\frac{K}{15}} \exp\left(-\dfrac{GSI}{15} \right) \\[2mm] -\exp\left(-\dfrac{20}{3} \right) \end{array} \right) \end{cases} \tag{5-10}$$

如图 5-5 所示，GSI′，m_b′，s′，a′ 和 FOS 之间的关系可以用来表示折减过程。当使用方法 1 时，当 FOS 从 0.8 提高到约 1.5 时，GSI′、m_b′ 和 s′ 急剧下降。当使用方法 2 时，曲线的坚锐得到显著缓解。在图 5-5（d）中，当使用方法 2 时，参数 a′ 的非线性增长趋势变为近似线性。

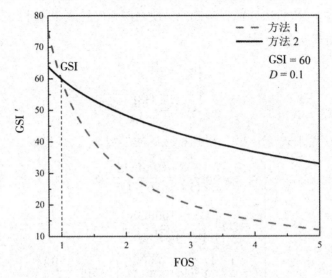

(a) GSI 在折减过程中的变化

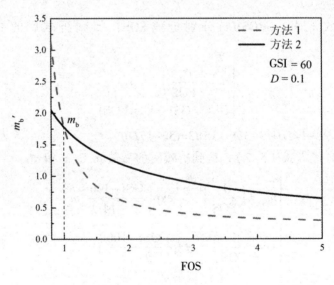

(b) m_b 在折减过程中的变化

图 5-5 折减过程中的参数变化

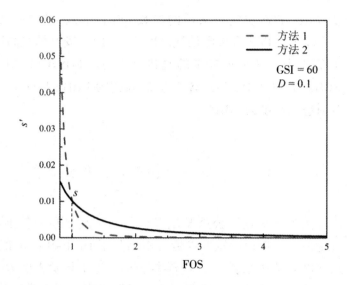

（c）s 在折减过程中的变化

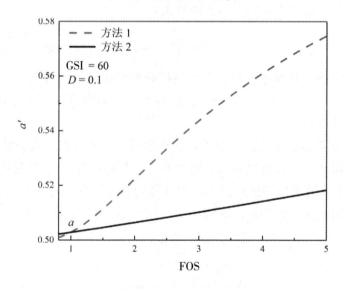

（d）a 在折减过程中的变化

图 5-5　折减过程中的参数变化（续）

5.3.3　极限填筑高度和安全填筑高度的求解

极限填筑高度（UBH）被定义为 GSI=GSI^{peak} 条件下溶洞能承受的路堤填筑高度。安全填筑高度（SBH）被定义为 GSI=GSI^{res} 条件下溶洞能承受的路堤填筑高度。FOS 决定折减后的参数 GSI'，如式（5-7）、（5-9）所示。因此，可以建立 FOS 和极限填筑高度（UBH）、安全填筑高度（SBH）的关系。方案 1 中，FOS=1 对应的高度为 UBH；FOS=GSI^{peak}/GSI^{res} 对应的高度为 SBH。方案 2 中，FOS=1 对应的高度为 UBH；FOS=exp[(GSI^{peak}−GSI^{res})·K^{-1}] 对应的高度为 SBH。

5.4 基于抗弯理论的解析解及修正解

抗弯估算法是岩溶地区公路基础设计与施工技术指南的推荐方法之一。抗拉强度是抗弯理论的重要参数，本书基于 Hoek-Brown 准则推导得到岩体抗拉强度与抗压强度 σ_{ci}、岩石类型 m_i、施工扰动程度 D 及地质强度指标 GSI 的关系。然后基于抗弯理论推导路堤安全填筑高度的解析解，最后提出考虑地应力和固支约束的修正解。

5.4.1 基于 Hoek-Brown 准则的岩体抗拉强度

由于样品制备困难，对岩石的直接拉伸强度测试不常进行，经常使用间接方法，如弯曲和巴西试验，但这些方法的有效性一直是争论的话题，特别是弯曲试验。

当缺少拉伸强度试验数据时，估算岩石抗拉强度的一般方法是利用单轴抗压强度和抗拉强度之间的比例关系。一种新趋势 [128～130] 是使用 Hoek-Brown 准则推测岩体的抗拉强度。为计算岩体抗拉强度 σ_{ti}，在 Hoek-Brown 准则中，取 σ_1=0，σ_{ti}=−σ_3。得到

$$\left(\frac{\sigma_{ti}}{\sigma_{ci}}\right)^{\frac{1}{a}} + m_b\frac{\sigma_{ti}}{\sigma_{ci}} - s = 0 \tag{5-11}$$

由式（5-2）可知，对于存在抗拉强度的非破碎岩体（GSI>30），a 的取值介于 0.5 和 0.52。故认为，$a \approx 0.5$，得：

$$\sigma_{ti} \approx \frac{1}{2}\left(\sqrt{m_b^{\,2} + 4s} - m_b\right)\sigma_{ci}$$

$$= \frac{m_b}{2}\left(\sqrt{1 + \frac{4s}{m_b^{\,2}}} - 1\right)\sigma_{ci} \tag{5-12}$$

由于 $4s/m_b^2$ 接近于 0，根据极限的等价无穷小代换得：

$$\sigma_{ti} \approx \frac{m_b}{2}\left(\frac{2s}{m_b^2}\right)\sigma_{ci}$$

$$= \frac{s}{m_b}\sigma_{ci} \qquad (5-13)$$

Cai[128] 曾在 Hoek-Brown 1997 准则的基础上推导得到拉压强度比的范围 $(m_i+1)^{-1} \leqslant \sigma_{ti}\cdot\sigma_{ci}^{-1} < m_i^{-1}$。若将其推广至 Hoek-Brown 2002 准则，可得 $s\cdot(m_b+1)^{-1} \leqslant \sigma_{ti}\cdot\sigma_{ci}^{-1} < s\cdot m_b^{-1}$。对比可知，基于式（5-13）的估计将造成非常有限的误差，且误差至多不超过 $m_b^{-1}(m_b+1)^{-1}s\sigma_{ci}$，其精度足以满足工程要求。

对于完整岩石试件 [131]，地质强度指标 GSI 的值取 100，有 $s=1.0$，$m_b = m_i$。式（5-13）可以进一步简写为

$$\sigma_{ti} \approx \frac{1}{m_i}\sigma_{ci} \qquad (5-14)$$

由于 m_i 值一般介于 4 到 33 之间 [128]，可知完整岩石试件的抗拉强度为抗压强度的 1/33 至 1/4，这与 Sheorey 公开的测试结果 [132]（1/39 至 1/7）基本一致。

对于工程中的岩体，地质强度指标 GSI 的值总是小于 100，故 $s < 1.0$，$m_b < m_i$。将式（5-2）代入式（5-13），得

$$\sigma_{ti} \approx \exp[(0.01\mathrm{GSI}-1)\eta]\frac{\sigma_{ci}}{m_i} \qquad (5-15)$$

其中，$\eta=2.38(3-D)^{-1}(2-D)^{-1}(19-11D)$。

由图 5-6 可知，在整个正数数域内，η 具有显著的非线性，但在 $0 \leqslant D \leqslant 1$ 的范围内，η 具有较好的线性趋势，故将其简化为线性函数。有 3 种方法可以将非线性函数转化为线性函数。①拟合法：绘制 η 函数的散点图，进行线性拟合。②切线法：利用起点和导数确定切线。③割线法：利用起点和终点确定割线。这 3 种方法差异较小，故采用更为简单的方法 2 进行转化，得 $\eta \approx 2D+7.54$（见图 5-7 中虚线，适用条件为 $0 \leqslant D \leqslant 1$）。从而将式（5-15）简化为

$$\sigma_{ti} \approx \frac{1}{\psi m_i}\sigma_{ci} \qquad (5-16)$$

其中，$\psi=\exp[(2D+7.54)(1-0.01\mathrm{GSI})]$。在弹性变形阶段，$\psi$ 由 $\exp[(2D+7.54)\cdot(1-0.01\mathrm{GSI}^{peak})]$ 决定。在残余阶段，ψ 由 $\exp[(2D+7.54)\cdot(1-0.01\mathrm{GSI}^{res})]$ 决定。

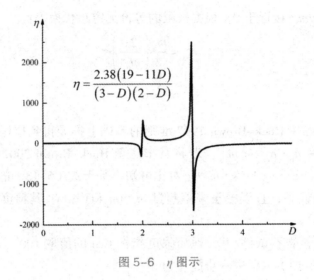

图 5-6 η 图示

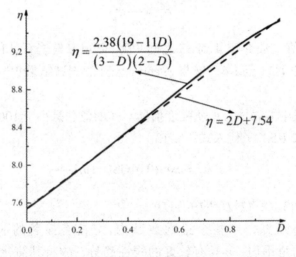

图 5-7 对 η 的拟合

对比式（5-16）与式（5-13）可知，岩体抗拉强度较之岩石抗拉强度衰减了 ψ 倍。ψ 的大小由地质强度指标 GSI 和施工扰动程度 D 控制，如图5-8 所示。由图 5-8 可知，D 对 ψ 的影响较小，最大约 4 倍。GSI 对 ψ 的影响较大。当 GSI 介于 80 到 100 之间时，ψ 的范围是 1 至 6 ；当 GSI 介于60 到 80 之间时，ψ 的范围是 4 至 50 ；当 GSI 小于 30 时，抗拉强度较之完整岩石至少下降至原来的 1/200，可忽略其抗拉强度。

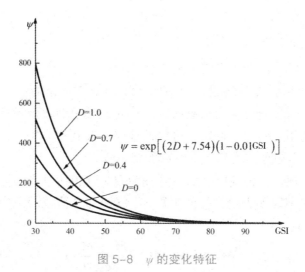

图 5-8　ψ 的变化特征

5.4.2　基于抗弯理论的解析解

抗弯理论将溶洞顶板假设为直梁。设溶洞跨度为 l，总荷载为 q，则跨中最大弯矩 M_{M} 为

$$M_{\mathrm{M}} = \frac{ql^2}{8} \tag{5-17}$$

溶洞顶板抗拉强度 σ_{ti} 应大于跨中出现的弯拉应力

$$\sigma_{\mathrm{ti}} \geqslant \frac{6M_{\mathrm{M}}}{b_{\mathrm{r}} h_{\mathrm{r}}^2} \tag{5-18}$$

其中，h_{r} 为顶板厚度；b_{r} 为顶板宽度。

作用于顶板上的荷载 q 可以表示为

$$q = \gamma_{\mathrm{s}} b_{\mathrm{r}} \left(h_{\mathrm{s}} + h_{\mathrm{f}} \right) + \gamma_{\mathrm{r}} b_{\mathrm{r}} h_{\mathrm{r}} \tag{5-19}$$

其中，h_{s} 为覆盖层厚度；h_{f} 为路堤填筑高度；γ_{s} 为土的重度；γ_{r} 为顶板的重度。

将式（5-17）和式（5-19）代入式（5-18）得：

$$h_{\mathrm{f}} \leqslant \frac{4\sigma_{\mathrm{ti}}}{3\gamma_{\mathrm{s}}} \frac{h_{\mathrm{r}}^2}{l^2} - \frac{\gamma_{\mathrm{r}}}{\gamma_{\mathrm{s}}} h_{\mathrm{r}} - h_{\mathrm{s}} \tag{5-20}$$

由式（5-20）可知，路堤安全填筑高度与岩体抗拉强度 σ_{ti}、顶板厚跨比的平方 $(h_{\mathrm{r}}/l)^2$ 成正比。

5.4.3　考虑地应力和固支约束的修正解

将溶洞顶板假设为水平直梁将产生一定的误差。实际情况下，溶洞顶板更接近于两端固支的斜梁，顶板内弯矩因固支约束而有所减小。受地应力的影响，顶板内拉应力也有所减小。先假设溶洞顶板为具有一定倾角的固支梁，使用力法修正弯矩，再根据地应力及其应力集中情况修正拉应力，从而得到考虑地应力和固支约束的修正解。

由叠加原理，将顶板所受的荷载分为力（顶板所承受的荷载集度）和力矩（顶板支座因固支而承受的力矩），将两部分荷载产生的弯矩叠加得到总弯矩 $M(x)$：

$$M(x) = M_P + M_L - \frac{M_L + M_R}{l\cos\theta}x \qquad (5-21)$$

其中，M_P 因顶板承受荷载集度而产生，按 $\int F_s(x)\mathrm{d}x$ 计算；$F_s(x)$ 为剪力，x 为位置坐标。设溶洞顶板左侧支座位置为 x 坐标原点，σ 为顶板的倾角，M_L，M_R 分别为溶洞顶板左侧支座和右侧支座处的拱脚弯矩，可使用力法求解：①去掉左、右两侧支座的抗转动约束，去掉右侧支座的抗轴向运动约束，成为简支的基本体系；②基本体系应满足顶板左侧、右侧支座转角等于 0 的变形条件：

$$\begin{cases} \delta_{11}M_L + \delta_{12}M_R + \Delta_{1P} = 0 \\ \delta_{21}M_L + \delta_{22}M_R + \Delta_{2P} = 0 \end{cases} \qquad (5-22)$$

其中，δ_{11}，δ_{12} 为基本体系在单位力矩 $M_L = 1$ 的单独作用下引起的顶板左侧和右侧支座的转角；δ_{21}，δ_{22} 为基本体系在单位力矩 $M_R = 1$ 单独作用下引起的顶板左侧和右侧支座的转角；Δ_{1P}、Δ_{2P} 为基本体系在荷载集度 $q(x)$ 的单独作用下引起的顶板左侧和右侧支座的转角。

在单位力矩 $M_L = 1$ 作用下的顶板弯矩服从以下分布：

$$\overline{M_1} = 1 - \frac{1}{l\cos\theta}x \qquad (5-23)$$

在单位力矩 $M_R = 1$ 作用下的顶板弯矩服从以下分布：

$$\overline{M_2} = -\frac{1}{l\cos\theta}x \qquad (5-24)$$

固支与简支的区别在于，固支端将产生集中力偶。集中力偶影响弯矩分布，但不影响剪力分布。因此，在荷载集度 q 单独作用下，固支体系和简支体系的顶板弯矩服从相同的分布：

$$M_P = \int_0^x \left(\frac{1}{2}ql - qx \right) dx = \frac{1}{2}qx(l-x) \tag{5-25}$$

进一步得到：

$$\delta_{11} = \frac{1}{EI} \int_0^{l\cos\theta} \overline{M_1}^2 dx = \frac{l\cos\theta}{3EI} \tag{5-26}$$

$$\delta_{22} = \frac{1}{EI} \int_0^{l\cos\theta} \overline{M_2}^2 dx = \frac{l\cos\theta}{3EI} \tag{5-27}$$

$$\delta_{12} = \delta_{21} = \frac{1}{EI} \int_0^{l\cos\theta} \overline{M_1}\,\overline{M_2} dx = -\frac{l\cos\theta}{6EI} \tag{5-28}$$

$$\Delta_{1P} = \frac{1}{EI} \int \overline{M_1} M_P dx = \frac{1}{24EI} ql^3 \cos^2\theta(2-\cos\theta) \tag{5-29}$$

$$\Delta_{2P} = \frac{1}{EI} \int \overline{M_2} M_P dx = \frac{1}{24EI} ql^3 \cos^2\theta(3\cos\theta-4) \tag{5-30}$$

其中，E 为弹性模量；I 为惯性矩。

将式（5-26）～式（5-30）代入式（5-22），解得

$$\begin{cases} M_L = -\dfrac{1}{12}ql^2\cos^2\theta \\[2mm] M_R = \dfrac{1}{12}ql^2\cos\theta(6-5\cos\theta) \end{cases} \tag{5-31}$$

由式（5-21）得，固支体系下的总弯矩 $M(x)$ 为

$$M(x) = -\frac{1}{2}q\left(x^2 - l\cos\theta x + \frac{1}{6}l^2\cos^2\theta \right) \tag{5-32}$$

跨中最大弯矩 M_M 为

$$M_M = \frac{1}{24}ql^2(1-4\sin^2\theta) \tag{5-33}$$

假设顺顶板跨度方向的地应力为 σ_s。由于溶洞的存在，顶板附近应力集中，假设跨中应力集中系数为 λ。应力集中系数为 λ 可以根据文献 [133] 取值。将式（5-18）修正为

$$\sigma_{ti} \geqslant \frac{6M_M}{b_r h_r^2} - \lambda\sigma_s \tag{5-34}$$

将式（5-33）代入式（5-34）得：

$$h_f \leqslant \frac{4}{1-4\sin^2\theta} \frac{\sigma_{ti} + \lambda\sigma_s}{\gamma_s} \frac{h_r^2}{l^2} - \frac{\gamma_r}{\gamma_s} h_r - h_s \tag{5-35}$$

153

5.5　案例分析

使用 4.2 节中的数值模型和材料参数，分别应用强度折减法和抗弯估算法计算岩溶路基极限填筑高度和安全填筑高度。

5.5.1　基于强度折减法的数值解

采用 5.3.2 中的两种方案，方案 1 将参数 σ_{ci} 和 GSI 分别折减 FOS，使岩溶路基达到极限平衡状态；方案 2 将参数 σ_{ci} 和 exp(GSI/K) 分别折减 FOS。计算得到填筑高度 H_f 与 FOS 的关系，如图 5-9 所示。对比图 4-15，可以观察到，在路基高度小于 3 m 时，岩溶路基具有较高的安全系数，且位移量较小。在路基高度达到 3 m 以上时，岩溶路基具有较高的安全系数，且位移量较大。这表明，将强度折减法应用于岩溶路基计算可以较好地反映其稳定性。

此外，当使用方案 2 时，FOS 对路基高度的变化更为敏感，因此可以提供更为灵敏的 FOS 数据。在方案 2 中，路基安全填筑高度为 1.75 m，接近且略小于方案 1（2.0 m），因此偏于安全。

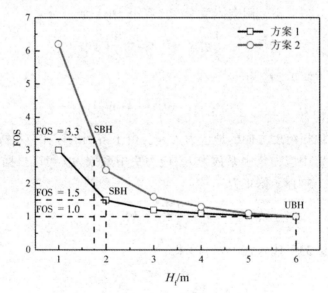

图 5-9　基于强度折减法的数值解

5.5.2　基于抗弯理论的解析解及修正解

由 4.2.2 节可知，江西省某高速公路里程桩号 K178+800 溶洞顶板所受地应力 σ_s=2 300 kPa。本例中，溶洞跨度约为高度的 5 倍，根据文献 [133]，假设 λ=4。使用 5.1.1 节中的模型参数，采取 3 种方案：方案 1 采用式（5-20）计算；方案 2 采用式（5-35）计算；方案 3 采用式（5-35）计算，但假设 θ=0°。

UBH 和 SBH 的计算结果如图 5-10 所示。方案 1 得到的 UBH 和 SBH 均为负值，即基于抗弯理论的解析解认为，该岩溶路堤在填筑之前就处于失稳状态。在实际工程中，溶洞在路堤填筑前维持稳定状态，直至填筑至 6 m 高时才逐渐沉陷。这是因为，以往按照抗弯理论计算的拉应力未能考虑固支约束、地应力的挤压作用，导致稳定性评价过于保守。方案 2 得到的 UBH 非常接近工程实际和数值计算结果，缺点是 SBH 偏大。方案 3 忽略了顶板倾角的影响，因此得到的 UBH 略偏保守。

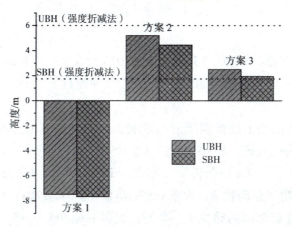

图 5-10　基于抗弯理论的解析解及修正解

图 5-11 显示了弯矩计算结果。未考虑固支约束的方案 1 偏离实际较多，考虑固支约束的方案 2 和方案 3 与数值计算结果吻合较好，说明固支约束对稳定性的影响非常显著。方案 2 较之方案 3 更接近数值解，说明顶板倾角对弯矩及稳定性也存在一定影响。

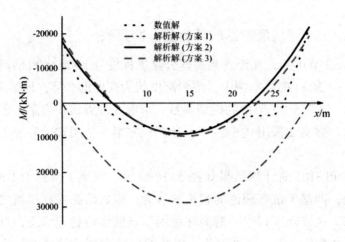

图 5-11　溶洞顶板弯矩图

5.6　关于安全厚跨比的讨论

《公路路基设计规范》（JTG D30—2015）认为，当厚跨比 h_r/l 大于 0.8 时，溶洞顶板处于稳定状态。但根据抗弯理论推算，这一规定是非常保守的。

假设某处路基下伏溶洞围岩为灰岩，该岩溶路基的基本参数如表 5-1 所示。将参数代入式（5-16）和式（5-35），可以得到 $h_r \geqslant 346$ m，发现在厚跨比 h_r/l 大于 0.8 的条件下，溶洞可以承受超过 346 m 高的路堤。模型试验[42]表明，厚跨比 h_r/l 大于 0.8 的溶洞可以承载超过 2 ～ 4 MPa 的荷载（相当于数百米高的路堤）。类似，文献 [16，43 ～ 45] 的数据也表明，厚跨比 h_r/l 大于 0.8 的要求过于保守。

表 5-1　典型岩溶路基参数

GSI	D	m_i	σ_{ci}	γ_s	γ_r	h_s	h_r	λ	σ_s
60	0.3	10	100 000	20	27	5	4	1.5	1 600

本书推荐的方法是，根据式（5-35）计算安全厚跨比：

$$\frac{h_r}{l} \geqslant \sqrt{\left(\frac{1}{4} - \sin^2 \theta\right) \frac{\gamma_s (h_f + h_s) + \gamma_r h_r}{\sigma_{ti} + \lambda \sigma_s}} \qquad (5-36)$$

在不考虑顶板倾角的情况下，得到更简化的形式：

$$\frac{h_r}{l} \geqslant \frac{1}{2} \sqrt{\frac{\gamma_s (h_f + h_s) + \gamma_r h_r}{\sigma_{ti} + \lambda \sigma_s}} \qquad (5-37)$$

假设计划填筑 20 m 高的路基，采用表 5-1 中的参数计算。按式（5-37）得到所需的安全厚跨比为 0.23，远小于《公路路基设计规范》中厚跨比 h_r/l 须大于 0.8 的要求。

5.7 本章小结

（1）使用强度折减法可以方便地求解岩溶路基的极限填筑高度和安全填筑高度。安全系数 FOS 与位移量有较好的一致性。这表明，将强度折减法应用于岩溶路基计算可以较好地反映其稳定性。

（2）岩体抗拉强度较之岩石抗拉强度衰减了 ψ 倍。ψ 的大小由地质强度指标 GSI 和施工扰动程度 D 控制。

（3）路堤安全填筑高度与岩体抗拉强度 σ_{ti}、顶板厚跨比的平方 $(h_r/l)^2$ 成正比。

（4）固支约束对弯矩和稳定性的影响非常显著，顶板倾角也有一定影响。

（5）厚跨比评价过于保守；抗弯估算法也较保守；考虑地应力和固支约束的修正抗弯估算法最接近工程实际和数值计算结果。

第 6 章　覆盖层稳定性分析

先利用贝叶斯统计理论划分覆盖层含水状态，发现溶洞顶板附近的土体含水率较高，物理力学性质较差，是形成潜在土洞的位置，然后引入基于 CPT 试验（静力触探试验）的 Robertson 分类法（一种土的快速分类方法），以判别是否存在软弱土。

6.1　贝叶斯分类的原理及基本概念

随着 MCMC（马尔可夫链蒙特卡罗理论，Markov chain Monte Carlo）的深入研究，贝叶斯统计已成为当今国际统计科学研究的热点。翻阅近几年国内外统计学方面的杂志，特别是美国统计学会的 JASA（journal of the American statistical association）、英国皇家学会的统计杂志 JRSS（journal of the Royal statistical society）等，几乎每期都有"贝叶斯统计"的论文。贝叶斯统计的应用范围很广，如计算机科学中的"统计模式识别"、勘探专家所采用的概率推理、计量经济中的贝叶斯推断、经济理论中的贝叶斯模型等。托马斯·贝叶斯在 18 世纪上半叶群雄争霸的欧洲学术界可谓一个重要人物，他首先将归纳推理法应用于概率论，并创立了贝叶斯统计理论，对统计决策函数、统计推理、统计估算等做出了贡献。贝叶斯所采用的许多概率术语被沿用至今。他的两篇遗作于逝世前 4 个月寄给好友普莱斯，分别于 1764 年、1765 年刊于英国皇家学会的《哲学学报》。正是在第一篇题为《机会学说中的一个问题的解》（An essay towards solving a problem in the doctrine of chance）的论文中，贝叶斯创立了逆概率思想。统计学家巴纳德赞誉其为"科学史上最著名的论文之一"。

6.1.1　贝叶斯统计的基础资料

拉普拉斯发现了贝叶斯统计的核心——贝叶斯公式（又称为逆概公

式），进行了更清晰的阐述，并用它来解决天体力学、医学统计，以及法学问题。贝叶斯统计共需要 3 种基础资料：总体信息、样本信息和先验信息。

总体信息是人们对总体的了解所带来的有关信息，总体信息包括总体分布或者总体分布的有关信息，例如"总体属于正态分布""它的密度函数是钟型曲线"等。

样本信息是通过样本而给我们提供的有关信息。这类信息是最具价值和与实际联系最紧密的信息。人们总是希望这类信息越多越好。样本信息越多一般对总体推断越准确。

基于以上两种信息所做出的统计推断被称为经典统计，其特征主要是把样本数据看成来自具有一定概率分布的总体，所研究的对象是总体，而不是立足于数据本身。

先验信息是在抽样之前有关统计问题的一些信息，一般说来，先验信息主要来源于经验和历史资料。先验信息在日常生活和工作中也经常可见，不少人在自觉或不自觉地使用它，但经典统计忽视了这一点，对于统计推断是一个损失。

基于上述三种信息进行的推断称为贝叶斯统计学。它与经典统计学的主要区别在于是否利用先验信息。

6.1.2　贝叶斯统计的基本思想

国际数理统计主要有两大学派：贝叶斯学派和经典学派。他们之间既有共同点，又有不同点。贝叶斯统计与经典统计的最主要差别在于是否利用先验信息，经典统计是基于总体信息和样本信息进行的统计推断，而贝叶斯统计是基于总体信息、样本信息和先验信息进行的统计推断。

贝叶斯统计是贝叶斯理论和方法的应用之一，其基本思想是假定对所研究的对象在抽样前已有一定的认识，常用先验分布来描述这种认识，然后基于抽取的样本再对先验认识做修正，得到后验分布，而各种统计推断都基于后验分布进行。经典统计学的出发点是根据样本，在一定的统计模型下做出统计推断。在取得样本观测值 X 之前，往往对统计模型中的参数 θ 有某些先验知识，关于 θ 的先验知识的数学描述就是先验分布。贝叶斯统计的主要特点是使用先验分布，而在得到样本观测值 $X=(x_1, x_2, \cdots, x_n)^{\mathrm{T}}$ 后，由 X 与先验分布提供的信息，经过计算和处理，组成较完整的后验信息。这一后验分布是贝叶斯统计推断的基础。

贝叶斯定理既适用于离散型随机变量，也适用于连续型随机变量，分别需要使用事件形式的贝叶斯公式和基于密度函数形式的贝叶斯公式进行求解。本章在研究覆盖层含水状态的分层数量 N（$N=1$，2，$\cdots$，n，为离散型随机变量）时，使用的是基于事件形式的贝叶斯公式；在研究软弱土层分类边界参数时，使用的是基于密度函数形式的贝叶斯公式。

6.1.3　基于事件形式的贝叶斯公式

若 B_1，B_2，$\cdots$为一列互不相容的事件，且

$$\bigcup_{i=1}^{+\infty} B_i = \Omega \tag{6-1}$$

$$P(B_i) > 0 \qquad i=1,2,\cdots$$

对于任一事件 A，只要 $P(A)>0$，就有

$$P(B_i|A)=\frac{P(AB_i)}{P(A)}=\frac{P(B_i)P(A|B_i)}{\sum\limits_{j=1}^{+\infty}P(B_j)P(A|B_j)} \quad , \qquad i=1,2,\cdots \tag{6-2}$$

这就是基于事件形式的贝叶斯公式。在使用贝叶斯公式时，先验信息以 $P(B_1)$，$P(B_2)$，$\cdots$这一概率分布的形式给出，即先验分布。这种概率 $P(B_i)$ 叫作先验概率，它们的值是根据先前的知识和经验确定出的，既可以利用频率和概率的关系来确定，也可以基于主观概率来确定。公式中 $P(B_i|A)$ 是观察到事件 A 发生后 B_i 的概率，称 $P(B_i|A)$ 为 B_i 的后验概率。式（6-2）是离散型变量的贝叶斯公式，它实际上可以看作从先验概率到后验概率的转换公式，即一个"由果求因"公式，这与全概率公式不同，全概率公式是"由因求果"公式。由于贝叶斯统计集先验信息、样本信息和总体信息于一身，更贴近实际问题，并且由于在处理小样本问题时有其独特的优点。

特别有，设事件 A, B 为试验 E 的两事件，由于 B 和 $\overline{B}$ 是一个完备事件组，若 $P(A)>0$、$P(B)>0$、$P(\overline{B})>0$，贝叶斯公式的一种常用简化形式为

$$P(B|A)=\frac{P(B)P(A|B)}{P(B)P(A|B)+P(\overline{B})P(A|\overline{B})} \tag{6-3}$$

6.1.4　基于密度函数形式的贝叶斯公式

依赖于参数 θ 的密度函数在贝叶斯统计中记为 $p(x|\theta)$，它表示在随机变量 θ 给定某个值时，总体指标 X 的分布。根据参数 θ 的先验信息确定先

验分布 $\pi(\theta)$。这样一来，样本 x 和参数 θ 的联合分布为 $h(x, \theta)=p(x|\theta)\pi(\theta)$，这个联合分布把样本信息、总体信息和先验信息都综合进去了。

在取得样本观察值 $\boldsymbol{X}=(x_1, x_2, \cdots, x_n)^{\mathrm{T}}$ 之后，即可以依据 $h(x, \theta)$ 对 θ 做出推断。为此，需对 $h(x, \theta)$ 做如下分解：$h(x, \theta)=\pi(\theta|x)m(x)$，其中，$m(x)$ 是 x 的边缘密度函数，它与 θ 无关，或者说，$m(x)$ 中不含 θ 的任何信息，因此，能用来对 θ 做出推断的仅有条件分布 $P(\theta|x)$，它的计算公式如下：

$$P(\theta|x) = \frac{h(x, \theta)}{m(x)} = \frac{p(x|\theta)\pi(\theta)}{\int_\Theta p(x|\theta)\pi(\theta)\mathrm{d}\theta} \qquad (6\text{-}4)$$

其中，$\Theta=[\theta_1, \theta_2, \cdots, \theta_n]$，表示参数空间。

这就是基于密度函数形式的贝叶斯公式。这个在样本 x 给定的条件下 θ 的条件分布被称为 θ 的后验分布，它既是集中了总体、样本和先验三种信息中有关 θ 的一切信息，又是排出一切与 θ 无关的信息之后所得到的结果。故基于后验分布 $\pi(\theta|x)$ 对 θ 进行统计推断是更为有效，也是最合理的。

如何确定先验分布 $\pi(\theta)$ 是贝叶斯统计中最困难的，也是使用贝叶斯方法必须解决但又最易引起争议的问题。对于这个问题，现如今有很多研究成果，但还没有圆满的理论与普遍有效的方法。根据先验信息确定先验分布，先验分布分为无信息先验分布和有信息先验分布两大类。

在没有先验信息的情况下确定的先验分布就叫作无信息先验分布。目前应用较多的主要有贝叶斯假设位置参数的无信息先验分布、尺度参数的无信息先验分布和 Jeffreys 先验分布。有信息先验分布需要尽可能充分利用专家的经验或者对历史上积累的数据进行分析和拟合，共轭先验分布就是一种常用的有信息先验分布。共轭先验分布（见表 6-1）之所以应用广泛，是因为其先验分布和后验分布属于同一个分布族，计算方便。

表 6-1　常用的共轭先验分布

总体分布	参　　数	共轭先验分布
二项分布	成功概率	贝塔分布 $Be(\alpha, \beta)$
泊松分布	均值	伽玛分布 $Ga(\alpha, \lambda)$
指数分布	均值的倒数	伽玛分布 $Ga(\alpha, \lambda)$
正态分布（方差已知）	均值	正态分布 $N(\mu, \sigma^2)$
正态分布（均值已知）	方差	倒伽玛分布 $IGa(\alpha, \lambda)$

6.2 覆盖层赋水特征分析

区别于溶洞顶板破坏，覆盖层破坏是导致岩溶塌陷的另一种主要形式。正常情况下，由于第四系黏土受到自重作用排水固结，随埋藏深度的增加，湿度递减、强度增大、压缩性减小的规律普遍存在，覆盖层则恰好相反，随埋藏深度的增加，逐渐从硬塑过渡为可塑、软塑甚至流塑状态[18]，力学性质趋于不利，是覆盖层遭受侵蚀甚至形成土洞的重要原因，这种现象在溶洞顶板风化较为严重的情况下尤其显著。针对覆盖层的含水率特征进行研究，有利于揭示覆盖层的侵蚀规律和土洞的形成过程，对于制订土洞处治方案也有重要意义。考虑到地下水在覆盖层侵蚀过程中发挥的重要作用，确定含水率特征的空间分布，可以揭示覆盖层的侵蚀规律和土洞的形成过程。为了进行覆盖层侵蚀分区，本章试图根据传统的岩土工程试验（如钻探试验和含水率试验）进行分析。然而，含水率分布不可避免地处于离散状态，并包含各种不确定性，不论是沿深度方向变化的不确定性，还是同一深度的不确定性，显然难以直观地利用这些含水率数据，但若引入统计理论，根据含水率数据划分和识别覆盖层的含水状态，则可进一步揭示覆盖层的侵蚀规律和土洞的形成过程。

6.2.1 含水率基本概率模型

为建立概率模型，设土层具有 n 层不同的含水率状态，采用层位深度向量 $\boldsymbol{d}=[d_1, d_2, \cdots, d_i, \cdots, d_n]$ 表示处于不同含水状态的土层分层厚度，其中，第 i 层分层内共有 k 个含水率测试数据，分别编号为 $w_{i,1}$, $w_{i,2}$, $\cdots$, $w_{i,k}$。采用分层含水率向量 $\boldsymbol{W}_i=[w_{i,1}, w_{i,2}, \cdots, w_{i,k}]$ 表示第 i 层分层的含水率状态，并采用整体含水率向量 $\boldsymbol{W}=[W_1, W_2, \cdots, W_n]$ 表示土层的整体含水状态。假设土壤的含水率遵循正态分布，故将第 i 层的含水率数据 $w_{i,j}$（第 i 层第 j 个含水率数据，$1 \leqslant i \leqslant n$，$1 \leqslant j \leqslant k$）都视为具有平均值 $a_i+b_i d_{i,j}$ 和标准偏差 σ_i 的正态随机变量：

$$w_{i,j} \sim N(a_i+b_i d_{i,j}, \ \sigma_i^2) \qquad (6-5)$$

其中，a_i，b_i 是模型参数；$d_{i,j}$ 是含水率数据 $w_{i,j}$ 所在的深度。这样就可以使用参数 $\theta_i=[a_i, b_i, \sigma_i]$ 表示第 i 层的含水分布，并可以用参数向量 $\boldsymbol{\Theta}=[\theta_1, \theta_2, \cdots, \theta_i, \cdots, \theta_n]$ 表示土层全部分层的含水分布。

6.2.2　含水率分类的贝叶斯求解方法

应用 K. Huang 提出的方法 [134] 求解参数向量 $\boldsymbol{\Theta}_m$：

$$P\left(\boldsymbol{\Theta}_m \mid \boldsymbol{W}\right)=\frac{P\left(\boldsymbol{W} \mid \boldsymbol{\Theta}_m\right)}{P\left(\boldsymbol{W}\right)} P\left(\boldsymbol{\Theta}_m\right)=\frac{P\left(\boldsymbol{W} \mid \boldsymbol{\Theta}_m\right)}{\sum_{m=1}^{\mathrm{MAX}} P\left(\boldsymbol{W} \mid \boldsymbol{\Theta}_m\right) P\left(\boldsymbol{\Theta}_m\right)} P\left(\boldsymbol{\Theta}_m\right) \quad （6-6）$$

其中，$P(\boldsymbol{W} \mid \boldsymbol{\Theta}_m)/P(\boldsymbol{W})$ 一般称为似然函数；$P(\boldsymbol{\Theta}_m)$ 一般称为先验分布；MAX 为可能出现的全部分层类型的总数，m 为其中第 m 种分层类型；$\boldsymbol{\Theta}_m$ 为第 m 种分层类型对应的参数向量。

由于各分层的似然函数相互独立，故可以将 $P(\boldsymbol{W} \mid \boldsymbol{\Theta}_m)$ 表示为

$$P\left(\boldsymbol{W} \mid \boldsymbol{\Theta}_m\right)=\prod_{i=1}^{n} P\left(W_i \mid \boldsymbol{\Theta}_m\right) \quad （6-7）$$

并可进一步根据含水率测试的独立性表示为

$$P\left(W_i \mid \boldsymbol{\Theta}_m\right)=\prod_{j=1}^{k} P\left(w_{i,j} \mid \boldsymbol{\Theta}_m\right) \quad （6-8）$$

其中，$P(w_{i,j} \mid \boldsymbol{\Theta}_m)$ 为第 i 层内第 j 项含水率测试数据的似然函数，即在已确定参数向量 $\boldsymbol{\Theta}_m$，从而确定各层含水状态 θ_i 的条件下，含水率测试数据 $w_{i,j}$ 发生的似然性（概率）。式（6-5）已经假设为每个土层分层的含水率 $w_{i,j}$ 均服从正态分布，因此：

$$P\left(w_{i,j} \mid \boldsymbol{\Theta}_m\right)=\frac{1}{\sqrt{2\pi}\sigma_i} \int_{w_{i,j}-3\sigma_i}^{w_{i,j}+3\sigma_i} \exp\left\{-\frac{\left[t-\left(a_i+b_i d_{i,j}\right)\right]^2}{2\sigma_i^2}\right\} \mathrm{d}t \quad （6-9）$$

其中，t 为被积分变量（仅作为中间变量使用，也可取其他不重复的符号），积分范围为 $w_{i,j}-3\sigma_i$ 至 $w_{i,j}+3\sigma_i$（3σ 法则）。式（6-9）的含义为在确定参数向量 $\boldsymbol{\Theta}_m$ 的条件下，含水率测试数据介于 $w_{i,j}-3\sigma_i$ 至 $w_{i,j}+3\sigma_i$ 的概率。

由于各分层的先验分布相互独立，故可以将土层的先验分布 $P(\boldsymbol{\Theta}_m)$ 表示为

$$P\left(\boldsymbol{\Theta}_m\right)=\prod_{i=1}^{n} P\left(\theta_i\right) \quad （6-10）$$

考虑到 θ_i 是先验参数，对计算结果无实际影响 [135]，故可采用简单的均匀分布来表示：

$$P\left(\theta_i\right)=\frac{\overline{a_i}-a_{\min}}{a_{\max}-a_{\min}} \times \frac{b_i-b_{\min}}{b_{\max}-b_{\min}} \times \frac{\sigma_i-\sigma_{\min}}{\sigma_{\max}-\sigma_{\min}} \quad （6-11）$$

其中，$a_{min} \sim a_{max}$ 表示土层第 i 层分层的含水率变化范围；$b_{min} \sim b_{max}$ 表示沿深度方向每米含水率的变化幅度；$\sigma_{min} \sim \sigma_{max}$ 表示含水率标准差变化范围。这些参数都和含水率有关，因此通过确定含水率合理范围，就可以确定这几项参数。$\overline{a_i}$ 表示土层第 i 层分层的平均含水率，b_i 表示沿深度方向每米含水率的变化幅度，σ_i 表示土层第 i 层分层的含水率标准差。$\overline{a_i}$ 直接计算含水率平均值即可得到，b_i 和 σ_i 需要通过拟合得到，详见式（6-12）及其注解。

基于上述似然函数和先验分布，按式（6-6）进行贝叶斯分析，即可得到模型参数和分层厚度的后验概率分布函数。若最大化概率 $P(\boldsymbol{\Theta}_m | \boldsymbol{W})$，即可得到参数向量 $\boldsymbol{\Theta}_m$ 的最或然估计。

6.2.3 覆盖层赋水特征分析实例

使用江西省南昌至上栗高速公路覆盖层含水率分布测试数据（取自 K40+925 芯样）进行示例，其中，含水率测试深度为 1.5 ~ 14 m（自原地表起算），如表 6-2 所示。

表 6-2 含水率实测数据

砾质黏性土		黏性土		角砾土	
$d_{i,j}$/m	$w_{i,j}$/%	$d_{i,j}$/m	$w_{i,j}$/%	$d_{i,j}$/m	$w_{i,j}$/%
1.5	19.1	5.4	25.6	9.2	25.8
1.6	20.5	5.5	23.6	9.4	26.9
2.0	22.9	5.5	26.4	9.5	26.3
2.0	21.2	5.7	25.0	9.7	28.2
2.2	21.3	5.8	25.4	9.8	29.2
2.3	22.9	5.9	22.9	10.0	29.1
2.4	26.8	6.0	23.6	10.2	29.7
2.8	29.7	6.1	24.5	10.4	31.2
2.8	27.8	6.3	27.2	10.5	27.8
2.8	23.7	6.4	25.0	10.7	30.1

砾质黏性土		黏性土		角砾土	
$d_{i,j}$/m	$w_{i,j}$/%	$d_{i,j}$/m	$w_{i,j}$/%	$d_{i,j}$/m	$w_{i,j}$/%
2.8	27.0	6.5	25.2	10.8	30.1
2.9	26.0	6.6	26.9	11.1	28.7
3.6	27.6	6.8	30.5	11.2	30.4
3.7	28.4	6.9	24.5	11.4	30.1
3.8	28.6	7.1	24.3	11.6	28.8
4.0	27.5	7.3	29.7	11.7	29.7
4.2	27.9	7.4	29.2	12.0	24.9
4.4	27.6	7.7	30.4	12.1	29.3
4.5	27.0	7.8	30.7	12.3	27.9
4.6	27.2	8.1	28.3	12.5	28.7
4.8	22.9	8.2	28.4	12.7	24.3
4.8	28.1	8.5	27.0	12.9	25.7
5.0	25.2	8.6	28.0	13.2	27.6
5.2	23.7	8.7	25.6	13.3	31.9
—	—	8.8	25.7	13.5	29.1
—	—	8.9	27.4	13.6	28.0
—	—	9.0	29.1	13.7	31.9
—	—	9.1	27.2	13.8	30.6
—	—	9.1	28.2	14.0	29.0

　　假设分层最大数量 n_{max} =5，分别令 n=1，2，…，5，求解 $P(\boldsymbol{\Theta}_m|W)$。以 n=3 为例简要介绍计算过程，可知层位 i 可取 1，2，3。各层层顶深度 d_i 满足 1.5 m ≤ d_i ≤ 14.0 m，且顶层层顶深度 d_1=1.5 m。采取 1.0 m 的计算精度，则 d_2 可能为 2.0 m，3.0 m，…，12.0 m。以 d_2 取 2.0 m 为例，d_3 可能为 3.0 m，…，13.0 m。

　　根据 (d_1, d_2, d_3)，将数据分为 3 组，第 1 组包括 d_1 至 d_2 深度范围内的

含水率数据；第 2 组包括 d_2 至 d_3 深度范围内的含水率数据；第 3 组包括 d_3 至 14.0 m 深度范围内的含水率数据；通过线性回归的方式确定表 6-2 中 $d_{i,j}$ 和 $w_{i,j}$ 的关系，拟合得到各组数据的参数组合 (a_1, b_1, σ_1)、(a_2, b_2, σ_2) 和 (a_3, b_3, σ_3)。以 $(d_1, d_2, d_3)=(1.5, 5.0, 8.0)$ 为例，并设这种分层类型 m 为 1（每次假设分层类型之后，m 依次增大，以便调用），拟合得到：

$$\begin{cases} w_{1,j} = 20.2 + 1.6d_{1,j} + \varepsilon, & \varepsilon \sim N\left(0, 2.48^2\right) \\ w_{2,j} = 12.7 + 2.1d_{2,j} + \varepsilon, & \varepsilon \sim N\left(0, 1.83^2\right) \\ w_{3,j} = 25.2 + 0.3d_{3,j} + \varepsilon, & \varepsilon \sim N\left(0, 1.78^2\right) \end{cases} \quad （6-12）$$

即 $(a_1, b_1, \sigma_1)=(20.2, 1.6, 2.48)$；$(a_2, b_2, \sigma_2)=(12.7, 2.1, 1.83)$；$(a_3, b_3, \sigma_3)=(25.2, 0.3, 1.78)$。代入式（6-9）得：

$$\begin{cases} P\left(w_{1,j} \mid \theta_1\right) = \dfrac{1}{\sqrt{2\pi} \times 2.48} \int_{w_{1,j}-3\times2.48}^{w_{1,j}+3\times2.48} \exp\left\{-\dfrac{\left[t-\left(20.2+1.6d_{1,j}\right)\right]^2}{2\times2.48^2}\right\}\mathrm{d}t \\ P\left(w_{2,j} \mid \theta_2\right) = \dfrac{1}{\sqrt{2\pi} \times 1.83} \int_{w_{2,j}-3\times1.83}^{w_{2,j}+3\times1.83} \exp\left\{-\dfrac{\left[t-\left(12.7+2.1d_{2,j}\right)\right]^2}{2\times1.83^2}\right\}\mathrm{d}t \\ P\left(w_{3,j} \mid \theta_3\right) = \dfrac{1}{\sqrt{2\pi} \times 1.78} \int_{w_{3,j}-3\times1.78}^{w_{3,j}+3\times1.78} \exp\left\{-\dfrac{\left[t-\left(25.2+0.3d_{3,j}\right)\right]^2}{2\times1.78^2}\right\}\mathrm{d}t \end{cases} （6-13）$$

其中，$w_{i,j}$ 和 $d_{i,j}$ 均按表 6-2 取值。例如，对于 $w_{1,1}=19.1$（%）、$d_{1,1}=1.5$（m），运算得到 $P(w_{1,1}|\theta_1)=94$（%），对于 $w_{1,2}=20.5$（%），$d_{1,2}=1.6$（m），运算得到 $P(w_{1,2}|\theta_1)=98$（%），对于 $w_{1,3}=22.9$（%），$d_{1,3}=2.0$（m），运算得到 $P(w_{1,3}|\theta_1)=99$（%）。依此类推，计算得到各项 $P(w_{i,j}|\theta_i)$，并代入式（6-8）得

$$\begin{cases} P\left(W_1 \mid \theta_1\right) = \prod_{j=1}^{23} P\left(w_{1,j} \mid \theta_1\right) = 0.49 \\ P\left(W_2 \mid \theta_2\right) = \prod_{j=1}^{21} P\left(w_{2,j} \mid \theta_2\right) = 0.65 \\ P\left(W_3 \mid \theta_3\right) = \prod_{j=1}^{39} P\left(w_{3,j} \mid \theta_3\right) = 0.68 \end{cases} \quad （6-14）$$

代入式（6-6）得

$$P\left(W \mid \boldsymbol{\Theta}_1\right) = \prod_{i=1}^{3} P\left(W_i \mid \boldsymbol{\Theta}_1\right) = 0.22 \quad （6-15）$$

根据实测结果（见表 6-2），可以将 d_1 至 d_2 深度范围内的含水率合理范围确定于 19 % 到 30 % 之间，即 a_{min}=19 %，a_{max}=30 %。由于含水率始终在 19% 到 30% 之间变化，据此可以假设其变化幅度不超过 (30 %-19 %)/(5.0 m-1.5 m)=3.2 %/m，即 b_{min}=-3.2，b_{min}=3.2。含水率标准差 σ_n 必然大于 0，即 σ_{min}=0。再根据以下样本标准偏差计算方法计算表 6-2 中含水率数据的最大标准偏差 σ_{max}：

$$\sigma_{max} = \sqrt{\frac{1}{k-1}\sum_{j=1}^{k}\left(w_{1,j}-\overline{w}_1\right)} \tag{6-16}$$

得到 σ_{max}=2.96。

将以上参数代入式（6-11）得服从均匀分布的先验概率 $P(\theta_1)$：

$$P(\theta_1) = \frac{25-19}{30-19}\times\frac{1.6-(-3.2)}{3.2-(-3.2)}\times\frac{2.48-0}{2.96-0} = 0.34 \tag{6-17}$$

类似地，可以得到 $P(\theta_2)$=0.12，$P(\theta_3)$=0.13。代入式（6-10）得：

$$P(\boldsymbol{\Theta}_1) = \prod_{n=1}^{3}P(\theta_n) = 0.005\,3 \tag{6-18}$$

以上计算假设 (d_1, d_2, d_3)=(1.5，5.0，8.0)，最终得到 $P(W|\boldsymbol{\Theta}_1)$ 和 $P(\boldsymbol{\Theta}_1)$，如式（6-15）和式（6-18）所示。再令 (d_1, d_2, d_3) 取其他深度组合，重复上述方法计算得到 $P(W|\boldsymbol{\Theta}_1)$，$P(W|\boldsymbol{\Theta}_2)$，$\cdots$，$P(W|\boldsymbol{\Theta}_{MAX})$ 和 $P(\boldsymbol{\Theta}_1)$，$P(\boldsymbol{\Theta}_2)$，$\cdots$，$P(\boldsymbol{\Theta}_{MAX})$，按式（6-6）逐项相乘再求和得到 $P(W)$，进而得到

$$P(\boldsymbol{\Theta}_1|W) = \frac{P(W|\boldsymbol{\Theta}_1)}{P(W)}P(\boldsymbol{\Theta}_1) = \frac{0.22\times0.005\,3}{0.006\,5} = 0.179 \tag{6-19}$$

$P(\boldsymbol{\Theta}_1|W)$=0.179 的含义是，在表 6-2 中含水率测试结果的前提下，分界面深度满足 (d_1, d_2, d_3)=(1.5，5.0，8.0) 的概率是 0.179。依此类推，(d_1, d_2, d_3) 取其他组合的概率计算结果也可得到。比较不同组合下的 $P(\boldsymbol{\Theta}_m|W)$，最大值 $P(\boldsymbol{\Theta}_m|W)^*$ 为 0.435，相应的 (d_1^*, d_2^*, d_3^*)=(1.5，5.0，11.0)，即在 n=3 条件下最有可能的分界面深度。

分别令 n=1，2，$\cdots$，5，求解 $P(\boldsymbol{\Theta}_m|W)^*$ 及相应的 (d_1^*, d_2^*, d_3^*)，计算结果如表 6-3 所示。并与钻探杆状图对比，以便直观观察地基中含水率状态的数量及分布情况，如图 6-1 所示。

表 6-3　含水率分层预测

n	$P(\Theta_m|W)^*/\%$	d_1^*/m	d_2^*/m	d_3^*/m	d_4^*/m	d_5^*/m
1	100	1.5	—	—	—	—
2	37.3	1.5	6.0	—	—	—
3	43.5	1.5	5.0	11.0	—	—
4	38.2	1.5	6.0	9.0	10.0	—
5	32.5	1.5	4.0	7.0	10.0	14.0

由表 6-3 可知，若令 $n=1$，则 $d_1^*=1.5$ m 的概率为 100%，其含义是若把土层划分为 1 层，则其层顶埋深必然为 1.5 m。这是显然成立的，但根据钻探结果，土层分层数量不可能为 1 层，因此可以排除此解答。

当分层数量 n 从 2 提高到 3 时，$P(\Theta_m|W)^*$ 从 37.3% 提高到 43.5%；当 n 从 3 提高到 5 时，$P(\Theta_m|W)^*$ 从 43.5% 减小到 32.5%。因此，$n=3$ 可使概率 $P(\Theta_m|W)$ 达到最大。可以确定最或然分层数量为 3，含水率分界面分别位于 5.0 m 和 11.0 m，这与钻探所得的土层分层（砾质黏性土层由 0 m 到 5.2 m）和地下水位高度（10.8 m）有较好的联系。由此可见，覆盖层工程性质在垂直方向的变化比较明显，随深度的增加含水率逐渐增加，在地下水位以下，土层从坚硬、硬塑、可塑过渡为软塑状态，相应的含水率、孔隙比、压缩系数等随深度的增加也变大。

图 6-1 根据贝叶斯划分结果针对含水率状态进行分层，这种分层方法与以往研究 [136, 137] 略有不同，但目的一致，都是为了研究覆盖层的性质及土洞的形成条件。可以看出，在近地表范围内的正常区，若高于地下水位，土体一般处于坚硬或硬塑状态，其物理力学性质较好。在地下水位以下的过渡区，土体开始呈现软塑状态，物理力学性质较差。在风化强烈，呈现松散状态的溶洞顶板附近的侵蚀区，由于受地下水的侵蚀作用，土体的物理力学性质极差，是形成潜在土洞的位置，应作为处治的重点。

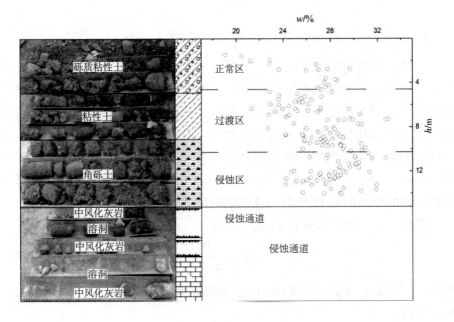

图6-1 覆盖层赋水特征

6.3 覆盖层塌陷敏感性分析

由赋水特征分析可知，发现溶洞顶板附近的土体含水率较高，物理力学性质较差，是形成潜在土洞的位置。因此，判别溶洞顶板附近是否存在软弱土是岩溶处治中迫切需要解决的问题之一。若按照传统方法确定软弱土层的分布，往往需要钻取土芯，根据其外观及手感进行判断，必要时还需要进行含水率测试、粒径测试和液塑限分析。然而，这些室内试验方法虽然简单直观，但效率低下，不便于快速确定软弱土层的分布范围。而CPT试验作为一种简洁快速的方法，可以依据Robertson分类图现场判别软弱土层的分布而免于钻取土芯，在国外已经得到广泛研究和应用，在国内也开始受到关注。

使用对数函数拟合得到Robertson分类图的解析表达形式，并根据贝叶斯模型修正Robertson分类图，最后基于昌栗高速公路沿线覆盖层89个CPT和钻孔取样资料，分别采用Robertson分类图和修正Robertson分类图，得到覆盖层塌陷敏感性识别图。

6.3.1 土壤分类图及其解析表达形式

CPT 试验是用静力将探头以一定的速率压入土中，利用探头内的力传感器，通过电子量测器将探头受到的贯入阻力（包括锥尖阻力和侧壁摩擦阻力）记录下来。由于贯入阻力的大小与土层的性质有关，因此可以根据贯入阻力的变化情况建立与土壤类型一一对应的关系（土壤分类图），并判断其是否为软弱土层。在众多基于 CPT 试验贯入阻力的土壤分类图中，Robertson 分类图是岩土工程中应用最为广泛的一种。Robertson 分类图利用归一化的锥尖阻力 Q_t 和归一化的摩阻比 F_R 划分土类。

其中，归一化的摩擦比 F_R 定义如下：

$$F_R = \frac{100 f_s}{q_t - \sigma_{v0}} \qquad (6\text{-}20)$$

其中，f_s 为修正锥尖阻力（kPa）；q_t 为修正锥尖阻力（kPa）；σ_{v0} 为覆盖层压力（kPa）。

归一化的锥尖阻力 Q_t 定义如下：

$$Q_t = \frac{q_t - \sigma_{v0}}{\sigma'_{v0}} \qquad (6\text{-}21)$$

其中，σ'_{v0} 为有效覆盖层压力（kPa）。

Robertson 分类图采用的土类名称和分类方法主要是根据美国试验与材料学会 ASTM 的统一土质分类方法，表 6-4 列出了其中土壤编号及相对应的中国土的工程分类。Robertson 分类图共分为九个区域，分别对应于不同的土壤类型，如图 6-2 所示，其中，类型序号 CH、PT 一般被视为软弱土（如淤泥和淤泥质土、泥炭等）。若在触探过程中发现归一化的锥尖阻力 Q_t 和归一化的摩阻比 F_R 落入区域 1 或区域 2，即可判定该处为覆盖层的软弱位置，需要加以处治。

表 6-4 ASTM 土分类与中国土的工程分类

ASTM 土分类	中国土的工程分类
CH	淤泥和淤泥质土
PT	
CL	黏土

ASTM 土分类	中国土的工程分类
MH	粉质黏土 粉土
ML	
SC–SM	
SM–SP	粉沙
SP–SW	细沙
SW	中沙

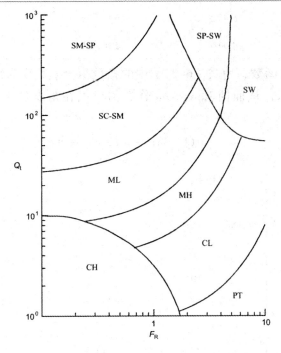

图 6-2 对数坐标系 Robertson 分类图

观察图 6-2 可知，Robertson 分类图实质上是由多条以 F_R 为自变量、Q_t 为因变量的曲线（土壤类型边界）组成。应用 Jung 提出的方法 [138]，采用指数函数拟合 Robertson 分类图中的曲线，如式（6-22）所示：

$$Q_t = b_i e^{m_i F_R} \qquad (6-22)$$

其中，用于拟合土壤类型边界的 b_i 和 m_i 值已列入表 6-5。

表 6-5 Robertson 分类图解析参数

边界 i	a_i	b_i	m_i
1	2.513	12.342	−1.402
2	−0.296	0.744	0.238
3	1.265	3.543	0.457
4	2.053	7.791	0.63
5	3.224	25.128	0.881
6	4.808	122.486	1.907
7	6.472	646.776	−0.337
8	4.916	136.456	2.13

再采用对数函数，使式（6-22）中的指数拟合函数变为线性函数，如式（6-23）所示，从而使 Robertson 分类图可以在笛卡尔坐标系中表示，如图 6-3 所示。

$$\ln Q_t = \ln b_i + m_i F_R = a_i + m_i F_R \qquad (6-23)$$

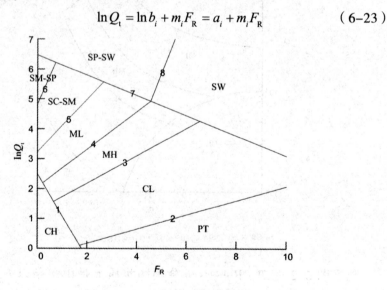

图 6-3 笛卡尔坐标系 Robertson 分类图

6.3.2 土壤分类的贝叶斯求解方法

刘松玉、蔡国军、邹海峰 [19] 指出，Robertson 分类图中的土壤类型 CH、PT 与国内土的工程分类中的软弱土的对应关系存在不确定性。这种不确定性主要与岩土本身的变异性以及国内外土分类方法之间的区别有关。建立贝叶斯分类的目的是根据研究区域内钻探结果和触探结果，修正 Robertson 分类图中土壤类型之间的边界（由 a_i 和 m_i 值表征），从而提高覆盖层中软弱土判别的准确性。

考虑到覆盖层的土壤类型有限，以研究区域为例，主要出现淤泥和淤泥质土（仅含 CH，不包含泥炭土 PT）、黏土（CL）、粉质黏土（MII/ML）3 种，远少于 Robertson 分类图中的 9 种类型，据此可以将 Robertson 分类图简化为 A、B、C、D 等 4 个区域，如图 6-4 所示。其中，区域 A 对应 ASTM 土分类中的 CH，同时对应中国土工程分类中的淤泥和淤泥质土；区域 B 对应 ASTM 土分类中的 CL，同时对应中国土工程分类中的黏土；区域 C 对应 ASTM 土分类中的 MH 和 ML，同时对应中国土工程分类中的粉质黏土；其他类土全部归于区域 D。因此，仅需要估计 5 组未知的边界变量（区域 A、B、C、D 之间的边界参数 a_i，m_i），参数空间 $\boldsymbol{\Theta}=(a_1, m_1, a_2, m_2, a_3, m_3, a_5, m_5, a_7, m_7)$。

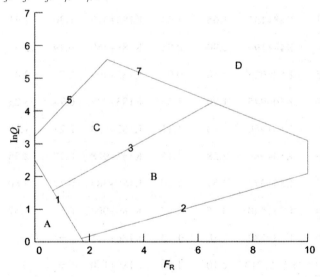

图 6-4　笛卡尔坐标系 Robertson 分类图

收集江西省某高速公路沿线覆盖层 76 个 CPT 资料和钻孔资料，钻孔土样中共发现 16 个粉质黏土层（MH/ML），25 个黏土层（CL），35 个淤泥和淤泥质土层（仅含 CH，不包含泥炭土 PT）。考虑到土洞多发于溶洞顶板附近，该位置软弱土层的分布特征尤为重要，因此土样均取自溶洞顶板附近 3 m 以内，近地表的土质情况不在研究范围以内。

表 6-6　CPT 试验资料

淤泥和淤泥质土 (1)			黏土 (2)			粉质黏土 (3)		
$F_R(1,j)$	$\ln(Q_t)$ $(1,j)$	里程 桩号	$F_R(2,j)$	$\ln(Q_t)$ $(2,j)$	里程 桩号	$F_R(3,j)$	$\ln(Q_t)$ $(3,j)$	里程 桩号
1.14	0.16	K11+680	1.59	0.50	K181+140	0.42	3.22	K178+585
0.81	0.39	K11+690	0.94	0.88	K181+265	1.04	2.43	K178+810
0.78	0.48	K11+700	1.50	2.07	K181+555	1.27	2.50	K178+830
0.53	0.73	K11+710	1.72	2.03	K181+645	1.40	2.37	K178+858
0.81	0.97	K11+727	2.00	1.98	K181+692	0.69	3.12	K178+892
0.71	1.06	K11+730	2.05	1.81	K181+705	2.63	2.09	K178+915
1.90	1.64	K11+850	1.44	1.49	K181+949	3.21	1.13	K178+950
2.68	1.04	K48+040	1.39	1.06	K182+425	1.02	2.80	K179+002
2.00	2.11	K48+135	1.65	1.04	K183+370	1.20	2.71	K179+065
2.66	1.94	K48+190	1.90	0.85	K183+460	0.49	3.33	K179+850
1.06	0.65	K50+925	2.10	0.98	K183+497	0.72	3.48	K179+895
1.09	0.69	K50+945	1.90	1.25	K183+770	0.74	3.25	K179+961
0.28	0.95	K50+950	2.13	1.17	K183+850	2.28	1.90	K179+995
0.18	1.03	K50+980	2.28	1.13	K183+928	0.77	2.95	K180+385
0.23	1.35	K53+373	3.57	1.30	K185+385	0.89	2.80	K180+705
0.41	1.14	K53+440	3.65	2.42	K186+000	6.04	1.57	K180+920
0.51	0.95	K53+582	2.10	1.73	K186+075	—	—	—
0.79	0.73	K191+718	2.10	1.60	K186+130	—	—	—
0.28	2.00	K192+280	2.15	1.53	K186+470	—	—	—
0.21	2.15	K192+320	1.06	0.99	K186+653	—	—	—
0.31	2.34	K192+340	1.09	1.34	K186+755	—	—	—
0.71	1.55	K195+505	1.12	1.94	K186+915	—	—	—
0.94	1.19	K195+530	1.19	2.07	K187+055	—	—	—

淤泥和淤泥质土 (1)			黏土 (2)			粉质黏土 (3)		
$F_R(1,j)$	$\ln(Q_t)$ $(1,j)$	里程 桩号	$F_R(2,j)$	$\ln(Q_t)$ $(2,j)$	里程 桩号	$F_R(3,j)$	$\ln(Q_t)$ $(3,j)$	里程 桩号
1.42	0.71	K195+615	4.10	1.97	K187+080	—	—	—
1.74	0.44	K195+620	4.90	1.33	K187+160	—	—	—
2.05	0.40	K195+670	—	—	—	—	—	—
2.63	0.51	K195+936	—	—	—	—	—	—
1.34	0.31	K213+482	—	—	—	—	—	—
1.39	0.13	K215+980	—	—	—	—	—	—
1.49	0.11	K215+985	—	—	—	—	—	—
1.62	0.18	K215+990	—	—	—	—	—	—
1.47	0.46	K221+338	—	—	—	—	—	—
1.34	0.61	K221+343	—	—	—	—	—	—
3.14	1.39	K222+086	—	—	—	—	—	—
3.46	1.39	K222+153	—	—	—	—	—	—

以表 6-6 中的黏土为例，共有 $n=25$ 组 CPT 测试数据，分别编号为 $F_R(2,j)$ 和 $\ln(Q_t)(2,j)$，其中，$1 \leqslant j \leqslant n$。采用 $d_{2,j}{}^i$ 表示第 j 组 CPT 测试数据与边界 i（分别取 1、2、3、7，其含义如表 6-5、图 6-4 所示）的距离：

$$d_{2,j}{}^i = \frac{\left| m_i F_R(2,j) - \ln(Q_t)(2,j) + a_i \right|}{\sqrt{m_i{}^2 + 1}} \qquad (6-24)$$

若 $d_{2,j}{}^i$ 较小，表明第 j 组 CPT 测试数据分布于边界 i 附近，难以区分这组 CPT 测试数据属于边界内还是边界外；反之，若 $d_{2,j}{}^i$ 较大，表明边界 i 远离第 j 组 CPT 测试数据，即边界 i 的成功地分隔（划分）了这组 CPT 测试数据。

很明显，只需将 $F_R(2,j)$、$\ln(Q_t)(2,j)$ 分别更换为 $F_R(1,j)$、$\ln(Q_t)(1,j)$ 和 $F_R(3,j)$、$\ln(Q_t)(3,j)$，式（6-24）就适用于 $d_{1,j}{}^i$ 和 $d_{3,j}{}^i$ 的计算。

进一步地，采用 $\mathrm{ED}_{2,j}$ 表示黏土中第 j 组 CPT 测试数据与边界 1、2、3、7 之间的欧氏距离（euclid distance）：

$$\mathrm{ED}_{2,j}=\sqrt{(d_{2,j}{}^1)^2+(d_{2,j}{}^2)^2+(d_{2,j}{}^3)^2+(d_{2,j}{}^7)^2} \tag{6-25}$$

类似地，可以得到：

$$\mathrm{ED}_{1,j}=d_{1,j} \tag{6-26}$$

$$\mathrm{ED}_{3,j}=\sqrt{(d_{3,j}{}^1)^2+(d_{3,j}{}^3)^2+(d_{3,j}{}^5)^2+(d_{3,j}{}^7)^2} \tag{6-27}$$

假设 CPT 测试数据至 Robertson 分类边界的欧氏距离 $\mathrm{ED}_{i,j}$ 遵循正态分布，并将其视为具有平均值 $\overline{\mathrm{ED}_i}$ 和标准偏差 σ_i 的正态随机变量：

$$\mathrm{ED}_{i,j} \sim N(\overline{\mathrm{ED}_i},\sigma_i^2) \tag{6-28}$$

其中，$\overline{\mathrm{ED}_i}=\dfrac{1}{n}\sum\limits_{j=1}^{n}\mathrm{ED}_{i,j}$，$\sigma_i^2=\dfrac{1}{n-1}\sum\limits_{j=1}^{n}\left(\mathrm{ED}_{i,j}-\overline{\mathrm{ED}_i}\right)$。

采用向量 $\mathbf{ED}_i=[\mathrm{ED}_{i,1}，\mathrm{ED}_{i,2}，\cdots，\mathrm{ED}_{i,n}]$ 表示第 i 类土的欧氏距离，并采用向量 $\mathbf{ED}=[\mathrm{ED}_1，\mathrm{ED}_2，\mathrm{ED}_3]$ 表示欧氏距离的整体状态。

应用贝叶斯原理求解参数向量 $\boldsymbol{\Theta}$：

$$P(\boldsymbol{\Theta}\,|\,\mathbf{ED})=\frac{P(\mathbf{ED}\,|\,\boldsymbol{\Theta})}{P(\mathbf{ED})}P(\boldsymbol{\Theta}) \tag{6-29}$$

其中，$P(\boldsymbol{\Theta})$ 为先验分布，$P(\mathbf{ED}|\boldsymbol{\Theta})$ 为似然函数，参数空间 $\boldsymbol{\Theta}=(\theta_1，\theta_2，\theta_3，\theta_4，\theta_5，\theta_6，\theta_7，\theta_8，\theta_9，\theta_{10})=(a_1，m_1，a_2，m_2，a_3，m_3，a_5，m_5，a_7，m_7)$。

由于各类土的似然函数相互独立，故可以将 $P(\mathbf{ED}|\boldsymbol{\Theta})$ 表示为

$$P(\mathrm{ED}\,|\,\boldsymbol{\Theta})==\prod_{i=1}^{3}P(\mathrm{ED}_i\,|\,\boldsymbol{\Theta}) \tag{6-30}$$

可进一步根据 CPT 测试的独立性表示为

$$P(\mathrm{ED}_i\,|\,\boldsymbol{\Theta})=\prod_{j=1}^{n}P(\mathrm{ED}_{i,j}\,|\,\boldsymbol{\Theta}) \tag{6-31}$$

式（6-28）已经假设欧氏距离 $\mathrm{ED}_{i,j}$ 遵循正态分布，因此：

$$P(\mathrm{ED}_{i,j}\,|\,\boldsymbol{\Theta})=\frac{1}{\sqrt{2\pi}\sigma_i}\int_{RED_{i,j}}^{+\infty}\exp\left\{-\frac{\left[t-\overline{\mathrm{ED}_i}\right]^2}{2\sigma_i^2}\right\}\mathrm{d}t \tag{6-32}$$

其中，t 为被积分变量（仅作为中间变量使用，也可取其他不重复的符号），积分范围为 $RED_{i,j}$ 至 $+\infty$。式（6-32）的含义为在修正 Robertson 分类图中的欧氏距离 $\mathrm{ED}_{i,j}$ 大于原始 Robertson 分类图中的欧氏距离 $RED_{i,j}$

的概率。修正 Robertson 分类图的参数空间 $\boldsymbol{\Theta}$（见表 6-8）较之原始 Robertson 分类图（见表 6-5）发生了变化。

由于各参数的先验分布相互独立，故可以将参数空间的先验分布 $P(\boldsymbol{\Theta})$ 表示为

$$P(\boldsymbol{\Theta}) = \prod_{i=1}^{10} P(\theta_i) \qquad (6\text{-}33)$$

采用正态分布作为原始 Robertson 分类图参数 θ_i 的先验分布：

$$f(x) = \frac{1}{\sqrt{2\pi}\sigma} e^{-\frac{(x-\mu)^2}{2\sigma^2}} \qquad (6\text{-}34)$$

其中，μ 为均值，根据 Robertson 分类图中的边界拟合参数（见表 6-5）取值，σ 为标准差，根据变异系数 c_v 计算（$\sigma = \mu c_v$）。分别考虑变异系数 $c_v = 0.1$ 和 $c_v = 0.6$ 的情况，如表 6-7 所示。变异系数 c_v 越小，标准差 σ 越小，先验分布越接近 Robertson 分类图，此时先验信息和样本信息都将对计算结果产生显著影响。反之，变异系数 c_v 越大，先验分布越模糊，对计算结果的影响也越小，此时只有样本信息对计算结果产生显著影响。

同样，采用正态分布作为修正 Robertson 分类图参数 θ_i 的先验分布：

$$f(x) = \frac{1}{\sqrt{2\pi}\sigma'} e^{-\frac{(x-\mu')^2}{2\sigma'^2}} \qquad (6\text{-}35)$$

其中，μ' 为修正后的边界拟合参数，分别考虑按 $\mu + \sigma$ 和 $\mu - \sigma$ 修正的情况，如表 6-8 所示。σ' 为修正 Robertson 分类图的标准差，按 $\sigma' = c_v' \mu' = 0.1\mu'$ 计算（c_v' 也可取其他值，主要反映先验分布的影响程度。c_v' 越小，先验分布的影响越大；反之，样本信息的影响越大）。

表 6-7　原始 Robertson 分类图先验分布取值表

参数 θ_i	μ	σ	
		$c_v = 0.1$	$c_v = 0.6$
a_1	2.513	0.251	1.508
m_1	-1.402	0.140	0.841
a_2	-0.296	0.030	0.178
m_2	0.238	0.024	0.143
a_3	1.265	0.127	0.759

参数 θ_i	μ	σ	
		$c_v=0.1$	$c_v=0.6$
m_3	0.457	0.046	0.274
a_5	3.224	0.322	1.934
m_5	0.881	0.088	0.529
a_7	6.472	0.647	3.883
m_7	−0.337	0.034	0.202

表 6-8　修正 Robertson 分类图先验分布取值表

参数 θ_i	$\mu+\sigma$				$\mu-\sigma$			
	$c_v=0.1$		$c_v=0.6$		$c_v=0.1$		$c_v=0.6$	
	μ'	σ'	μ'	σ'	μ'	σ'	μ'	σ'
a_1	2.764	0.276	4.021	0.402	2.262	0.226	1.005	0.101
m_1	−1.542	−0.154	−2.243	−0.224	−1.262	−0.126	−0.561	−0.056
a_2	−0.326	−0.033	−0.474	−0.047	−0.266	−0.027	−0.118	−0.012
m_2	0.262	0.026	0.381	0.038	0.214	0.021	0.095	0.010
a_3	1.392	0.139	2.024	0.202	1.139	0.114	0.506	0.051
m_3	0.503	0.050	0.731	0.073	0.411	0.041	0.183	0.018
a_5	3.546	0.355	5.158	0.516	2.902	0.290	1.290	0.129
m_5	0.969	0.097	1.410	0.141	0.793	0.079	0.352	0.035
a_7	7.119	0.712	10.355	1.036	5.825	0.582	2.589	0.259
m_7	−0.371	−0.037	−0.539	−0.054	−0.303	−0.030	−0.135	−0.013

由表 6-8 可知，在按 $\mu+\sigma$ 修正的情况下，每个参数 θ_i 都有两种取值方式（$c_v=0.1$ 和 $c_v=0.6$），参数空间 $\Theta=(\theta_1, \theta_2, \theta_3, \theta_4, \theta_5, \theta_6, \theta_7, \theta_8, \theta_9, \theta_{10})$ 共有 $2^{10}=1\ 024$ 种取值方式；类似的，在按 $\mu-\sigma$ 修正的情况下，参数空间 Θ 也有 1 024 种取值方式。

6.3.3 原始 Robertson 分类图计算

采用原始 Robertson 分类图，根据表 6-5，其参数空间 $\boldsymbol{\Theta}=(\theta_1, \theta_2, \theta_3, \theta_4, \theta_5, \theta_6, \theta_7, \theta_8, \theta_9, \theta_{10})=(a_1, m_1, a_2, m_2, a_3, m_3, a_5, m_5, a_7, m_7)=(2.513, -1.402, -0.296, 0.238, 1.265, 0.457, 3.224, 0.881, 6.472, -0.337)$。根据式（6-24）计算 $d_{1,j}{}^i$，$d_{2,j}{}^i$，$d_{3,j}{}^i$，结果如表 6-9 所示。

表 6-9 原始 Robertson 分类图距离计算

淤泥土 (1)	黏土 (2)				粉质黏土 (3)			
$d_{1,j}{}^1$	$d_{2,j}{}^1$	$d_{2,j}{}^2$	$d_{2,j}{}^3$	$d_{2,j}{}^7$	$d_{3,j}{}^1$	$d_{3,j}{}^3$	$d_{3,j}{}^5$	$d_{3,j}{}^7$
0.438	0.126	0.406	1.357	5.152	0.752	1.604	0.281	2.948
0.573	0.183	0.926	0.741	4.999	0.798	0.627	1.283	3.498
0.546	0.964	1.954	0.109	3.692	1.026	0.595	1.383	3.358
0.604	1.120	1.865	0.019	3.660	1.057	0.423	1.566	3.440
0.237	1.319	1.751	0.181	3.618	0.914	1.400	0.534	2.956
0.266	1.261	1.574	0.356	3.763	1.896	0.343	2.589	3.313
1.040	0.578	1.404	0.394	4.261	1.810	1.457	3.693	4.037
1.327	0.288	0.997	0.764	4.685	0.997	0.972	0.992	3.154
1.394	0.488	0.918	0.890	4.621	1.091	0.815	1.179	3.182
1.833	0.581	0.675	1.167	4.721	0.873	1.674	0.244	2.821
0.219	0.819	0.755	1.132	4.534	1.148	1.715	0.284	2.605
0.171	0.813	1.064	0.803	4.342	1.030	1.498	0.470	2.817
0.680	0.954	0.933	0.972	4.344	1.500	0.370	2.501	3.604
0.715	1.053	0.859	1.070	4.334	0.881	1.212	0.715	3.092
0.488	2.202	0.726	1.452	3.761	0.891	1.026	0.906	3.195
0.463	2.918	1.797	0.467	2.674	4.370	2.233	5.234	2.716
0.492	1.255	1.485	0.450	3.823	—	—	—	—
0.392	1.179	1.358	0.568	3.946	—	—	—	—

淤泥土 (1)	黏土 (2)				粉质黏土 (3)			
0.070	1.180	1.279	0.653	3.997	—	—	—	—
0.040	0.021	1.006	0.691	4.856	—	—	—	—
0.152	0.206	1.339	0.385	4.515	—	—	—	—
0.019	0.579	1.916	0.148	3.937	—	—	—	—
0.003	0.712	2.026	0.238	3.791	—	—	—	—
0.109	3.023	1.255	1.063	2.957	—	—	—	—
0.213	3.302	0.447	1.978	3.308	—	—	—	—
0.442	—	—	—	—	—	—	—	—
0.978	—	—	—	—	—	—	—	—
0.188	—	—	—	—	—	—	—	—
0.252	—	—	—	—	—	—	—	—
0.182	—	—	—	—	—	—	—	—
0.036	—	—	—	—	—	—	—	—
0.005	—	—	—	—	—	—	—	—
0.014	—	—	—	—	—	—	—	—
1.904	—	—	—	—	—	—	—	—
2.165	—	—	—	—	—	—	—	—

根据式（6-25）、式（6-26）和式（6-27）计算 $RED_{i,j}$，结果如表 6-10 所示。

表 6-10　原始 Robertson 分类图欧氏距离计算

淤泥和淤泥质土 (1)	黏土 (2)	粉质黏土 (3)
$RED_{1,j}$	$RED_{2,j}$	$RED_{3,j}$
0.438	5.344	3.450
0.573	5.141	3.862
0.546	4.289	3.821

淤泥和淤泥质土 (1)	黏土 (2)	粉质黏土 (3)
0.604	4.258	3.948
0.237	4.234	3.438
0.266	4.284	4.625
1.040	4.541	5.945
1.327	4.859	3.588
1.394	4.819	3.656
1.833	4.944	3.404
0.219	4.804	3.336
0.171	4.614	3.385
0.680	4.647	4.651
0.715	4.667	3.509
0.488	4.651	3.589
0.463	4.372	7.672
0.492	4.312	—
0.392	4.374	—
0.070	4.407	—
0.040	5.007	—
0.152	4.730	—
0.019	4.419	—
0.003	4.364	—
0.109	4.537	—
0.213	5.095	—
0.442	—	—
0.978	—	—
0.188	—	—

淤泥和淤泥质土 (1)	黏土 (2)	粉质黏土 (3)
0.252	—	—
0.182	—	—
0.036	—	—
0.005	—	—
0.014	—	—
1.904	—	—
2.165	—	—

根据式（6-28）计算平均值$\overline{\text{RED}_i}$和标准偏差 σ_i，得到

$$\begin{cases} \text{RED}_{1,j} = 0.533 + \varepsilon, & \varepsilon \sim N\left(0, 0.56^2\right) \\ \text{RED}_{2,j} = 4.629 + \varepsilon, & \varepsilon \sim N\left(0, 0.30^2\right) \\ \text{RED}_{3,j} = 4.117 + \varepsilon, & \varepsilon \sim N\left(0, 1.13^2\right) \end{cases} \quad (6-36)$$

代入式（6-32）得

$$\begin{cases} P\left(\text{RED}_{1,j} \mid \boldsymbol{\Theta}\right) = \dfrac{1}{\sqrt{2\pi} \times 0.56} \int_{RED_{1,j}}^{+\infty} \exp\left\{-\dfrac{[t-0.533]^2}{2 \times 0.56^2}\right\} \mathrm{d}t \\ P\left(\text{RED}_{2,j} \mid \boldsymbol{\Theta}\right) = \dfrac{1}{\sqrt{2\pi} \times 0.30} \int_{RED_{2,j}}^{+\infty} \exp\left\{-\dfrac{[t-4.629]^2}{2 \times 0.30^2}\right\} \mathrm{d}t \\ P\left(\text{RED}_{3,j} \mid \boldsymbol{\Theta}\right) = \dfrac{1}{\sqrt{2\pi} \times 1.13} \int_{RED_{3,j}}^{+\infty} \exp\left\{-\dfrac{[t-4.117]^2}{2 \times 1.13^2}\right\} \mathrm{d}t \end{cases} \quad (6-37)$$

计算结果如表 6-11 所示。

表 6-11　原始 Robertson 分类图概率计算

淤泥和淤泥质土 (1)	黏土 (2)	粉质黏土 (3)
$P(\text{RED}1_j \mid \boldsymbol{\Theta})$	$P(\text{RED}_{2,j} \mid \boldsymbol{\Theta})$	$P(\text{RED}3_j \mid \boldsymbol{\Theta})$
0.567	0.009	0.723
0.472	0.044	0.589
0.491	0.872	0.603

淤泥和淤泥质土 (1)	黏土 (2)	粉质黏土 (3)
0.450	0.892	0.560
0.702	0.906	0.726
0.683	0.875	0.327
0.183	0.616	0.053
0.078	0.222	0.680
0.062	0.263	0.659
0.010	0.147	0.736
0.713	0.280	0.755
0.741	0.520	0.742
0.397	0.476	0.318
0.373	0.450	0.705
0.532	0.471	0.680
0.550	0.804	0.001
0.529	0.855	—
0.600	0.803	—
0.796	0.771	—
0.811	0.104	—
0.752	0.368	—
0.821	0.758	—
0.828	0.812	—
0.776	0.621	—
0.716	0.060	—
0.565	—	—
0.213	—	—
0.731	—	—

淤泥和淤泥质土 (1)	黏土 (2)	粉质黏土 (3)
0.692	—	—
0.735	—	—
0.813	—	—
0.827	—	—
0.823	—	—
0.007	—	—
0.002	—	—

代入式（6-31）得：

$$\begin{cases} P\left(\mathrm{RED}_1 \mid \boldsymbol{\Theta}\right) = \prod_{j=1}^{35} P\left(\mathrm{RED}_{1,j} \mid \boldsymbol{\Theta}\right) = 1.16 \times 10^{-16} \\ P\left(\mathrm{RED}_2 \mid \boldsymbol{\Theta}\right) = \prod_{j=1}^{25} P\left(\mathrm{RED}_{2,j} \mid \boldsymbol{\Theta}\right) = 7.08 \times 10^{-12} \\ P\left(\mathrm{RED}_3 \mid \boldsymbol{\Theta}\right) = \prod_{j=1}^{16} P\left(\mathrm{RED}_{3,j} \mid \boldsymbol{\Theta}\right) = 5.10 \times 10^{-8} \end{cases} \quad （6-38）$$

代入式（6-30）得：

$$P\left(\mathrm{RED} \mid \boldsymbol{\Theta}\right) = \prod_{i=1}^{3} P\left(\mathrm{RED}_i \mid \boldsymbol{\Theta}\right) = 4.18 \times 10^{-35} \quad （6-9）$$

根据式（6-34）计算 $P(\theta_i)$：

$$P\left(\theta_i\right) = \frac{1}{\sqrt{2\pi}\sigma} \int_{0.9\theta_i}^{1.1\theta_i} \exp\left\{-\frac{\left[t-\mu\right]^2}{2\sigma^2}\right\} \mathrm{d}t \quad （6-40）$$

计算结果如表 6-12 所示。

表 6-12　原始 Robertson 分类图先验概率计算

θ_i	$P(\theta_i)$	
	c_v=0.1	c_v=0.6
a_1	0.683	0.132
m_1	0.684	0.132
a_2	0.676	0.132

θ_i	$P(\theta_i)$	
	$c_v=0.1$	$c_v=0.6$
m_2	0.679	0.132
a_3	0.681	0.132
m_3	0.68	0.132
a_5	0.683	0.132
m_5	0.683	0.132
a_7	0.683	0.132
m_7	0.679	0.133

根据式（6-33）计算先验分布发生的概率 $P(\boldsymbol{\Theta})$：

$$\begin{cases} P(\boldsymbol{\Theta}) = \prod_{i=1}^{10} P(\theta_i) = 0.0215\ , & c_v = 0.1 \\ P(\boldsymbol{\Theta}) = \prod_{i=1}^{10} P(\theta_i) = 1.62 \times 10^{-9}, & c_v = 0.6 \end{cases} \tag{6-41}$$

$P(\text{RED})$ 的计算非常复杂[139]。与此同时，考虑到 $P(\text{RED})$ 不依赖于先验分布 $P(\boldsymbol{\Theta})$，在计算 $\boldsymbol{\Theta}$ 的后验分布 $P(\boldsymbol{\Theta}|\text{RED})$ 中仅起到一个正则化因子的作用，在仅作对比的情况下无需计算其准确值。因此，根据式（6-29）可知：

$$P(\boldsymbol{\Theta}|\text{RED}) \propto P(\text{RED}|\boldsymbol{\Theta})P(\boldsymbol{\Theta}) \tag{6-42}$$

其中，符号"$\propto$"表示两边仅差一个不依赖于参数空间 $\boldsymbol{\Theta}$ 的常数因子。

当变异系数 c_v 由 0.1 降低至 0.6 时，$P(\text{RED}|\boldsymbol{\Theta})$ 不发生改变，但先验分布 $P(\boldsymbol{\Theta})$ 大幅度减小，导致后验分布 $P(\boldsymbol{\Theta}|\text{RED})$ 随之减小，即原始 Robertson 分类图发生的概率大幅度降低。总之，变异系数 c_v 越小，先验分布越接近 Robertson 分类图，后验分布也越接近 Robertson 分类图；变异系数 c_v 越大，先验分布越模糊，后验分布越偏离 Robertson 分类图。

6.3.4　修正 Robertson 分类图计算

在按 $\mu+\sigma$ 和 $\mu-\sigma$ 修正的情况下，参数空间 $\boldsymbol{\Theta}$ 分别有 1 024 种取值方式。以其中一种参数空间 $\boldsymbol{\Theta}=(2.764, -2.243, -0.326, 0.381, 1.392, 0.731, 3.546,$

1.410，7.119，-0.539) 为例，简要介绍计算过程。根据式（6-24）计算 $d_{1,j}^{i}$，$d_{2,j}^{i}$，$d_{3,j}^{i}$，结果如表 6-13 所示。

表 6-13 修正 Robertson 分类图距离计算

淤泥土 (1)	黏土 (2)				粉质黏土 (3)			
$d_{1,j}^{1}$	$d_{2,j}^{1}$	$d_{2,j}^{2}$	$d_{2,j}^{3}$	$d_{2,j}^{7}$	$d_{3,j}^{1}$	$d_{3,j}^{3}$	$d_{3,j}^{5}$	$d_{3,j}^{7}$
0.019	0.530	0.206	1.658	5.072	0.569	1.228	0.531	3.233
0.227	0.091	0.792	0.968	5.046	0.814	0.224	1.494	3.634
0.218	1.087	1.705	0.338	3.733	1.052	0.145	1.641	3.463
0.344	1.272	1.589	0.500	3.664	1.118	0.037	1.822	3.516
0.009	1.507	1.443	0.706	3.575	0.775	0.988	0.809	3.193
0.045	1.484	1.266	0.872	3.701	2.128	0.989	2.988	3.179
1.278	0.796	1.184	0.771	4.272	2.266	2.106	4.016	3.749
1.746	0.576	0.800	1.088	4.674	0.946	0.535	1.264	3.318
1.560	0.805	0.689	1.258	4.568	1.074	0.356	1.462	3.312
2.094	0.956	0.422	1.559	4.617	0.678	1.275	0.525	3.103
0.107	1.192	0.473	1.572	4.408	0.949	1.261	0.625	2.862
0.151	1.119	0.796	1.236	4.265	0.874	1.063	0.775	3.055
0.483	1.296	0.640	1.436	4.226	1.731	0.935	2.812	3.512
0.542	1.417	0.549	1.557	4.190	0.779	0.803	0.973	3.305
0.366	2.664	0.248	2.181	3.428	0.828	0.611	1.158	3.380
0.287	3.194	1.267	1.324	2.405	5.030	3.421	6.070	2.019
0.273	1.497	1.174	0.966	3.747	—	—	—	—
0.107	1.444	1.052	1.071	3.862	—	—	—	—
0.055	1.461	0.969	1.157	3.900	—	—	—	—
0.058	0.246	0.852	0.950	4.892	—	—	—	—
0.110	0.416	1.169	0.685	4.570	—	—	—	—
0.154	0.687	1.719	0.219	4.028	—	—	—	—

淤泥土 (1)	黏土 (2)				粉质黏土 (3)			
$d_{1,j}^{1}$	$d_{2,j}^{1}$	$d_{2,j}^{2}$	$d_{2,j}^{3}$	$d_{2,j}^{7}$	$d_{3,j}^{1}$	$d_{3,j}^{3}$	$d_{3,j}^{5}$	$d_{3,j}^{7}$
0.218	0.804	1.815	0.155	3.880	—	—	—	—
0.461	3.421	0.686	1.953	2.587	—	—	—	—
0.643	3.891	0.197	2.942	2.771	—	—	—	—
0.910	—	—	—	—	—	—	—	—
1.484	—	—	—	—	—	—	—	—
0.225	—	—	—	—	—	—	—	—
0.197	—	—	—	—	—	—	—	—
0.280	—	—	—	—	—	—	—	—
0.427	—	—	—	—	—	—	—	—
0.404	—	—	—	—	—	—	—	—
0.347	—	—	—	—	—	—	—	—
2.308	—	—	—	—	—	—	—	—
2.601	—	—	—	—	—	—	—	—

根据式（6-25）、式（6-26）和式（6-27）计算 $\mathrm{ED}_{i,j}$，结果如表 6-14 所示。

表 6-14　原始 Robertson 分类图欧氏距离计算

淤泥和淤泥质土 (1)	黏土 (2)	粉质黏土 (3)
$\mathrm{ED}_{1,j}$	$\mathrm{ED}_{2,j}$	$\mathrm{ED}_{3,j}$
0.019	5.367	3.545
0.227	5.200	4.019
0.218	4.259	3.977
0.344	4.221	4.115
0.009	4.199	3.525
0.045	4.273	4.953

淤泥和淤泥质土 (1)	黏土 (2)	粉质黏土 (3)
1.278	4.569	6.305
1.746	4.899	3.713
1.560	4.855	3.793
2.094	4.984	3.463
0.107	4.852	3.327
0.151	4.648	3.439
0.483	4.692	4.911
0.542	4.721	3.622
0.366	4.865	3.718
0.287	4.398	8.828
0.273	4.312	—
0.107	4.388	—
0.055	4.430	—
0.058	5.062	—
0.110	4.785	—
0.154	4.438	—
0.218	4.361	—
0.461	4.763	—
0.643	5.614	—
0.910	—	—
1.484	—	—
0.225	—	—
0.197	—	—
0.280	—	—
0.427	—	—

续　表

淤泥和淤泥质土 (1)	黏土 (2)	粉质黏土 (3)
0.404	—	—
0.347	—	—
2.308	—	—
2.601	—	—

分别按 $\overline{ED_i} = \dfrac{1}{n}\sum\limits_{n}^{j=1}\mathrm{ED}_{i,j}$、$\sigma_i^2 = \dfrac{1}{n-1}\sum\limits_{j=1}^{n}\left(\mathrm{ED}_{i,j}-\overline{ED_i}\right)$ 计算平均值和方差，并代入式（6-28）得：

$$\begin{cases} \mathrm{ED}_{1,j} = 0.593 + \varepsilon, & \varepsilon \sim N\left(0,0.69^2\right) \\ \mathrm{ED}_{2,j} = 4.686 + \varepsilon, & \varepsilon \sim N\left(0,0.37^2\right) \\ \mathrm{ED}_{3,j} - 4.328 + \varepsilon, & \varepsilon \sim N\left(0,1.38^2\right) \end{cases} \quad (6\text{-}43)$$

代入式（6-32）得：

$$\begin{cases} P\left(\mathrm{ED}_{1,j}\mid\boldsymbol{\Theta}\right) = \dfrac{1}{\sqrt{2\pi}\times 0.69}\int_{RED_{1,j}}^{+\infty}\exp\left\{-\dfrac{[t-0.593]^2}{2\times 0.69^2}\right\}\mathrm{d}t \\[3mm] P\left(\mathrm{ED}_{2,j}\mid\boldsymbol{\Theta}\right) = \dfrac{1}{\sqrt{2\pi}\times 0.37}\int_{RED_{2,j}}^{+\infty}\exp\left\{-\dfrac{[t-4.686]^2}{2\times 0.37^2}\right\}\mathrm{d}t \\[3mm] P\left(\mathrm{ED}_{3,j}\mid\boldsymbol{\Theta}\right) = \dfrac{1}{\sqrt{2\pi}\times 1.38}\int_{RED_{3,j}}^{+\infty}\exp\left\{-\dfrac{[t-4.328]^2}{2\times 1.38^2}\right\}\mathrm{d}t \end{cases} \quad (6\text{-}44)$$

计算结果如表 6-15 所示。

表 6-15　修正 Robertson 分类图概率计算

淤泥和淤泥质土 (1)	黏土 (2)	粉质黏土 (3)
$P(\mathbf{ED}_{1,j}\mid\boldsymbol{\Theta})$	$P(\mathbf{ED}_{2,j}\mid\boldsymbol{\Theta})$	$P(\mathbf{ED}_{3,j}\mid\boldsymbol{\Theta})$
0.589	0.038	0.738
0.512	0.109	0.632
0.527	0.859	0.643
0.494	0.877	0.609

淤泥和淤泥质土 (1)	黏土 (2)	粉质黏土 (3)
0.697	0.889	0.741
0.682	0.862	0.415
0.259	0.653	0.121
0.144	0.320	0.704
0.123	0.360	0.687
0.036	0.243	0.749
0.706	0.375	0.764
0.730	0.577	0.753
0.450	0.542	0.408
0.430	0.521	0.724
0.561	0.538	0.704
0.575	0.802	0.008
0.558	0.844	—
0.615	0.801	—
0.776	0.775	—
0.789	0.193	—
0.739	0.453	—
0.797	0.765	—
0.804	0.808	—
0.759	0.657	—
0.709	0.135	—
0.587	—	—
0.289	—	—
0.722	—	—
0.690	—	—

淤泥和淤泥质土 (1)	黏土 (2)	粉质黏土 (3)
0.724	—	—
0.790	—	—
0.803	—	—
0.800	—	—
0.029	—	—
0.011	—	—

代入式（6-31）得

$$\begin{cases} P\left(\mathbf{ED}_1 \mid \boldsymbol{\Theta}\right) = \prod_{j=1}^{35} P\left(\mathbf{ED}_{1,j} \mid \boldsymbol{\Theta}\right) = 1.05 \times 10^{-13} \\ P\left(\mathbf{ED}_2 \mid \boldsymbol{\Theta}\right) = \prod_{j=1}^{25} P\left(\mathbf{ED}_{2,j} \mid \boldsymbol{\Theta}\right) = 2.89 \times 10^{-9} \\ P\left(\mathbf{ED}_3 \mid \boldsymbol{\Theta}\right) = \prod_{j=1}^{16} P\left(\mathbf{ED}_{3,j} \mid \boldsymbol{\Theta}\right) = 2.36 \times 10^{-6} \end{cases} \tag{6-45}$$

代入式（6-30）得：

$$P\left(\mathbf{ED} \mid \boldsymbol{\Theta}\right) = \prod_{i=1}^{3} P\left(\mathbf{ED}_i \mid \boldsymbol{\Theta}\right) = 7.17 \times 10^{-28} \tag{6-46}$$

根据式（6-34）和式（6-33）计算先验分布发生的概率 $P(\boldsymbol{\Theta})$：

$$P(\boldsymbol{\Theta}) = \prod_{i=1}^{10} P(\theta_i) = 0.0219 \tag{6-47}$$

对比式（6-41）中的第一式与式（6-47）可知，在对 Robertson 分类图进行修正后，先验分布发生的概率 $P(\boldsymbol{\Theta})$ 几乎不变。

与式（6-42）类似，可以得到：

$$P(\boldsymbol{\Theta} \mid \mathbf{ED}) \propto P(\mathbf{ED} \mid \boldsymbol{\Theta}) P(\boldsymbol{\Theta}) \tag{6-8}$$

其中，符号"$\propto$"表示的常数因子不依赖于参数空间 $\boldsymbol{\Theta}$，不因 Robertson 分类图修正与否而改变（由表 6-8 可知，Robertson 分类图的修正仅针对其参数空间）。

综上，若令 RATIO=$P(\boldsymbol{\Theta}|\mathbf{ED})/P(\boldsymbol{\Theta}|\mathrm{RED})$，进一步可以得到 RATIO=$P(\mathbf{ED}|\boldsymbol{\Theta})/P(\mathrm{RED}|\boldsymbol{\Theta})$=$(7.17 \times 10^{-28})/(4.18 \times 10^{-35})$=$1.72 \times 10^7$。其含义是在昌栗高速公路 CPT 测试数据的基础上，修正 Robertson 分类图准确率的变化情

况。若 RATIO 大于 1，则表明修正 Robertson 分类图更适于分析昌栗高速公路覆盖层的塌陷敏感性；反之，则表明修正 Robertson 分类图的准确率有所下降。

依此类推，参数空间 $\boldsymbol{\Theta}=(\theta_1, \theta_2, \theta_3, \theta_4, \theta_5, \theta_6, \theta_7, \theta_8, \theta_9, \theta_{10})$ 取其他组合的概率比值 RATIO 也可得到。比较不同组合下的 $RATIO$，最大值 RATIO* 为 5.62×10^{11}，相应的 $\boldsymbol{\Theta}^*=(\theta_1^*, \theta_2^*, \theta_3^*, \theta_4^*, \theta_5^*, \theta_6^*, \theta_7^*, \theta_8^*, \theta_9^*, \theta_{10}^*)=(a_1^*, m_1^*, a_2^*, m_2^*, a_3^*, m_3^*, a_5^*, m_5^*, a_7^*, m_7^*)=(2.764, -1.542, -0.326, 0.262, 1.392, 0.503, 3.546, 0.969, 7.119, -0.371)$，即修正结果最为理想的 Robertson 边界参数。

6.3.5 塌陷敏感性分析

分别依据原始 Robertson 分类图参数空间 $\boldsymbol{\Theta}=(a_1, m_1, a_2, m_2, a_3, m_3, a_5, m_5, a_7, m_7)=(2.513, -1.402, -0.296, 0.238, 1.265, 0.457, 3.224, 0.881, 6.472, -0.337)$ 和修正 Robertson 分类图参数空间 $\boldsymbol{\Theta}^*=(a_1^*, m_1^*, a_2^*, m_2^*, a_3^*, m_3^*, a_5^*, m_5^*, a_7^*, m_7^*)=(2.764, -1.542, -0.326, 0.262, 1.392, 0.503, 3.546, 0.969, 7.119, -0.371)$，绘制分类边界，如图 6-5 所示。发现修正的 Robertson 分类边界较之原始 Robertson 分类边界发生了改变，判别的准确率也有所提高。其中，原始 Robertson 分类图漏判了 13 处淤泥和淤泥质土，修正 Robertson 分类图将漏判的数量减少至 11 处；原始 Robertson 分类图漏判了 5 处黏土，修正 Robertson 分类图将漏判的数量减少至 3 处。

在使用修正 Robertson 分类图进行塌陷敏感性分析时，若发现归一化的锥尖阻力 Q_t 和归一化的摩阻比 F_R 落入图 6-5 中的"淤泥和淤泥质土"区域，即可判定该处为覆盖层的软弱位置，需要加以处治。

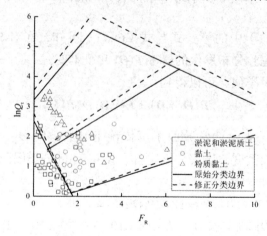

图 6-5 覆盖层塌陷敏感性识别图

6.4　本章小结

（1）仅仅依靠概率得到的解答可能含有无效解，需要结合工程实际进行筛选。若将土层划分为 1 层，d_1^*=1.5 m 必然成立，但属于无效解。由于含水率本身离散性较大，最终得到的概率解答 $P(\boldsymbol{\Theta}_m|\boldsymbol{W})^*$ 均未超过 50%。应尽量采集足够多的含水率数据，以提高判别精度。

（2）根据含水率状态不同将土层划分为在近地表范围内的正常区、地下水位以下的过渡区和风化强烈呈现松散状态溶洞顶板附近的侵蚀区。其中，侵蚀区土体由于受地下水的侵蚀作用，土体物理力学性质极差，是形成潜在土洞的位置，应作为处治的重点。

（3）修正的 Robertson 分类边界较之原始 Robertson 分类边界发生了改变，判别的准确率也有所提高。在使用修正 Robertson 分类图进行塌陷敏感性分析时，若发现归一化的锥尖阻力 Q_t 和归一化的摩阻比 F_R 落入"淤泥和淤泥质土"区域，即可判定该处为覆盖层的软弱位置，需要加以处治。

第7章 覆盖层注浆技术研究

本章提出一种新型逐序加深注浆工艺及其施工技术要点，并与传统的孔口管注浆工艺、袖阀管注浆工艺进行比较。最后在工程实例中进行应用论证，总结了注浆压力的变化规律，通过标准贯入试验、压水试验、固结试验和直剪试验分析了注浆效果。

7.1 新型逐序加深注浆工艺的提出

地质钻孔表明，研究区域（K11+680—K11+710 段）地质情况较为复杂，溶洞顶板上覆砂砾层及黏土层间互成层，有些钻孔甚至还发现有 0.5 m 厚的卵石层，如图 7-1 所示。经压水试验发现，11 m 附近的粉细沙层、15 m 附近的卵石层透水率极好，随后，在前期试验孔的试注浆过程中发现，普遍都有压力回落、地层贯通、邻孔串浆等现象发生，按照传统方法处理起来有相当大的难度。为解决上述问题，提出"逐序加深"这一方法，并应用于研究区域。

所谓逐序加深法，即分为先序、后序两个工序，后序孔在先序孔中间布置，并在先序孔的基础上加深孔深。以 K11+710—K11+740 段为例，先序孔孔深 15.0 m，后序孔孔深 18.0 m。先序注浆可能会出现灌注量过大等问题，可以间歇注浆或者掺加速凝剂解决，其主要目的在于降低粉细沙层、卵石层等大孔隙地层的渗透率，其次也可使 15.0 m 深度以内地层得到整体加固。后序孔布置在先序孔中间，由于 15.0 m 深度以内地层渗透率已经大大降低，此时便可实现 15.0 ～ 18.0 m 深度范围内地层的重点加固。

从施工方法来看，逐序加深法十分类似于全孔一次性注浆，不同之处在于先序孔主要起到降低浅层地层渗透率的作用，而后序孔又较先序孔进一步加深了孔深。这样，逐序加深法既达到了类似于分段注浆的效果，实现了溶洞顶板附近土层的重点加固，又如同全孔一次性注浆那般便捷，无须埋设孔口管或是花管，更无须反复钻进，工作量大为减少，工期大为缩短。

图 7-1　溶洞顶板上覆沙砾层及黏土层间互成层的特殊现象

7.2　施工技术要点

7.2.1　材料选用与施工设备配置

1. 材料选用

注浆工程中关于水泥净浆的经验已经积累得相当丰富，而其他形式的注浆材料往往比较复杂，不容易控制，故采用水泥净浆作为注浆材料。其中，水泥应采用 42.5 级普通硅酸盐水泥，水灰比控制在 1:1 左右。遇到灌注量过大等特殊情况时，可在水泥浆液中加入下列掺合料：

（1）水玻璃，模数宜为 2.4 ～ 3.4，浓度宜为 35 ～ 40 波美度（Be′）；（2）沙，质地坚硬的天然沙或人工沙，粒径不宜大于 1.5 mm；（3）黏性土，黏粒含量不宜低于 25%，有机物含量不宜大于 3%。

2. 施工设备配置

主要施工机械设备配置如表 7-1 所示。其中，注浆泵的技术性能与所注浆液的类型、浓度应相适应，额定工作压力应大于最大注浆压力的 1.5 倍，应力波动范围宜小于注浆压力的 20%，排浆量能满足注浆最大注入率的要求。注浆管路应保证浆液流动畅通，并应能承受 1.5 倍的最大注浆压力。所有注浆设备应注意维护保养，保证其正常工作状态，并有应急备用设备。

表 7-1　主要施工机械设备配置

序　号	机械设备名称	数　量
1	抽水泵	1 台
2	水泥浆搅拌机	1 台
3	注浆泵	两台
4	压力表	两个
5	潜孔钻	1 台
6	空气压缩机	1 台

7.2.2　工艺流程及操作要点

逐序加深法注浆工艺分为先序、后序两个工序，后序孔在先序孔中间布置，并在先序孔的基础上加深孔深，主要流程见图 7-2。

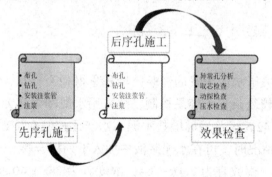

图 7-2　施工工艺流程图

1. 布孔

分为先序、后序两个工序，逐序加深孔深，详见图 7-3。根据《建筑地基处理技术规范》（JGJ79-2012），若在第四系覆盖土层内注浆，注浆孔距一般取 1 ~ 2 m。注浆孔距与扩散半径有很大的关系，土层渗透率越低，扩散半径越小，应采用较小的注浆孔距，反之则采用较大的孔距。待处治段溶洞顶板上覆粉细沙层、卵石层，再往上则沉积分布黏性土层以及含角砾的黏性土层，渗透率差异较大。由前述分析可知，岩溶路基覆盖层固结注浆的主要目的在于固结覆盖层，尤其是溶洞顶板附近的粉细沙层及卵石层。因此，在 K11+710—K11+740 段注浆工作中采用较大的钻孔间距

（2.0 m），足够在大空隙地层中充分扩散，同时也可以有效控制处治成本。

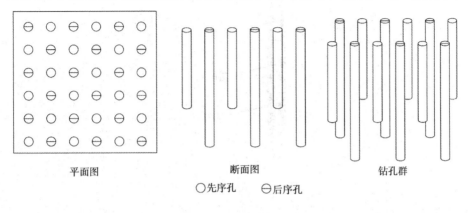

平面图　　　　断面图　　　　钻孔群
○先序孔　⊖后序孔

图 7-3　布孔示意图

2. 钻孔

按布孔设计图，现场测放钻孔孔位。钻孔孔位偏差不宜超过 5 cm，垂直度偏差不大于 1%，开钻前必须保证机身平稳。场地平整并确保排水通畅，准确测量钻孔前原始地面高程。当因避让管、线等客观原因需对孔位进行调整，且距离大于 50 cm 时，需报设计、监理单位核准。

钻孔进行统一编号，注明施工工序。除先导地质孔外，一般注浆钻孔均可采用风压式潜孔钻冲击回旋钻进，但应采取有效措施，避免岩芯、钻渣等填堵裂隙等不利影响。若地层中大面积夹有砂层等易塌孔的土层，宜跟进套管隔离砂层。

若钻孔深度较深，或者地层中富含地下水，尤其是在先序孔的钻进过程中，可能会影响空气压缩机返回钻渣，此时可将普通钻杆换为螺旋式钻杆，使钻渣沿钻杆螺纹返回。后序孔钻进过程往往更容易返回钻渣，这是由于先序孔已经注浆，由于浆液扩散、固结等原因地下水整体有所减少。

3. 安装注浆管

钻孔完毕，检查钻孔深度，在确认没有塌孔的情况下再安放花管，否则，应采用钻机清孔到位。有的钻孔成孔之后来不及注浆，常常放置一天甚至几天，期间如果再遇到降雨，塌孔的可能性就非常大了。因此，安放花管之前都应该检查钻孔深度，以免注浆不到位。如图 7-4 所示，花管底部开有花孔，花孔外侧应事先缠绕好塑料胶带，以免在安放的过程中被钻渣阻塞。而在注入浆液的过程中，塑料胶带将在浆液的作用下脱落，使花孔贯通，并不会影响注浆。

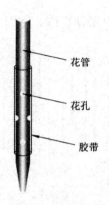

图 7-4　花管示意图

　　如图 7-5 所示，花管上部外露长度 0.5 ～ 1.5 m，以便连接进浆管、回浆管、压力表、阀门等部件。花管安放好后，在花管周围分层捣实织物、垫土，从而实现止浆封孔。传统的液压、气压止浆塞成本较高，故采用分层捣实织物（水泥编织袋）、垫土的方法进行封孔。此外，由于织物、垫土总是存在一定孔隙，可以成为排气通道，止浆而不止气，从而较好地排出水泥浆中的气泡，进一步提高注浆质量。

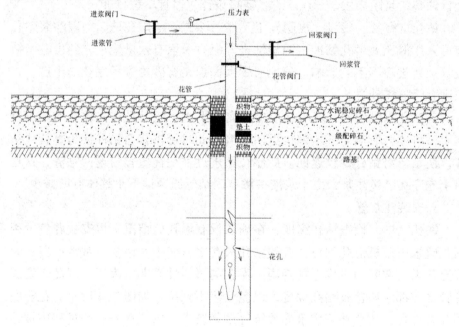

图 7-5　注浆管安装方法示意图

4. 注浆

注浆压力是保证和控制注浆质量的重要因素，对工程安全和造价也有重要影响。工程类比和现场注浆试验是确定注浆压力的主要途径。在沙土中，注浆压力多选用 0.2 ～ 0.5 MPa；黏性土中，注浆压力多选用 0.2 ～ 0.3 MPa。

为防止邻孔串浆和减少浆液的无效漏失，注浆顺序应按跳孔间隔的方式注浆，以防止邻孔串浆，保证注浆质量。串浆之后一般有两种解决方案，一种是同时对注浆孔和串浆孔进行注浆处理，另一种是直接阻塞串浆孔，但这两种方案都存在缺陷。若同时对注浆孔和串浆孔注浆，容易产生较大的注浆压力，造成地层破坏，本次试验未予采用。若直接阻塞串浆孔，注浆压力很难达到要求。在现场实践过程中曾同时监测注浆孔和串浆孔的注浆压力，发现仅有少数串浆孔压力曾升高至 0.1 MPa，往往又会在数分钟内回落至 0 MPa，效果不甚理想。只有在地层贯通性较好且不向外渗漏的情况下，阻塞串浆孔可以使其压力与注浆孔压力相差无几，但这种情况十分少见，试验现场几十例中仅见数例。

注浆管全部安装完毕后，分别打开花管阀门、进浆阀门，关闭回浆阀门，即可开始注浆。孔口可以不安装流量计，但必须安装压力表，以便控制终注条件。期间还应详细记录注浆过程，如表 7-2 所示。

表 7-2　注浆过程记录表

时间 / min	压力表读数 / MPa	串浆孔压力表读数 / MPa 串浆孔号：4-3	备注（注浆过程中出现的其他异常情况）
0	0	—	—
0.5	0.07	—	—
3	0.1	0.08	6-3 串浆

若安装流量计，可采用如下终注条件：先序孔终注压力达到 0.2 ～ 0.25 MPa，后序孔终注压力达到 0.25 ～ 0.3 MPa，进浆量降低至 1 L/min 以下。

如果没有安装流量计，可采用如下终注条件：连续 3 次注浆压力超过 0.4 MPa，再打开回浆阀门卸载至 0.25 MPa 后，90 % 以上的水泥浆都通过回浆阀门回浆，只余下不到 10 % 的水泥浆继续流经花管阀门进浆，视为满足终注条件。

注浆完成后立即拔管,以防浆液在注浆管中凝固。每次上拔高度为50 cm。拔出管后,及时刷洗注浆管,保持清洁、通畅。拔出管后留下的孔洞应及时用水泥浆或者 C15 混凝土封孔。注浆工作必须连续进行,若因故中断,应及早恢复注浆,否则应立即冲洗钻孔,而后恢复注浆。

7.2.3 特殊情况处理

(1)注意事项。

①串浆是注浆过程中经常遇到的问题,若同时对注浆孔和串浆孔注浆,容易产生较大的注浆压力并造成地层破坏;若直接阻塞串浆孔,注浆压力很难达到要求。因此,需要严格控制施工顺序,做到"随钻随注",注完一孔再钻一孔,只有这样,才能有效杜绝串浆问题的出现。

②在岩溶泥质充填物和遇水性能易恶化的岩层中进行裂隙冲洗和压水试验,不仅达不到冲洗的目的,还会恶化岩体性能,影响注浆质量。研究区域溶洞顶板薄,岩层较为破碎,因此不建议进行裂隙冲洗。

③对于先序浅孔,若一次连续注浆 3 m³ 水泥浆,注浆速率不减或压力不升高,建议间歇反复注浆。一般间歇时间为 4 ～ 6 h,一次的水泥注浆用量以 2 ～ 3 m³ 为宜。出现需间歇反复注浆的情况时可反复注浆三次。对于后序深孔,由于周围先序浅孔已形成注浆帷幕,吃浆量将大为减少。

(2)钻孔钻通溶洞顶板的处理办法。若钻孔过程中穿过溶洞顶板揭露岩溶洞穴,可采取如下"先灌沙后注浆"的技术措施。

①用吊绳绑挂重物,然后将其自由端固定在钻孔附近,吊绳长度宜比钻孔深度长 2 m,吊绳应尽量结实,保证重物绑紧挂好,同时重物直径不宜超过 30 mm。

②悬挂重物端向钻孔内放入,使重物大致停留在钻孔底部孔口位置处并重新固定吊绳。确认重物已经绑紧挂好,不会轻易掉落。

③向钻孔内灌沙直至钻孔底部孔口位置,判断方法是吊绳悬挂的重物是否被砂掩埋,能否被轻易提起。

④取出吊绳,然后采取 0.1 MPa 的注浆压力向钻孔内注浆,若溶洞体积过大可向浆液中掺入沙、粉土、粉煤灰等材料。

(3)冒浆、返浆等异常现象的处理办法。

①对于孔口冒浆,可采用麻绳或废弃的水泥编织带塞填套管间隙或套管与孔壁的间隙。对于地层冒浆,可挖开冒浆位置约 0.5 m 深,用一定比例的水泥—水玻璃浆液填塞,能在数秒钟内凝固而阻止冒浆。

②对于绕塞返浆，主要有注浆段孔壁不完整、橡胶塞压缩量不足、上段注浆时裂隙未封闭或注浆后待凝时间不够、水泥强度过低等原因。实际注浆过程中应严格按要求尽量增加等待时间。

7.3　工程应用与实施

昌栗高速公路 A2 标 K11+690—K11+740 段覆盖层注浆处治试验于 2015 年 4 月初开工，至 2015 年 6 月底完工。现场试验如图 7-6 所示。试验采用 42.5 级普通硅酸盐水泥，水灰比控制在 1∶1 左右，钻孔孔径不小于 110 mm。出于试验成本考虑，共分为 3 个分段进行，第 1 个分段采用 18.0 m 的注浆深度（以便加固溶洞顶板附近土层），第 2、3 个分段仅采用较浅的注浆深度（主要用于比较逐序加深和全孔一次性的注浆特性）。具体来说，第 1 个分段范围为 K11+710—K11+740，进行 18.0 m 深的逐序加深注浆；第 2 个分段范围为 K11+700—K11+710，进行 9.0 m 深的逐序加深注浆；第 3 个分段范围为 K11+690—K11+700，进行 6.5 m 深的全孔一次性注浆。试验段注浆孔布置概况如表 7-3 所示。根据《建筑地基处理技术规范（JGJ79-2012）》，若在第四系覆盖土层内注浆，注浆孔距一般取 1 ~ 2 m。注浆孔距与扩散半径有很大的关系，土层渗透率越低，扩散半径越小，应采用较小的注浆孔距。待处治段溶洞顶板上覆粉细沙层、卵石层，再往上则沉积分布黏性土层以及含角砾的黏性土层，渗透率差异较大。由前述分析可知，岩溶路基覆盖层固结注浆的主要目的在于固结覆盖层，尤其是溶洞顶板附近的粉细砂层及卵石层，因此，采用较大的钻孔间距（1.5 m），既可以在大空隙地层中充分扩散，又可以有效控制处治成本。

图 7-6 现场试验

表 7-3 注浆孔布置

单位：m

分试验段	编 号	处治长度	处治宽度	钻孔间距	钻孔深度	加固范围	备 注
K11+710—K11+740	1	30.0	26.0	1.5	15.0/18.0	0～18.0	逐序加深注浆
K11+700—K11+710	2	10.0	26.0	1.5	6.5/9.0	0～9.0	逐序加深注浆
K11+690—K11+700	3	10.0	26.0	1.5	6.5/6.5	0～6.5	全孔一次性注浆

如图 7-7 所示，K11+710—K11+740 试验段采用逐序加深的方法，分为先序、后序 2 个工序，先序孔孔深 15.0 m，后序孔孔深 18.0 m。先序孔注浆压力达到 0.2～0.25 MPa，后序孔注浆压力达到 0.25～0.3 MPa。图7-7 中，ZK1、ZK2、ZK3 表示注浆之后在原注浆孔附近进行标准贯入试验和压水试验的位置。

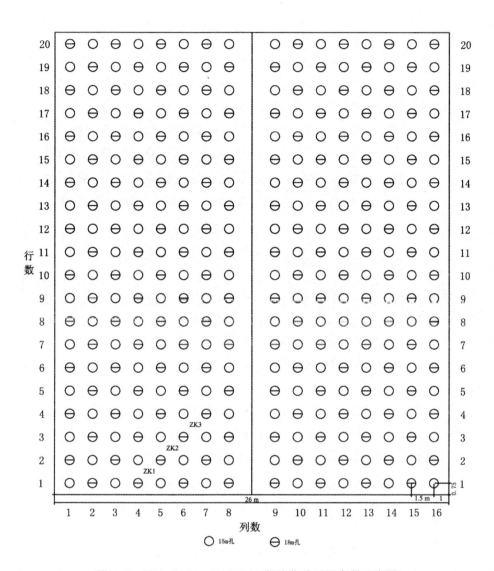

图 7-7　K11+710 ～ K11+740 段注浆孔平面布置示意图

如图 7-8 所示，K11+700—K11+710 试验段采用逐序加深的方法，同样分为先序、后序 2 个工序，先序孔孔深 6.5 m，后序孔孔深 9.0 m。先序孔注浆压力达到 0.2—0.25 MPa，后序孔注浆压力达到 0.25 ～ 0.3 MPa。

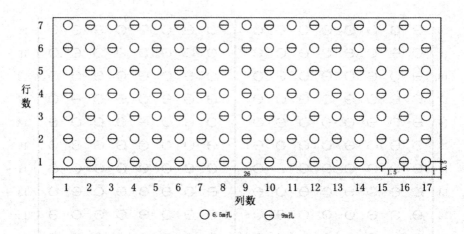

图 7-8　K11+700—K11+710 段注浆孔平面布置示意图

如图 7-9 所示，K11+690—K11+700 试验段采用全孔一次性注浆的方法，先序孔和后序孔深度均为 6.5 m，注浆压力达到 0.2 ～ 0.3 MPa。施工顺序按跳孔注浆原则[140]进行，即待先序孔注浆完成后，再进行后序孔的注浆。与第 2 试验段相比，先序孔加固范围相同，但后序孔加固范围缩小至 6.5 m。

针对第 1 试验段的分析见 7.4.1 节 "注浆压力的变化规律" 和 6.4.2 节 "逐序加深前后注浆特性的变化"；针对第 2 试验段和第 3 试验段的分析见 7.4.3 节 "逐序加深和全孔一次性注浆的对比"。

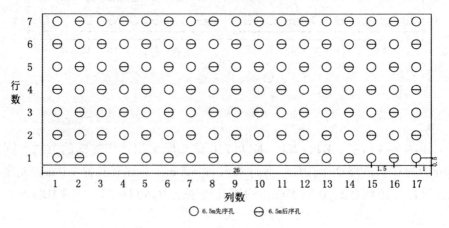

图 7-9　K11+690—K11+700 段注浆孔平面布置示意图

7.4　应用效果分析

7.4.1　注浆压力的变化规律

分析第 1 试验段（K11+710—K11+740 段）注浆过程中记录的数据，主要出现 3 个阶段：压力增长阶段、压力波动阶段和压力降低阶段[141~143]。其中，先序注浆和后序注浆都具有压力增长阶段。压力波动阶段多出现于后序注浆；压力降低阶段多出现于先序注浆。

1. 压力增长阶段

压力增长阶段一般出现于注浆的开始阶段，如图 7-10 所示的两组相邻注浆孔。浆液填充满注浆孔之后，注浆压力不断上升，随后承压浆液开始填充注浆孔周围的空洞、裂隙区，通过渗透和剪切渗入地层裂隙中。对于先序注浆，压力增长阶段一般都在前 5 ~ 10 min；后序注浆稍有延长，一般在前 5 ~ 20 min。压力增长阶段的长短与地层性质有很大关系，相邻孔的压力增长阶段较为接近。例如，3–6 孔（第 3 行第 6 列孔）的压力增长阶段为前 5 min，如图 7-10 所示；，3–7 孔（第 3 行第 7 列孔）的压力增长阶段为前 6 min，如图 7-10（d）所示；1–6 孔（第 1 行第 6 列孔）的压力增长阶段为前 13 min，1–5 孔（第 1 行第 5 列孔）的压力增长阶段为前 25 min，如图 7-10（c）所示。

表 7-10　压缩系数计算

状　态	深度 /m	编　号	a_v/MPa^{-1}		
			$p_1 \sim p_2$	$p_2 \sim p_3$	$p_3 \sim p_4$
注浆前	12	1	0.56	0.41	0.33
		2	0.56	0.64	0.28
		3	0.68	0.38	0.3
	16	1	0.41	0.35	0.3
		2	0.62	0.39	0.31
		3	0.79	0.38	0.31

状　态	深度/m	编　号	$a_\surd/\mathrm{MPa^{-1}}$		
			$p_1 \sim p_2$	$p_2 \sim p_3$	$p_3 \sim p_4$
注浆后	12	1	0.34	0.33	0.27
		2	0.4	0.35	0.25
		3	0.37	0.25	0.28
	16	1	0.43	0.31	0.24
		2	0.51	0.33	0.23
		3	0.41	0.34	0.27

（2）压力波动阶段

压力波动阶段往往持续较长时间，多出现于后序注浆，如图 7-10（c）、图 7-10（d）所示。注浆压力反复波动，反映了浆液不断受阻和劈裂的过程。承压浆液在填充满地层原有的空隙、裂隙之后，开始受到较大的阻力，需要将注浆管周围的地层压密或劈裂才能够继续前进，通道打开之后，浆液流量突然增大，注浆泵无法满足流量供应，压力降低，注浆一段时间后，再次受阻，压力再次增加，如此反复。由图 7-10（c）和图 7-10（d）可知，压力波动阶段可持续 30 min 以上，且多出现于后序注浆，说明后序注浆的劈裂和压密效果好于先序注浆。

3. 压力降低阶段

压力降低阶段多出现于先序注浆，如图 7-10（a）和图 7-10（b）所示。若注浆压力出现持续减小的现象，一方面可能是由于相邻注浆孔之间的空隙相通，从而出现串浆现象；另一方面可能是由于压力超过土层强度，导致地层抬动变形，造成路基隆起破坏、浆液溢出地表。先序注浆较多地出现了压力降低的现象，导致其注浆效果不甚理想，有必要总结相应的经验与教训。

关于注浆压力控制的经验教训：注浆压力是给予浆液扩散充填、压实的能量。保证注浆质量的前提下，压力大，扩散的距离大，有助于提高土体强度；当压力超过土层的强度时，可能导致路基的破坏。但在研究方案中，仅提出终注压力应大于某一值的要求，未提出最大允许注浆压力的要求，导致实施过程中盲目追求提高注浆压力。不论先序孔还是后序孔（主要是先序孔），或多或少都有地表隆起的现象，这一现象多在先序孔注浆压力超过 0.2 MPa、后序孔注浆压力超过 0.25 MPa 时出现。所以，在施工中应以不使地层破坏或仅发生局部和少量破坏作为确定容许注浆压力的基本原则，在达到这一压力后及时打开回浆阀门，减少注浆流量，防止地层破坏。此外，注浆压力是随泵决定的，所以压力理论上可以恒定，但是实际上总在波动，因此容许注浆压力宜取保守值。即使严格控制容许注浆压力，在已建成的路基上注浆仍是比较危险的，一旦遇到较差的地质条件或承压地下水，很容易造成路基拱起破坏。因此，在条件允许的情况下，应尽可能地在填筑路基之前注浆。

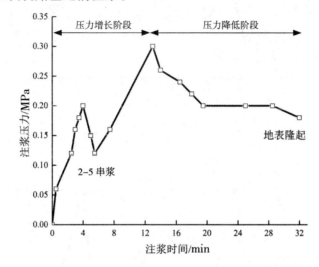

（a）1-6 孔（先序）注浆

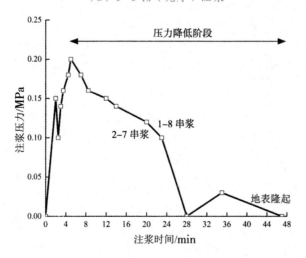

（b）3-6 孔（先序）注浆

图 7-10　注浆发展阶段与压力波动阶段

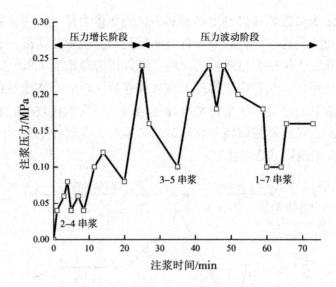

（c）1–5孔（后序）注浆

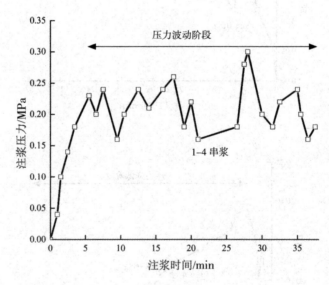

（d）3–7孔（后序）注浆

图 7-10　注浆发展阶段与压力波动阶段（续）

7.4.2　逐序加深前后注浆特性的变化

在施工过程中，记录注浆压力、注浆量和相应的注浆孔位（见表 7-4），并分析注浆特性及其在逐序加深前后的变化，如图 7-11 所示。由于先序注浆需要填充粉细沙层、卵石层等大孔隙地层，所以压力基本都低于 0.2 MPa；在大孔隙地层被填充之后，后序注浆的压力明显提高，分布范围为 0.2 ～ 0.35 MPa。由图 7-11 可知，在注浆压力 P 一定的情况下，注浆量 Q 总是小于某一极值，这一极值同时适用于先序注浆和后序注浆：

$$Q \leqslant 40P \qquad\qquad (7-1)$$

提出这一极值的主要意义在于控制终注条件和推测注浆效果。在地层完整、无裂隙的条件下，可采用单位长度注浆量 Q 达到 40 倍的注浆压力 P 作为终注条件。若单位长度注浆量 Q 总是超过此极值，可以推测地层中已形成土洞或岩溶通道；若单位长度注浆量 Q 总是小于这一极值，则注浆效果可能不理想。由图 7-11 可知，在本次试验中，大约只有一半的先序注浆能达到此极值，虽然与岩土自身的离散性有关，但还是说明这种逐序加深施工工艺存在改进余地。与此同时，由于先序注浆已经注入较多水泥浆，后序注浆的注浆量普遍较少（只有少数孔可以达到 $40P$）属于正常现象。

表 7-4　注浆特性变化记录

工　序	编　号	最大注浆压力 /MPa	单位长度注浆量 /(L·m⁻¹)
先序	1-6	0.30	4.27
	3-6	0.20	6.27
	4-1	0.05	0.67
	4-7	0.27	1.87
	5-2	0.15	1.47
	5-4	0.10	2.00
	7-4	0.12	3.87
后序	1-3	0.22	0.50
	1-5	0.24	8.11
	2-2	0.30	1.22
	2-6	0.27	1.06
	3-1	0.32	1.11
	3-3	0.32	1.11
	3-7	0.30	4.17

工　序	编　号	最大注浆压力 /MPa	单位长度注浆量 /(L·m⁻¹)
后序	4–2	0.20	1.67
	4–6	0.34	0.33
	5–1	0.32	7.00
	5–3	0.16	1.67
	5–7	0.22	1.72
	6–6	0.20	0.78
	7–5	0.20	5.11

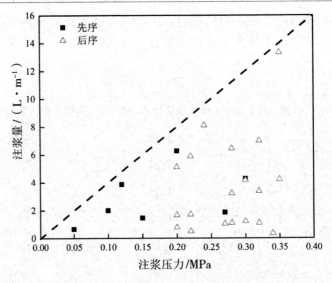

图 7–11　注浆特性及逐序加深前后的变化

7.4.3　逐序加深和全孔一次性注浆的对比

逐序加深和全孔一次性注浆的区别在于后序孔是否加深。具体来说，第 2 试验段先序孔孔深 6.5 m，后序孔孔深 9.0 m；第 3 试验段先序孔和后序孔深度均为 6.5 m。因此，本节仅针对第 2、3 试验段中后序孔的注浆特性进行对比。图 7–12 为第 2 试验段后序孔典型注浆曲线；图 7–13 为第 3 试验段后序孔典型注浆曲线；图 7–14 为两个试验段后序孔注浆特性的对比。

由图 7–12 可知，逐序加深的后序孔注浆具有明显的压力增长阶段和压力波动阶段。其中，压力波动阶段可持续 50 min 以上，说明逐序加深的后序孔注浆具有较好的劈裂和压密效果。

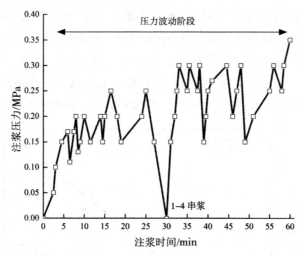

图 7-12 第 2 试验段后序孔典型注浆曲线（第 2 试验段 2-5 孔）

如图 7-13 所示的全孔一次性的后序孔注浆在经历压力增长阶段后，进浆量急剧下降至 1 L/min 以下并迎来终注。这是因为全孔一次性的后序孔注浆深度与先序孔相同，而经历过先序孔注浆的土体强度有所提高，很难再被劈裂或压密，也难以再注入水泥浆。逐序加深注浆的后序孔较之先序孔进一步加深，未被先序孔注浆的土体仍可被劈裂和压密。

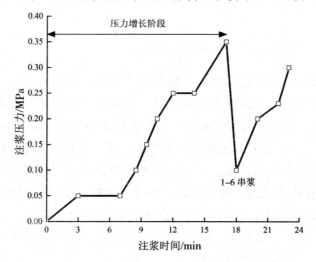

图 7-13 第 3 试验段后序孔典型注浆曲线（第 3 试验段 2-5 孔）

由图 7-14 可知，逐序加深的后序孔注浆压力 P 主要集中在 0.20 ~ 0.30 MPa 的范围内，单位长度注浆量 Q 基本满足 $20P \leqslant Q \leqslant 40P$。全孔一次性的后序孔注浆压力 P 主要集中在 0.30 ~ 0.35 MPa 的范围内，单位长度注浆量 Q 基本满足 $0 \leqslant Q \leqslant 20P$。相对而言，逐序加深的后序孔注浆具有"低压高流量"的特征；全孔一次性的后序孔注浆具有"高压低流量"的特征。此外，还可以粗略推测，第 2 试验段在 6.5 ~ 9.0 m 范围内的单位长度注浆量 Q 可达 92P，即 $(40P \times 9.0 - 20P \times 6.5) / (9.0 - 6.5) = 92P$。

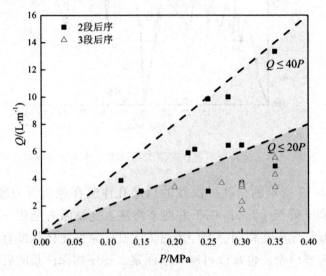

图 7-14　后序孔注浆特性对比

7.4.4　注浆前后贯入特性的变化

标准贯入法是常规的检测注浆效果的方法，利用标准贯入击数来检测土体的参数变化，从而评价注浆效果。在第 1 试验段进行注浆前、后的标准贯入试验，检测时间为注浆前以及注浆结束 30 d 后，试验结果如图 7-15 所示。1-5、2-6 和 3-7 孔为注浆前的标准贯入试验孔，注浆后孔内已经形成高强度的纯水泥结石体，无法再检测注浆效果，因此需要在注浆孔附近 0.5 倍注浆孔距范围内，选取 ZK1、ZK2、ZK3 三个检查孔进行注浆后的标准贯入试验。由图 7-15 可知，在应用逐序加深注浆工艺之后，溶洞顶板附近土层的标准贯入次数平均提高了 5 次以上，说明这种逐序加深注浆工艺可以有效实现覆盖层的加固。

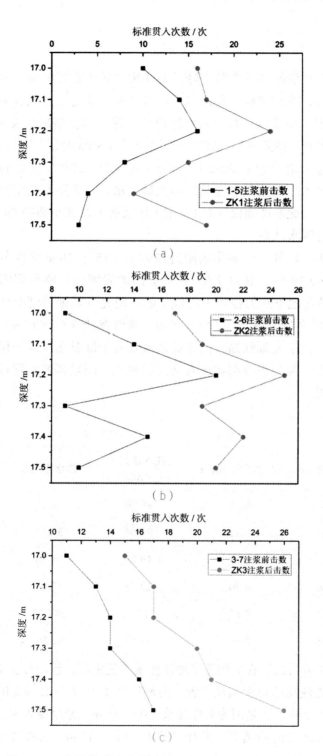

图 7-15　注浆前后溶洞顶板附近土层的贯入性质变化情况

7.4.5 注浆前后渗透特性的变化

注浆后地层的渗透系数下降，是注浆见效的重要表征。本课题在标贯检查结束后，在标贯检查孔内实行压水试验，通过压水试验对比注浆前后岩溶路基覆盖层渗透系数是否已经得到改善，试验结果如表 7-5 和表 7-6 所示。透水率 q 的定义是，在压水压力 p 为 1 MPa 时，每米试段长度 $L(m)$ 每分钟的注入水量 Q（L/min），即 $q=Q/(p \cdot L)$。此外，考虑到压水试验需要以一定的水压向路基和地基之内大量注水，对于路基稳定性具有显著的不利影响，因此本课题仅针对 1-5 孔（注浆前）及其相邻的 ZK1 检查孔（注浆后）进行压水试验。

由表 7-5 可知，溶洞顶板附近红黏土（15～18 m 深度范围）的透水率已达到 62.19 Lu，超过文献 [144] 提出的岩溶塌陷临界裂隙透水率（50 Lu），容易在地下水的作用下侵蚀塌陷。研究区域地质情况较为复杂，溶洞顶板上覆夹砾红黏土（12～15 m）及红黏土（6～12 m；15～18 m）间互成层，由于夹砾红黏土的渗透系数远大于红黏土，若采用常规的注浆方式，很大一部分浆液都将流入夹砾红黏土，而紧邻溶洞顶板的红黏土很难得到加固。

表 7-5　1-5 孔注浆前压水试验成果

试验段深度 /m	试验压力 /MPa	注入水量 / (L · min⁻¹)	透水率 /Lu	主要地层
0～3	0.21	19.70	31.28	填筑土
3～6	0.22	24.04	36.43	填筑土
6～9	0.19	19.25	33.78	红黏土
9～12	0.20	22.57	37.61	红黏土
12～15	0.13	213.82	548.25	夹砾红黏土
15～18	0.18	33.58	62.19	红黏土

由表 7-6 可知，在应用逐序加深注浆工艺之后，包括红黏土在内的各个层位的渗透性均已得到明显改善。夹砾红黏土（12～15 m）的渗透性之所以得到大幅度降低，是因为先序注浆（0～15 m）通过灌入大量浆液降低了此类大孔隙地层的渗透率。夹砾红黏土（12～15 m）的渗透性之所以得到

大幅度降低，是因为 0 ～ 15 m 范围内地层的渗透性已经显著下降，此时再进行后序注浆，便可实现 15 ～ 18 m 深度范围内地层的重点加固。

表 7-6　ZK1 注浆后压水试验成果

试验段深度 /m	试验压力 /MPa	注入水量 / (L·min⁻¹)	透水率 /Lu	主要地层
0 ～ 3	0.22	15.51	23.51	填筑土
3 ～ 6	0.25	9.41	12.55	填筑土
6 ～ 9	0.24	19.71	27.37	红黏土
9 ～ 12	0.23	13.94	20.20	红黏土
12 ～ 15	0.16	53.19	210.82	夹砾红黏土
15 ～ 18	0.22	8.53	32.93	红黏土

7.4.6　注浆前后变形特性的变化

取原状非饱和土，在原始含水率的状态下，采用《公路土工试验规程（JTG E40—2007）》中的单轴固结仪法（T 1037—1993）测试土的单位沉降量、压缩系数、压缩模量、压缩指数和回弹指数。其中，注浆前的原状非饱和土取自 2-6 孔，注浆后的原状非饱和土取自相邻的 ZK2 孔。

按式（7-2）计算试验开始时的孔隙比 e_0，计算结果如表 7-7 所示。

$$e_0 = \frac{\rho_s(1+0.01w_0)}{\rho_0} \tag{7-2}$$

其中：ρ_s 为土粒密度（g·cm⁻³）；w_0 为试验开始时试样的含水率（%）；ρ_0 为试验开始时试样的密度（g·cm⁻³）。

孔隙比的含义是土中孔隙体积（水和气的体积）与土粒体积之比。在同样的条件下，土的孔隙比越大，越容易产生变形，承载能力越弱。根据《工程地质手册》，红黏土的孔隙比一般介于 1.1 ～ 1.7。由表 7-7 可知，试验区域所分布红黏土的孔隙比大约为 2.0，初步推测其抗变形能力较弱，容易在振动荷载、承压地下水的作用下形成土洞。在注浆之后，12 m 深度处（先序注浆范围）红黏土的孔隙比由 1.93 显著下降至 1.61，16 m 深度处（后序注浆范围）红黏土的孔隙比也有所下降（由 2.03 下降至 1.98）。

表 7-7 初始孔隙比计算

状　态	深度 /m	ρ_s/ (g · cm^{-3})	ρ_0/ (g · cm^{-3})	w_0/%	e_0
注浆前	12	2.7	2.04	46	1.93
注浆后	12	2.7	2.06	23	1.61
注浆前	16	2.7	1.86	40	2.03
注浆后	16	2.7	1.79	31	1.98

按式（7-3）计算单位沉降量 S_i（%），计算结果如表 7-8 所示。表中，p_1，p_2，p_3 和 p_4 均表示荷载值。表 7-8 中包括由注浆前后、先序（12 m）、后序（16 m）组合成的 4 种情况，且考虑了 4 种压力状态（100 kPa、200 kPa、300 kPa 和 400 kPa）。为减小误差，各情况均进行三组试验，分别编号为 1、2、3。

$$S_i = \frac{\sum \Delta h_i}{h_0} \times 100 \qquad (7\text{-}3)$$

其中：$\sum \Delta h_i$ 为某一级荷载下的总变形量（mm）；h_0 为试样起始时的高度（mm），本例中为 20 mm。

表 7-8 单位沉降量计算

状　态	深度 /m	编　号	p_1=100 kPa	p_2=200 kPa	p_3=300 kPa	p_4=400 kPa
注浆前	12	1	5.58	7.48	8.88	10.02
		2	5.21	7.11	9.30	10.26
	12	3	4.98	7.31	8.60	9.61
		1	7.00	8.35	9.52	10.49
	16	2	6.88	8.91	10.19	11.20
		3	6.10	8.70	9.94	10.98
注浆后	12	1	3.05	4.35	5.60	6.65
		2	3.50	5.05	6.40	7.35
		3	3.10	4.51	5.48	6.55

状　态	深度 /m	编　号	p_1=100 kPa	p_2=200 kPa	p_3=300 kPa	p_4=400 kPa
注浆后	16	1	5.70	7.15	8.20	9.00
		2	5.50	7.20	8.32	9.10
		3	4.00	5.37	6.51	7.40

按式（7-4）计算各级荷载下变形稳定后的孔隙比 e_i（以下简称"稳定孔隙比"），计算结果如表 7-9 所示。稳定孔隙比越小，土体结构越为密实，抗变形能力越好，覆盖层也更为稳定。计算 1、2、3 组试验稳定孔隙比 e_i 的平均值，并绘制于图 7-16。由图 7-16 可知，增大荷载和注浆都可以降低稳定孔隙比，且注浆的影响明显大于施加荷载。这是因为注浆本身就是施加荷载的过程（0.3 MPa 的注浆压力叠加 12 m 高水泥浆液产生的 0.2 MPa 的静止压力，超过了试验中 0.4 MPa 的压力），加之其对土体孔隙的填充，因此显著压缩了土体中的孔隙。

$$e_i = e_0 - \left(1 + e_0\right) \times \frac{S_i}{1\,000} \tag{7-4}$$

表 7-9　稳定孔隙比计算

状　态	深度 /m	编　号	p_1=100 kPa	p_2=200 kPa	p_3=300 kPa	p_4=400 kPa
注浆前	12	1	1.914	1.908	1.904	1.901
		2	1.915	1.909	1.903	1.900
		3	1.915	1.909	1.905	1.902
	16	1	2.009	2.005	2.001	1.998
		2	2.009	2.003	1.999	1.996
		3	2.012	2.004	2.000	1.997
注浆后	12	1	1.602	1.599	1.595	1.593
		2	1.601	1.597	1.593	1.591
		3	1.602	1.598	1.596	1.593

状 态	深度 /m	编 号	p_1=100 kPa	p_2=200 kPa	p_3=300 kPa	p_4=400 kPa
注浆后	16	1	1.963	1.959	1.956	1.953
		2	1.964	1.959	1.955	1.953
		3	1.968	1.964	1.961	1.958

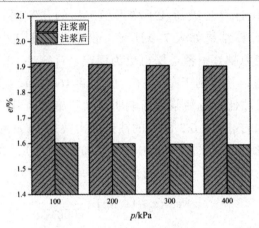

（a）12 m 深度处的稳定孔隙比

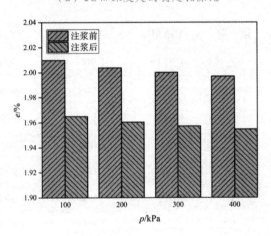

（b）16 m 深度处的稳定孔隙比

图 7-16 稳定孔隙比

按式（7-5）分别计算 100 ～ 200 kPa、200 ～ 300 kPa 和 300 ～ 400 kPa 荷载范围内的压缩系数 a_v（MPa^{-1}），计算结果如表 7-10 所示。

$$a_v = \frac{e_i - e_{i+1}}{p_{i+1} - p_i} \qquad (7-5)$$

工程中一般采用 100 ～ 200 kPa 压力区间内对应的压缩系数 a_v^{1-2} 来评价土的压缩性。即 $a_v^{1-2} < 0.1$ MPa^{-1} 属低压缩性土；0.1 MPa$^{-1} \leqslant a_v^{1-2} < 0.5$ MPa^{-1} 属中压缩性土；$a_v^{1-2} \geqslant 0.5$ MPa^{-1} 属高压缩性土。由表 7-10 可知，研究区域内红黏土的压缩系数 a_v^{1-2} 介于 $0.4 ～ 0.8$ MPa^{-1}，为低压缩性土，但其压缩性仍大于一般的红黏土[145]（$0.1 ～ 0.4$ MPa^{-1}）。由图 7-17 可知，在注浆之前，12 m 深度和 16 m 深度的土体具有相等的压缩性；在注浆之后，土体压缩性明显降低，且 12 m 深度处的下降更为明显。这是因为 12 m 深度经历了两次注浆（先序注浆和后序注浆），而 16 m 深度仅经历了一次注浆（后序注浆）。

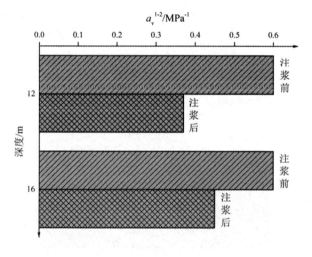

图 7-17 注浆对压缩系数的影响

按式（7-6）计算某一荷载范围内的压缩模量 E_s（MPa），计算结果如表 7-11 所示。分析 100 ～ 200 kPa 压力区间内对应的压缩模量 E_s^{1-2}，如图 7-18 所示。红黏土的压缩模量[145]一般介于 6 ～ 16 MPa，而试验区域所分布红黏土的压缩模量大约为 5 MPa，处于较低的水平。在注浆之后，土体压缩模量明显提高，抗变形能力增强，从而改善了覆盖层的稳定性。

$$E_s = \frac{p_{i+1} - p_i}{S_{i+1} - S_i} \times \frac{1}{10} \qquad (7-6)$$

表 7-11　压缩模量计算

状　态	深度 /m	编　号	$p_1 \sim p_2$	$p_2 \sim p_3$	$p_3 \sim p_4$
注浆前	12	1	5.3	7.1	8.8
		2	5.3	4.6	10.3
		3	4.3	7.8	9.8
	16	1	7.4	8.6	10.3
		2	4.9	7.8	9.9
		3	3.8	8.1	9.7
注浆后	12	1	7.7	8.0	9.5
		2	6.5	7.4	10.5
		3	7.1	10.3	9.3
注浆后	16	1	6.9	9.5	12.5
		2	5.9	8.9	12.8
		3	7.3	8.7	11.2

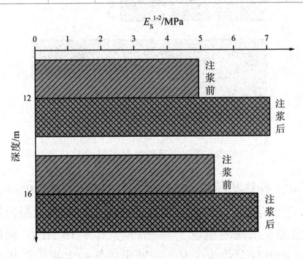

图 7-18　注浆对压缩模量的影响

7.4.7　注浆前后抗剪强度的变化

覆盖层塌陷多具有突发性，笔者认为其在短暂的破坏过程中来不及发生固结作用和排水作用，故采用快剪试验（T 0142—1993）分析原状非饱和土（取土深度为 15 m）在注浆前后的抗剪强度。其中，剪应力 τ 与剪切

位移 Δl 的关系如图 7-19 所示，抗剪强度 S 与垂直压力 p 的关系如图 7-20 所示。由图 7-19 可知，注浆前后红黏土的剪切破坏以应变硬化模式为主，破坏后的残余强度略低于峰值强度。考虑到覆盖层的破坏多具短期突发性，抗剪强度 S 按峰值强度取值。通过对比注浆前后的抗剪强度（见图 7-20）发现，注浆对摩擦角 φ 和黏聚力 c 都有较大影响。注浆前，土的摩擦角为 21°，黏聚力为 27 kPa；注浆后，土的摩擦角为 27°，黏聚力为 47 kPa。

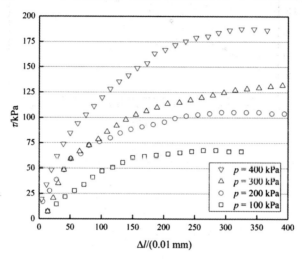

（a）注浆前

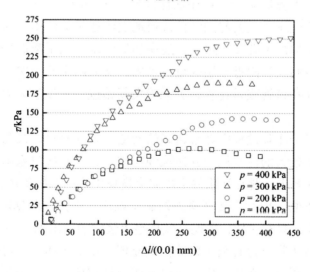

（b）注浆后

图 7-19　剪应力与剪切位移的关系

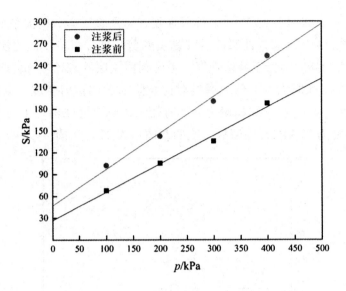

图 7-20　注浆对抗剪强度的影响

7.5　本章小结

（1）从施工方法来看，逐序加深注浆法十分类似全孔一次性注浆法，不同之处在于先序孔主要起到降低浅层地层渗透率的作用，而后序孔又较先序孔进一步加深了孔深。这样，逐序加深法既达到了类似分段注浆的效果，实现了溶洞顶板附近土层的重点加固，又如同全孔一次性注浆那般便捷，无须埋设孔口管或是花管，更无须反复钻进，工作量大为减少，工期大为缩短。

（2）串浆是注浆过程中经常遇到的问题，若同时对注浆孔和串浆孔注浆，容易产生较大的注浆压力并造成地层破坏；若直接阻塞串浆孔，注浆压力很难达到要求。跳孔注浆并不能完全避免串浆问题的出现，相隔2~3孔仍有可能串浆，因此需要严格控制施工顺序，做到"随钻随注"，注完一孔再钻一孔，只有这样，才能有效杜绝串浆问题的出现。

（3）提高注浆压力有利于浆液扩散充填、压实土体，但过高的压力可能破坏路基。所以，在施工中，应以不使地层破坏或仅发生局部和少量破坏作为确定容许注浆压力的基本原则，在达到这一压力后及时打开回浆阀门，减少注浆流量，防止破坏地层。即使严格控制容许注浆压力，在已建成的路基上注浆仍是比较危险的，一旦遇到较差的地质条件或承压地下水，也很容易造成路基拱起破坏。因此，在条件允许的情况下，应尽可能在填筑路基之前注浆。

（4）在注浆压力 P 一定的情况下，单位长度注浆量 Q 总是小于 $40P$，提出这一极值的主要意义在于控制终注条件和推测注浆效果。在地层完整、无裂隙的条件下，可采用单位长度注浆量 Q 达到 40 倍的注浆压力 P 作为终注条件。若单位长度注浆量 Q 总是超过此极值，可以推测地层中已形成土洞或岩溶通道；若单位长度注浆量 Q 总是小于这一极值，则注浆效果可能不理想。

（5）在应用逐序加深注浆工艺之后，包括红黏土在内的各个层位的渗透性均已得到明显改善。夹砾红黏土层（12 ～ 15 m）透水率平均由 550 Lu 下降至 210 Lu；红黏土层（15 ～ 18 m）透水率平均由 60 Lu 下降至 30 Lu。

（6）研究区域所分布的红黏土的孔隙比较大（2.0 左右），抗变形能力较弱，容易在振动荷载、承压地下水的作用下形成土洞。在注浆之后，孔隙比下降 10% 左右，压缩模量平均由 5 MPa 提高至 7 MPa，抗剪强度增大约 0.5 倍，从而改善了覆盖层的稳定性。

第 8 章　连续配筋混凝土板跨越技术研究

　　本章简要介绍了基于塑性铰线理论的矩形钢筋混凝土板配筋率解析解，并将强度折减法应用于配筋率的计算，比较了数值解和解析解之间的类似点和不同点。同时，根据塑性应变增量分布图，抽象出相应的破坏形式，并与经典塑性铰线假设进行对比，发现了长宽比和支撑条件对塑性铰线的影响。

　　此外，在出现塌陷坑后，土层承载能力已经有所下降，而连续配筋混凝土板又有较高的刚度，当路基荷载和车辆荷载传递到连续配筋混凝土板时，土层将承受更大的压力，加之塌陷坑周围临空，很容易出现滑移破坏。因此，本章利用有限元软件分析配筋板下伏土层的位移特征，初步提出相应的建议。

8.1　基于塑性铰线理论的配筋率解析解

　　塑性铰线理论是钢筋混凝土板塑性极限上限定理分析的一种常用方法，它研究板可能出现的各种破坏图形，确定可能的机动容许的位移场。在极限状态下，钢筋混凝土板被形成的塑性铰线分割成若干板块，通过塑性铰线的所有纵向钢筋均达到屈服，而沿塑性铰线的所有截面的抵抗弯矩值均达到极限弯矩值。其中，承受正弯矩的塑性铰线称为正塑性铰线，其裂缝出现在板的底面；承受负弯矩的塑性铰线称为负塑性铰线，其裂缝出现在板的顶面。根据塑性铰线理论求解板的配筋率时，应先假定一个几何可变的破坏机构图形，并给破坏机构以虚位移，然后根据机动位移场分别计算内功和外功。按内功与外功相等的条件，就可确定在给定破坏机构下的极限荷载及配筋率需求。

8.1.1　极限荷载的求解

四周简支矩形板在任意配筋条件下的破坏机构如图 8–1 所示。图 8–1 中，矩形板的长、短边跨度分别为 l_x，l_y；m_{ux}，m_{uy} 分别表示跨中塑性铰线上两个方向单位长度内的极限弯矩；m_1，m'_1，m_2，m'_2 分别表示两个方向支座塑性铰线上单位长度内的极限弯矩；η 为塑性铰线的位置参数。

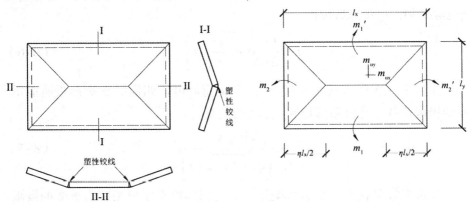

图 8–1　四周简支矩形板的塑性铰线假设

如果板上作用有均布荷载 q，在板的微单元面积 $\mathrm{d}x\mathrm{d}y$ 上引起的虚位移为 δ，则总的外功为

$$W = \iint q\delta\mathrm{d}x\mathrm{d}y = q\iint \delta\mathrm{d}x\mathrm{d}y = q\Omega \tag{8-1}$$

其中，Ω 为板下垂位置与原平面之间的体积。设四周简支板的破坏机构如图 8–1 所示，且板中点的虚位移 δ 为 1，则可计算得到 $\Omega=(3\lambda-\eta)l_y^2/6$，并将式（8–1）写为

$$W = \frac{1}{6}ql_y^2(3\lambda - \eta) \tag{8-2}$$

其中，$\lambda = l_x/l_y$。

板中塑性铰线所做的内功 [28] 为

$$D = \frac{2k}{\eta}m_{uy}\left(2+i_2+i'_2\right) + 2\lambda m_{uy}\left(2+i_1+i'_1\right) \tag{8-3}$$

其中，$k = m_{ux}/m_{uy}$，$i_1 = m_1/m_{uy}$，$i'_1 = m'_1/m_{uy}$，$i_2 = m_2/m_{ux}$，$i'_2 = m'_2/m_{ux}$。

由于四周简支矩形板在均布荷载作用下的弯矩比存在 $i_1 = i'_1 = i_2 = i'_2 = 0$ 的关系 [29]，可将式（8–3）简化为

$$D = 4m_{uy}\left(\frac{k}{\eta} + \lambda\right) \tag{8-4}$$

令 $W=D$，则得

$$q = \frac{12m_{uy}}{l_y^2(3\lambda - \eta)}\left(\frac{k}{\eta} + \lambda\right) \tag{8-5}$$

根据荷载 q 为最小值的极限条件可确定塑性铰线的位置几何参数 η。令 $\partial q/\partial \eta = 0$，经化简后可得

$$\eta = \frac{k}{\lambda}\left(\sqrt{1 + 3\frac{\lambda^2}{k}} - 1\right) \tag{8-6}$$

将以上 η 式代入式（8-5）中，经化简后可得四周简支矩形板所能承受的极限荷载 q 与极限弯矩 m_{uy} 之间的关系：

$$q = \frac{24m_{uy}\lambda^2}{kl_y^2\left[\sqrt{1 + 3\lambda^2/k} - 1\right]^2} \tag{8-7}$$

也可将极限荷载 q 作为自变量，求解四周简支矩形板所需承受的极限弯矩 m_{uy}：

$$m_{uy} = \frac{qkl_y^2\left[\sqrt{1 + 3\lambda^2/k} - 1\right]^2}{24\lambda^2} \tag{8-8}$$

8.1.2 配筋率的求解

板内沿 x，y 方向上每延米的极限弯矩分别为 m_{ux} 和 m_{uy}，所需的配筋面积 A_{sx} 和 A_{sy} 可由下式 [29] 计算：

$$A_{sx} = \frac{m_{ux}}{zf_{ts}} \tag{8-9}$$

$$A_{sy} = \frac{m_{uy}}{zf_{ts}} \tag{8-10}$$

其中，z 为内力臂，即钢筋中心到受压区中心的距离，可以表示为 $\gamma_s h_0$[146]；γ_s 为内力臂系数，范围一般为 $0.85 \sim 0.97$；h_0 为截面有效高度。

则板内钢筋总用量为

$$V = A_{sx}l_xl_y + A_{sy}l_xl_y = \frac{1}{zf_{ts}}l_xl_y\left(m_{ux} + m_{uy}\right) \tag{8-11}$$

将 $m_{ux} = km_{uy}$，及式（8-8）代入式（8-11）中，可得

$$V = \frac{l_x l_y q l_y^2}{24 z f_{ts}} (1+k) \frac{k}{\lambda^2} \left[\sqrt{1+3\frac{\lambda^2}{k}} - 1 \right]^2 \qquad （8-12）$$

令 $\partial V/\partial k=0$，可求得钢筋用量为最少时的 $k=1/(3\lambda^2-2)$，代入式（8-12）中经化简后可得

$$V_{min} = \frac{q l_y^4}{24 z f_{ts}} \left(3\lambda - \frac{1}{\lambda} \right) \qquad （8-13）$$

钢筋总用量 V_{min} 与矩形板总体积 $l_x l_y h$ 之比即为配筋率解答：

$$v_s = \frac{V_{min}}{l_x l_y h} = \frac{q l_y^2}{24 z h f_{ts}} \left(3 - \frac{1}{\lambda^2} \right) \qquad （8-14）$$

8.2　基于数值模型的等效材料参数

在有限元程序中建立钢筋混凝土整体式模型，并引入强度折减法进行计算。整体式模型是有限元程序中用于模拟钢筋混凝土结构的一种主要模型类型。采用整体式模型，需要将钢筋弥散于整个单元中，视单元为连续均匀材料，并求解其等效材料参数。故基于莫尔圆和应变协调原理，推导钢筋混凝土数值模型的等效抗剪强度、抗拉强度。

8.2.1　素混凝土的抗剪强度

直接测试素混凝土的抗剪强度较为困难，但可以通过抗拉强度、抗压强度进行转换。采用莫尔圆表示轴心抗拉强度和轴心抗压强度试验结果（见图 8-2），发现素混凝土的 c_c、φ_c 值与抗拉强度 f_{tc}、抗压强度 f_{cc} 存在如下关系：

$$\sin\varphi_c = \frac{0.5 f_{tc}}{c_c / \tan\varphi_c - 0.5 f_{tc}} \qquad （8-15）$$

$$\sin\varphi_c = \frac{0.5 f_{cc}}{c_c / \tan\varphi_c + 0.5 f_{cc}} \qquad （8-16）$$

整理、联立式（8-15）和式（8-16）得：

$$\begin{cases} c_c \cos\varphi_c - 0.5 f_{tc} \sin\varphi_c = 0.5 f_{tc} \\ c_c \cos\varphi_c + 0.5 f_{cc} \sin\varphi_c = 0.5 f_{cc} \end{cases} \qquad （8-17）$$

解之，得：

$$\begin{cases} c_c = 0.5\sqrt{f_{tc}f_{cc}} \\ \tan\varphi_c = 0.5\sqrt{f_{tc}f_{cc}}\left(\dfrac{1}{f_{tc}} - \dfrac{1}{f_{cc}}\right) \end{cases} \tag{8-18}$$

利用式（8-18），即可求出素混凝土的 c_c、φ_c 值。

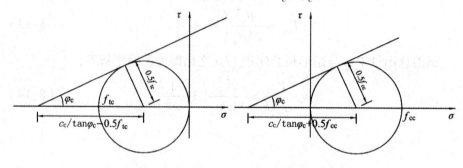

（a）轴心抗拉强度　　　　　　　　　（b）轴心抗压强度

图 8-2　材料参数转换原理

8.2.2　钢筋混凝土的等效抗剪强度

假设钢筋混凝土承受的剪力 s 等于混凝土与钢筋所承受的剪力 s_c，s_s 之和，即

$$s = s_c + s_s \tag{8-19}$$

当混凝土先达到剪切破坏时，等效材料承受的剪力为

$$s = (c + \sigma\tan\varphi)\cdot a \tag{8-20}$$

其中，c，φ 分别为钢筋混凝土的等效抗剪强度；σ 为剪切面上的正应力；a 为剪切面积。

此时，混凝土处于极限平衡状态，所承受的剪应力为

$$s_c = c_c + \sigma\tan\varphi_c \tag{8-21}$$

假设钢筋与混凝土变形协调不产生滑移，钢筋的剪应变 γ_s 与混凝土的剪应变 γ_c 相等。根据剪应变定义，混凝土的剪应变为

$$\gamma_c = \frac{s_c}{G_c} = \frac{c_c + \sigma\tan\varphi_c}{G_c} \tag{8-22}$$

其中，G_c 为素混凝土的剪切模量，根据《混凝土结构设计规范》（GB 50010-2010），可按相应弹性模量值的 40% 采用。

钢筋所承受的剪力为

$$s_s = \gamma_s \cdot G_s \cdot a_s = \gamma_c \cdot G_s \cdot a_s = \frac{c_c + \sigma \tan \varphi_c}{G_c} \cdot G_s \cdot a_s \quad （8-23）$$

其中，G_s 为钢筋的剪切模量；a_s 为钢筋剪切面积。

由式（8-19）、式（8-21）和式（8-23）可得到：

$$(c + \sigma \tan \varphi) \cdot a = (c_c + \sigma \tan \varphi_c) \cdot a_c + \frac{c_c + \sigma \tan \varphi_c}{G_c} \cdot G_s \cdot a_s \quad （8-24）$$

整理式（8-24），得到钢筋混凝土的等效抗剪强度为

$$c = \left[1 + (\frac{G_s}{G_c} - 1) \cdot v_s \right] \cdot c_c \quad （8-25）$$

$$\tan \varphi = \left[1 + (\frac{G_s}{G_c} - 1) \cdot v_s \right] \cdot \tan \varphi_c \quad （8-26）$$

其中，v_s 为钢筋混凝土配筋率，且 $v_s = a_s/a$。

这里按混凝土剪切破坏后即认为钢筋混凝土失效进行数值计算。

8.2.3 钢筋混凝土的等效抗拉强度

将钢筋混凝土的拉伸屈服分为两个阶段。[147]

1. 混凝土首先拉伸屈服阶段

混凝土的抗拉强度小，受拉情况下钢筋混凝土材料中的混凝土先屈服。假设钢筋和混凝土变形协调，钢筋应变和混凝土在钢筋方向的应变相等。混凝土屈服时的应变为

$$\varepsilon_c = \varepsilon_s = \frac{f_{tc}}{E_c} \quad （8-27）$$

其中，f_{tc} 为混凝土的抗拉强度；E_c 为混凝土的弹性模量。

混凝土与钢筋中的拉应力分别为

$$\sigma_c = E_c \varepsilon_c = f_{tc} \quad （8-28）$$

$$\sigma_s = E_s \varepsilon_s = \frac{E_s}{E_c} f_{tc} \quad （8-29）$$

其中，E_s 为钢筋的弹性模量。

设钢筋混凝土截面总横截面积为 A，其中混凝土横截面积为 A_c，钢筋横截面积为 A_s，钢筋混凝土的等效抗拉强度为 f_t。钢筋混凝土的拉应力由混凝土和钢筋共同承担，由静力关系可得

$$Af_t = A_c \sigma_c + A_s \sigma_s \qquad （8-30）$$

混凝土先屈服时，将式（8-28）、式（8-29）代入式（8-30）得

$$Af_t = A_c f_{tc} + A_s \frac{E_s}{E_c} f_{tc} \qquad （8-31）$$

则钢筋混凝土的等效抗拉强度为

$$f_t = \left[1 + (\frac{E_s}{E_c} - 1) \cdot v_s \right] \cdot f_{tc} \qquad （8-32）$$

2. 钢筋随后拉伸屈服阶段

设混凝土拉伸屈服后钢筋混凝土的拉应力全部由钢筋承担，对钢筋混凝土材料，$\sigma_t A = \sigma_s A_s$。

则钢筋混凝土的等效抗拉强度为

$$f_t = v_s f_{ts} \qquad （8-33）$$

其中，f_{ts} 为钢筋的抗拉强度。

这里采用钢筋拉伸屈服阶段的等效抗拉强度等效计算，即忽略钢筋混凝土材料中混凝土的抗拉强度。

8.3 基于强度折减法的配筋率数值解

8.3.1 计算原理

强度折减法最早由 Zienkiewicz 提出[148]，后大量应用于边坡稳定性分析[149~153]。引入强度折减法并应用于配筋率的计算，就是将材料强度不断折减直至达到极限状态，从而得到满足稳定性要求的最小材料强度以及相应的配筋率。本节所计算的配筋率是指结构在最不利作用效应组合下，为满足承载力要求所需的最小配筋百分率。当配筋率降低至该最小配筋百分率以下时，结构变成几何可变机构，变形将无限制地增长，从而丧失承载能力达到破坏，这种状态称为结构承载能力的极限状态。

在计算满足抗剪性能要求的配筋率时，需要将抗剪强度指标 c 和 $\tan\varphi$ 分别折减 w_s：

$$\begin{cases} c' = \dfrac{c}{w_s} \\[2mm] \tan\varphi' = \dfrac{\tan\varphi}{w_s} \end{cases} \qquad (8\text{-}34)$$

将材料强度不断折减使钢筋混凝土板达到抗剪极限平衡状态，此时抗剪强度指标 c' 和 $\tan\varphi'$ 对应的配筋率 v_{s1} 即为满足抗剪性能要求的配筋率。将折减后的抗剪强度指标 c' 和 $\tan\varphi'$ 代入式（8-25）、式（8-26）即可求得

$$v_{s1} = \begin{cases} \dfrac{\dfrac{c'}{c_c} - 1}{\dfrac{G_s}{G_c} - 1}, & \dfrac{c'}{c_c} \geqslant \dfrac{\tan\varphi'}{\tan\varphi_c} \\[6mm] \dfrac{\dfrac{\tan\varphi'}{\tan\varphi_c} - 1}{\dfrac{G_s}{G_c} - 1}, & \dfrac{c'}{c_c} < \dfrac{\tan\varphi'}{\tan\varphi_c} \end{cases} \qquad (8\text{-}35)$$

由式（8-35）可知，配筋率 v_{s1} 与 c'，$\tan\varphi'$ 正相关；由式（8-34）可知，c'，$\tan\varphi'$ 与折减系数 w_s 负相关。由此可见，抗剪强度折减就是不断提高折减系数 w_s，使抗剪强度指标 c'，$\tan\varphi'$ 和配筋率 v_{s1} 减小，直至钢筋混凝土板达到抗剪极限平衡状态的过程。

在计算满足抗拉性能要求的配筋率时，需要将抗拉强度 f_t 折减 w_t：

$$f_t' = \dfrac{f_t}{w_t} \qquad (8\text{-}36)$$

使钢筋混凝土板达到抗拉极限平衡状态，此时抗拉强度 f_t' 对应的配筋率 v_{s2} 即为满足抗拉性能要求的配筋率。将折减后的抗剪强度 f_t' 代入式（8-33）即可求得：

$$v_{s2} = \dfrac{f_t'}{f_{ts}} \qquad (8\text{-}37)$$

由式（8-37）可知，配筋率 v_{s2} 与 f_t' 正相关；由式（8-36）可知，f_t' 与折减系数 w_t 负相关。由此可见，抗拉强度折减就是不断提高折减系数 w_t，使抗拉强度 f_t' 和配筋率 v_{s2} 减小，直至钢筋混凝土板达到抗拉极限平衡状态的过程。

取配筋率 v_{s1} 和配筋率 v_{s2} 中较大的值，即为满足钢筋混凝土板稳定性的配筋率。

8.3.2 计算实例

拟定算例参数如下：四周简支矩形板长边跨度 l_x=6 m、短边跨度 l_y=3 m，板边长比 λ=l_x/l_y=2；板厚 h=0.5 m；保护层厚度 h_s=0.04 m；混凝土强度等级为 C30，轴心抗压强度 f_{cc}=13.8 MPa，轴心抗拉强度 f_{tc}=1.39 MPa，弹性模量 E_c=30 GPa，剪切模量 G_c=30 GPa，密度 ρ_c=2600 kg/m³，泊松比 μ_c=0.2；主拉钢筋等级为 HRB335，抗拉强度 f_{ts}=280 MPa，抗压强度 f_{cs}=280 MPa，直径为 0.02 m，外径为 0.022 m，弹性模量 E_s=400 GPa，密度 ρ_s=7 850 kg/m³，泊松比 μ_s=0.3；均布荷载 q=20 kPa（略大于一般的车道荷载），求该板满足稳定性要求的配筋率。

先采用塑性铰线理论计算。本例中钢筋距离配筋板下缘 0.04 m，而钢筋外径为 0.022 m，因此截面有效高度 h_0=h-0.04-0.022/2=0.5-0.04-0.011=0.449 m。故 0.383 m ≤ z=$\gamma_s h_0$ ≤ 0.437 m。根据式（8-14）得到

$$0.33\% \leqslant v_s = \frac{q l_y^2}{24 z h f_{ts}} \left(3 - \frac{1}{\lambda^2}\right) \leqslant 0.38\% \qquad (8-38)$$

再使用强度折减法进行计算。将模型剖分为负弯矩钢筋混凝土层、正弯矩钢筋混凝土层和素混凝土层等部分，如图 8-3 所示。负弯矩钢筋混凝土层、正弯矩钢筋混凝土层的厚度均为 0.09 m，中间素混凝土层的厚度为 0.32 m。边界条件为四周简支，上下临空，并于顶部施加均布荷载。其中，负弯矩钢筋混凝土层和正弯矩钢筋混凝土层均采用整体式模型，将钢筋弥散于整个单元当中，视单元为连续均匀材料，且认为钢筋与混凝土之间无相对滑移。素混凝土的抗剪强度，钢筋混凝土的等效抗剪强度和抗拉强度分别按式（8-18）、式（8-25）、式（8-26）和式（8-33）计算，并假设钢筋混凝土的等效泊松比、密度、弹性模量和抗压强度满足式（8-39），结果如表 8-1 所示。

$$\begin{cases} \mu = \mu_c \\ \rho = (1 - v_s)\rho_c + v_s \rho_s \\ E = (1 - v_s)E_c + v_s E_s \\ f_c = (1 - v_s)f_{cc} + v_s f_{cs} \end{cases} \qquad (8-39)$$

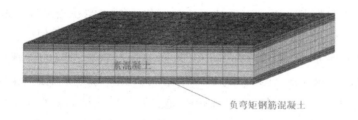

素混凝土

负弯矩钢筋混凝土

图 8-3　强度折减法计算模型

表 8-1　强度折减法初始模型参数

模型名称	$\rho/$ (kg·m^{-3})	$E/$ GPa	$G/$ GPa	μ	c/MPa	$\tan\varphi$	f_c/MPa	f_t/MPa	v_s
正弯矩钢筋混凝土	2 892	39	–	0.2	2.85	1.84	28.59	15.56	1%
负弯矩钢筋混凝土	6 538	44	–	0.2	3.18	2.06	35.98	23.33	1.50%
素混凝土	2 600	30	12.0	0.2	2.19	1.42	13.80	1.39	–
钢筋	7 850	200	76.9	0.3	–	–	280.00	280.00	–

由式（8-34）和式（8-36）可知，只需分别求得抗剪强度折减系数 w_s 和抗拉强度折减系数 w_t 即可求得极限平衡状态下的强度参数，进而根据式（8-35）和式（8-37）找到配筋率的解答。此处详细介绍负弯矩钢筋混凝土抗拉性能的计算过程，并简要介绍抗剪性能的计算思路。

采用二分法求解折减系数，以缩短求解时间。根据表 8-1 中钢筋混凝土强度参数和素混凝土强度参数之间的比例关系，分别将折减系数 w_t 求解范围的下限值 w_{t1} 定义为 1（不进行折减），上限值 w_{t2} 定义为 17（负弯矩钢筋混凝土的抗拉强度水平降低至素混凝土的水平），再将求解精度 k_s 定义为 0.1。根据二分法计算原理，定义初始折减系数 w_{t0} 为求解范围的均值，即 $(1+17)/2=9$。将 w_{t0} 代入式（8-36），得到折减后的抗拉强度 f_t'，并按式（8-37）计算出折减后的配筋率 v_s'。将 v_s' 代入式（8-39），得到折减后的材料参数。

按此材料参数计算负弯矩钢筋混凝土的最大拉应力 $\sigma_{t,max}$ 和素混凝土的最大拉应力 $\sigma_{tc,max}$（在计算结果中遍历所有节点的 σ_3 主应力即可得到）。若满足抗拉性能要求（$\sigma_{t,max} < f_t'$ 且 $\sigma_{tc,max} < f_c'$），则表明在当前折减系数 w_t 的条件下，配筋板将处于平衡状态，故应将求解范围的下限值 w_{t1} 提高至 9，并更新折减系数 w_t 为 (9+17)/2=13，从而加强对材料参数的折减；若不满足抗拉性能要求（$\sigma_{t,max} \geqslant f_t'$ 或 $\sigma_{tc,max} \geqslant f_c'$），则将求解范围的上限值 w_{t2} 缩小至 9，并更新折减系数 w_t 为 (1+9)/2=5。如此反复计算，直至求解范围的下限值 w_{t1} 和上限值 w_{t2} 逼近一个稳定的数值，即 $(w_{t2}-w_{t1}) < k_s$。

在进行抗剪强度折减时，二分法步骤与前基本相同。但摩尔库伦剪切破坏准则与正应力挂钩，判别过程较复杂，故提出一种容易在数值模拟中实现的判别方法。如图 8-4 所示，采用莫尔圆表示任一受力状态，其第一主应力为 σ_1，第三主应力为 σ_3。根据图中的几何关系，定义莫尔圆的半径为潜在破裂面的剪应力 τ_r，定义圆心到抗剪强度包络线的距离为潜在破裂面的抗剪强度 τ_1，并定义为 RATIO=τ_1/τ_r 为抗剪比例，若 RATIO $\leqslant$ 1 则发生剪切破坏，反之则仍具备抗剪潜力：

$$\begin{cases} \tau_r = 0.5(\sigma_1 - \sigma_3) \\ \tau_1 = c\cos\varphi + 0.5(\sigma_1 + \sigma_3)\sin\varphi \\ \text{RATIO} = \tau_1 / \tau_r \end{cases} \quad （8-40）$$

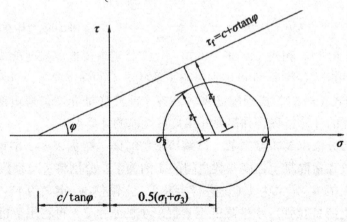

图 8-4 抗剪比例计算图示

根据式（8-40），计算负弯矩钢筋混凝土的最大抗剪比例 RATIO_{max} 和素混凝土的最大抗剪比例 $\text{RATIO}_{c,max}$。若满足抗剪性能要求（$\text{RATIO}_{max} > 1$ 且 $\text{RATIO}_{,max} > 1$），则应增大折减系数；若不满足抗剪性能要求（$\text{RATIO}_{max} \leqslant 1$ 或 $\text{RATIO}_{,max} \leqslant 1$），则应减小折减系数，直至折减系数趋于稳定。

8.3.3　计算结果

按上述方法通过反复迭代最终求解得到极限平衡状态下正弯矩钢筋混凝土、负弯矩钢筋混凝土的折减系数及强度参数，并依据式（8-35）和式（8-37）计算其配筋率，计算结果如表 8-2 所示。表 8-2 中 v_s 表示正弯矩钢筋混凝土、负弯矩钢筋混凝土的总配筋率（0.09%+0.24%=0.33%）。由表 8-2 可知，满足钢筋混凝土抗剪稳定性和抗拉稳定性所需的配筋率有所不同，且满足抗拉稳定性所需的配筋率更大。对比式（8-38），使用强度折减法计算得到的配筋率（0.38%）略大于使用塑性铰线理论的计算结果（0.33% ~ 0.38%），偏于安全。这是因为，塑性铰线理论认为钢筋在进入塑性状态后仍可发挥承载能力，因此只需要较少的配筋；强度折减法在达到屈服极限后即判定结构失稳，因此需要较多的配筋。

表 8-2　强度折减法计算结果

模型	c'	$\tan\psi'$	$f_t'/$ (MPa)	v_{s1}	v_{s2}	v_{s3}
正弯矩钢筋混凝土	2.55	1.65	9.18	0.08%	0.09%	0.33%
负弯矩钢筋混凝土	2.63	1.70	11.36	0.22%	0.24%	

若定义塑性铰线函数 $\psi=l_y^2(3-1/\lambda^2)/(24zhf_y)$，则式（8-14）可简化为 $v_s=\psi q$，即将配筋率 v_s 表示为荷载 q 与塑性铰线函数 ψ 的乘积。其中，塑性铰线函数 ψ 主要与板的长宽、厚度、有效截面高度、钢筋强度等参数有关。取均布荷载的变化范围为 10 ~ 30 kPa，分别按强度折减法和塑性铰线理论进行计算，结果如图 8-5 所示。发现强度折减法的计算结果略大于塑性铰线理论，且可以采用线性函数拟合为 $v_s=\psi' q=15.3q+0.024$。其中，拟合参数 $\psi'=15.3$ 属于塑性铰线函数 ψ 的范围 (13.4, 16.5)。

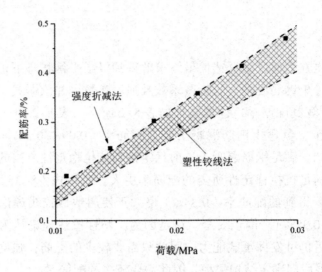

图 8-5　两种计算方法的比较

8.4　基于弹性理论的配筋率验算

根据数值计算结果，受压区配筋率采用 0.10 %，受压区配筋率采用 0.28 %。本节采取常用的弹性理论对其进行验算。主要计算参数与 8.3.2 节相同，具体参数如下：长边跨度 l_x=6 m、短边跨度 l_y=3 m；板厚 h=0.5 m；保护层厚度 h_s=0.04 m；混凝土强度等级为 C30；轴心抗压强度 f_{cc}=13.8 MPa；轴心抗拉强度 f_{tc}=1.39 MPa；弹性模量 E_c=30 GPa；剪切模量 G_c=30 GPa；密度 ρ_c=2 600 kg/m³；泊松比 μ_c=0.2；主拉钢筋等级为 HRB335，抗拉强度 f_{ts}=280 MPa，抗压强度 f_{cs}=280 MPa；受压区钢筋合力点至边缘的距离 a_s'=0.052 m；配筋板容重 γ=27 kN/m³；永久作用为配筋板自重 $g=\gamma \cdot l_y \cdot h$=40.5 kN/m；可变作用为均布荷载 q=20 kPa。

根据数值计算结果，受压区配筋率采用 0.10 %，配筋面积为 0.001 5 m²；受拉区配筋率采用 0.28 %，配筋面积为 0.004 2 m²。若选用直径为 20 mm 的钢筋，每根钢筋的配筋面积为 0.001 3 m²，需要分别在受压区配置两根钢筋，受拉区配置 4 根钢筋才能达到要求；若改用直径为 22 mm 的钢筋，每根钢筋的配筋面积为 0.001 5 m²，仅需在受压区配置 1 根钢筋，受拉区配置 3 根钢筋即可达到要求。出于经济性的考虑，采用直径为 22 mm、外径为 24 mm 的钢筋，受拉区配筋面积 A_s=0.004 5 m²；受

压区配筋面积 A_s'=0.001 5 m^2。

8.4.1　内力计算及作用效应组合

对于简支梁，由永久作用引起的跨中弯矩为

$$M_1 = gl_x^2/8 = 40.5 \times 6^2/8 = 182 \text{ kN·m} \quad (8\text{-}41)$$

由永久作用引起的边缘剪力为

$$V_1 = gl_x/2 = 40.5 \times 6/2 = 122 \text{ kN} \quad (8\text{-}42)$$

由可变作用引起的跨中弯矩为

$$M_2 = ql_yl_x^2/8 = 20 \times 3 \times 6^2/8 = 270 \text{ kN·m} \quad (8\text{-}43)$$

由车辆荷载引起的边缘剪力为

$$V_2 = ql_yl_x/2 = 20 \times 3 \times 6/2 = 180 \text{ kN} \quad (8\text{-}44)$$

根据《公路桥涵设计通用规范》(JTG D60-2004) 中 4.1.6 关于作用效应组合的规定，对于 I 类环境，跨中弯矩的最不利组合为

$$\gamma_0 \cdot M_d = 0.9(1.2M_1 + 1.4M_2) = 0.9 \times (1.2 \times 182 + 1.4 \times 270) = 537 \text{ kN·m} \quad (8\text{-}45)$$

边缘剪力的最不利组合为

$$\gamma_0 \cdot V_d = 0.9(1.2V_1 + 1.4V_2) = 0.9 \times (1.2 \times 122 + 1.4 \times 180) = 398 \text{ kN} \quad (8\text{-}46)$$

8.4.2　承载能力验算

截面有效高度 h_0=0.448 m（计算方法见 8.3.2 节）；配筋板受压区高度 x 为 $f_{ts} \cdot A_s/f_{cc}/l_y$=280 × 0.0045 ÷ 13.8 ÷ 3=0.030 m。

根据《公路钢筋混凝土及预应力混凝土桥涵设计规范》(JTG D62-2004) 中 5.2.1 关于相对界限受压区高度 ξ_b 的规定，HRB335 钢筋的相对界限受压区高度 ξ_b=0.56。而 $x \leq \xi_b \cdot h_0$=0.56 × 0.448=0.25 m。由此可知，将钢筋布置于配筋板下缘 4 cm 可使钢筋充分发挥抗拉强度，且使混凝土充分发挥抗压强度。

根据《公路钢筋混凝土及预应力混凝土桥涵设计规范》(JTG D62-2004) 中 9.1.12 关于受弯构件最小配筋百分率的规定，$100A_s/l_y/h_0$=100 × 0.004 5 ÷ 3 ÷ 0.448=0.33，不小于 $45f_{tc}/f_{ts}$=45 × 1.39 ÷ 280=0.22，同时不小于 0.2。因此，原假设配筋率可以满足最小配筋百分率的要求。

根据《公路钢筋混凝土及预应力混凝土桥涵设计规范》(JTG D62 2004) 中 5.2.2 关于受弯构件正截面抗弯承载力计算的规定：$f_{cc}l_yx(h_0-x/2)+f_{sc}A_s'(h_0-a_s')$=13 800 × 3 × 0.03 × (0.448-0.03/2)+280 000 × 0.001 5 × (0.448-

0.052)=704>$\gamma_0 M_d$=537 kN·m。因此，数值计算得到的配筋率可以较为经济地满足正截面抗弯承载力要求。

根据《公路钢筋混凝土及预应力混凝土桥涵设计规范》(JTG D62-2004) 中 5.2.10 关于受弯构件斜截面抗剪承载力验算的规定，$1.25 \times 0.5 \times f_{tc} \cdot l_y \cdot h_0$=1.25 × 0.5 × 1390 × 3 × 0.448=1 167.6>$\gamma_0 V_d$=398 kN。因此，数值计算得到的配筋率可以较好地满足斜截面抗剪承载力要求。

8.5 破坏形式分析

8.5.1 破坏形式模拟与验证

塑性应变增量分布图 [154~157]（此处指塑性剪应变增量）是一种用来描述破坏形式的常用手段。塑性应变增量分布图与典型裂缝分布形式[158]、塑性铰线的形状较为吻合，如图 8-6 所示。选取Ⅰ–Ⅰ截面和Ⅱ–Ⅱ截面绘制相应的变形曲线，可以发现变形曲线的折点与塑性应变增量的分布较为吻合。这进一步表明，使用塑性应变增量分布图可以有效描述塑性铰线的形状。由此可见，经典塑性铰线假设是将较宽的破损带（见图 8-6(b) 中的塑性应变增量分布带和图 8-6(c) 中的裂缝带）简化为直线（见图 8-6(a) 中的塑性铰线），从而简化对钢筋混凝土板的分析。

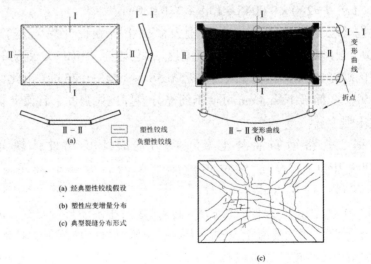

图 8-6　塑性应变增量分布图与塑性铰线假设的对比

8.5.2　长宽比对破坏形式的影响

取长宽比 λ 的变化范围为 $1 \sim 4$，计算得到塑性应变增量分布图，并抽象出相应的破坏形式，结果如图 8-7 所示。

当 $\lambda=1$（方形板）时，产生沿对角线的 4 条塑性铰线和沿简支边的 4 条负塑性铰线，分割成 4 个三角形刚性块体。

当 $1.5 \leqslant \lambda \leqslant 2$（双向板）时，共产生 5 条塑性铰线和沿简支边的 4 条负塑性铰线，分割成沿短边的两个三角形刚性块体和沿长边的两个梯形刚性块体。

当 $3 \leqslant \lambda \leqslant 4$（单向板）时，塑性铰线较之双向板更为狭长，短跨弯矩 m_{uy} 远大于长跨弯矩 m_{ux}，受力方式更接近于梁。

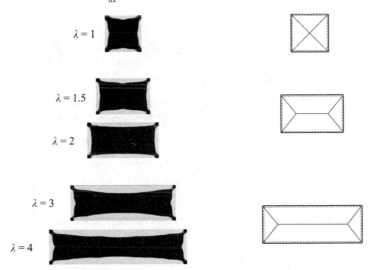

图 8-7　四周简支钢筋混凝土板在各长宽比条件下的破坏形式

8.5.3　支撑类型对破坏形式的影响

分别按固支边、简支边、自由边等类型的支撑条件计算，得到塑性应变增量分布图，并抽象出相应的破坏形式，结果如图 8-8 所示。

在 3 边固支 1 边自由和 3 边固支 1 边简支的情况下，共产生 5 条塑性铰线和沿固支边的 3 条负塑性铰线，分割成 4 个刚性块体。

在两边固支两边自由的情况下，共产生 1 条沿板中的塑性铰线和两条沿固支边的负塑性铰线，分割成两个矩形刚性块体。

在两边固支两边简支的情况下，破坏形式较为复杂，共产生 8 条塑性铰线和两条沿固支边的负塑性铰线，分割成 5 个刚性块体。

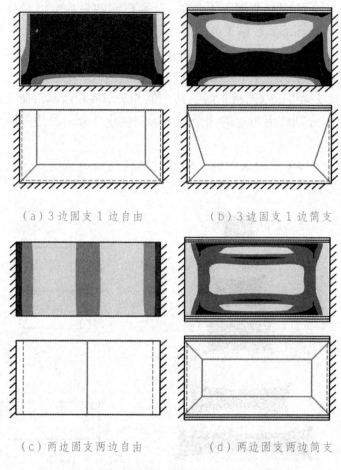

（a）3 边固支 1 边自由　　　　　　　（b）3 边固支 1 边简支

（c）两边固支两边自由　　　　　　　（d）两边固支两边简支

图 8-8　钢筋混凝土板在各支撑条件下的破坏形式

8.6　下伏土层滑移破坏分析

8.6.1　数值模型

在岩溶路基下使用连续配筋混凝土板已成为公路工程中常用的处治方法。连续配筋混凝土板通常被设置于覆盖层之上，但由于土层的强度、刚度有限，在使用过程中既有可能出现配筋板的极限破坏，也有可能出现下伏土层的滑移破坏，这种现象亟待研究。

所选取的计算模型见图 8-9 所示。在连续配筋混凝土板中，钢筋和混凝土需要协同作用才能充分发挥混凝土的抗压强度和钢筋的抗拉强度。因此，应将配筋板作为一个整体进行考虑，着重分析其下伏土层的受力状态。如图 8-10 所示，计算范围为路基长度为 30 m，最大路基填高为 8 m，地基倾角为 13 %，配筋板厚为 0.5 m，假设路基下有塌陷，溶洞尺寸为 5 m，塌陷坑跨度为 8 m；车辆胎压取为 0.7 MPa，当量圆半径取为 0.106 5 m。计算模型结构层次自上而下为路基、配筋板、土层和岩层，材料参数见表 8-3。其中，K 为体积模量；G 为剪切模量。

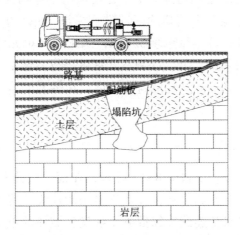

图 8-9   岩溶路基连续配筋混凝土板计算模型

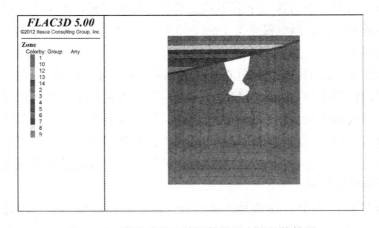

图 8-10   岩溶路基连续配筋混凝土板数值模型

241

表 8-3　材料参数

材料	E/MPa	ν	ρ/（kg·m⁻³）	φ/°	c/kPa	K/MPa	G/MPa
路基	50	0.35	2 100	30	5	55	18
土层	30	0.35	1 900	24	5	33	11
岩层	43 000	0.26	2 700	37	1 500	29 860	17 060
配筋板	60 000	0.26	2 700	37	15 000	41 660	23 800

为了更好地模拟路基的填筑过程、车辆荷载及路基下伏塌陷对连续板的影响，计算工况如下。（1）计算地层在重力作用下的初始应力状态，并将所求得的初始应力导入到模型中，并使初始位移场为 0。（2）采用"生死"单元法，对可能发生塌陷的区域进行模拟，并产生应力重分布。（3）路基填筑共分 8 步进行，每步填筑 1 m，采用生死单元法进行模拟。首先在初始步把整个路基的单元"杀死"，然后进行"激活"，以模拟路基填筑对连续板的影响。（4）路基填筑完成后，在模型的路基面中心部位的区域上施加车辆荷载。

8.6.2　位移特征分析

由图 8-11、图 8-12 和图 8-13 可知，在前 3 层路基施工时，最大位移发生于配筋板右下方的土层，并产生多条滑移线。这表明，配筋板下方土层失稳也是岩溶路基连续配筋混凝土板发生破坏的重要原因。同时，由于基岩面呈现 13°的倾角，配筋板左下方土层因逆倾得以处于稳定状态，右下方土层则在重力作用下向下顺层滑移。与此同时，由于土层沉降，配筋板亦随之下沉，但也仅产生 1 cm 的位移，主要是由于前 3 层路基尚未延伸至塌陷坑。

由图 8-14、图 8-15、图 8-16、图 8-17 和图 8-18 可知，在后 5 层路基施工时，最大位移发生于配筋板下缘，左下方逆倾土层也将出现较大的滑移，导致塌陷坑规模不断增大。因此，若配筋板下方出现塌陷坑时，应及时进行处治，不应放任其发展。此外，由材料力学可知，配筋板将处于弯拉状态，尤其是在下缘，将呈现较大的拉应力，故配筋板下缘应作为钢筋的主要配置位置。

由图 8-19 可知，在施加车辆荷载之后，配筋板位移显著增加，增加幅度大约相当于两层路基的影响。因此，尽管车辆荷载产生的应力经过路基时已大有衰减，但仍需加以重视。在设计配筋板的过程中，不仅要考虑上覆路基的重量，还需考虑车辆荷载的作用。

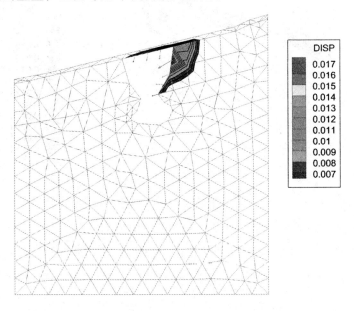

图 8-11   路基第 1 层填筑完毕的位移场

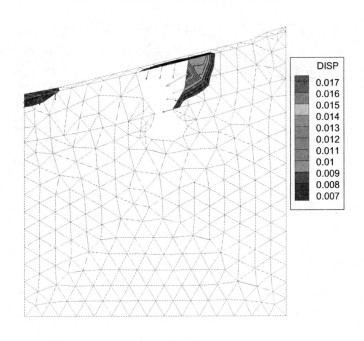

图 8-12   路基第 2 层填筑完毕的位移场

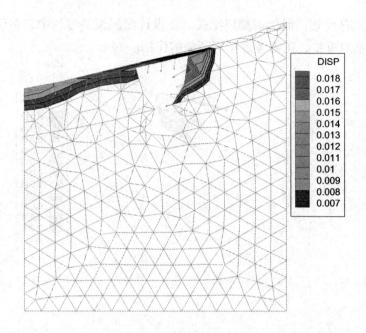

图 8-13　路基第 3 层填筑完毕的位移场

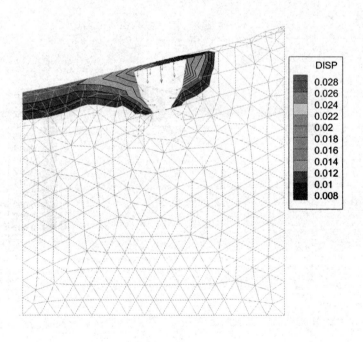

图 8-14　路基第 4 层填筑完毕的位移场

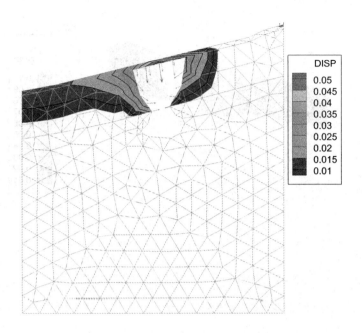

图 8-15　路基第 5 层填筑完毕的位移场

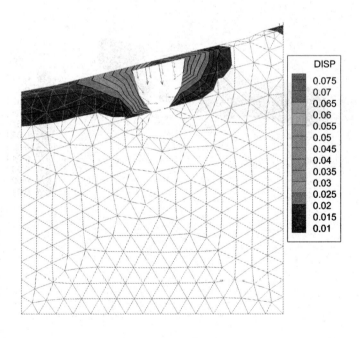

图 8-16　路基第 6 层填筑完毕的位移场

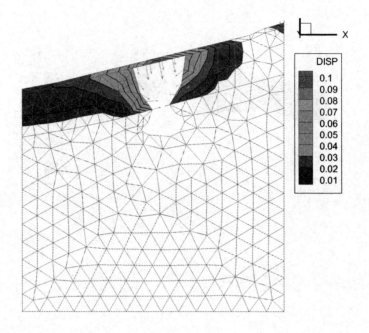

图 8-17　路基第 7 层填筑完毕的位移场

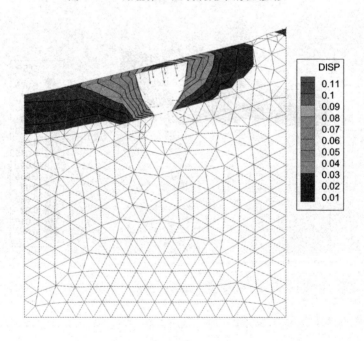

图 8-18　路基第 8 层填筑完毕的位移场

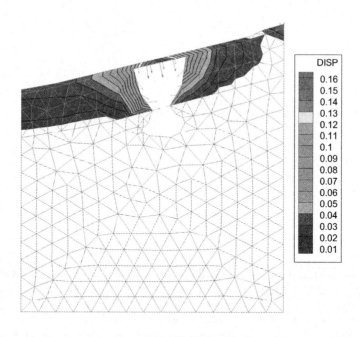

图 8-19　车辆荷载对位移场的影响

8.7　本章小结

（1）使用强度折减法计算得到的配筋率略大于使用塑性铰线理论的计算结果，偏于安全。这是因为，塑性铰线理论认为钢筋在进入塑性状态后仍可发挥承载能力，因此只需要较少的配筋；强度折减法在达到屈服极限后即可判定为结构失稳，因此需要较多的配筋。

（2）方板和矩形板之间的塑性铰线存在明显差异。单向板的塑性铰线较之双向板更为狭长，短跨弯矩 m_{uy} 远大于长跨弯矩 m_{ux}，受力方式更接近于梁；支撑条件对塑性铰线的影响较大，固支边、简支边及自由边的存在均会显著影响塑性铰线的形状。

（3）在出现塌陷坑后，配筋板下伏土层可能在路基填筑和车辆荷载的作用下进一步发生滑移破坏。由于岩溶地区基岩面起伏较大，配筋板下伏土层在顺倾一侧最先出现滑移，但在后续路基填筑和车辆荷载的作用下，逆倾一侧的土层也会发生破坏。因此，若配筋板下方出现塌陷坑，应及时进行处治，不能任其发展。

第9章 结论

9.1 主要结论

本课题依托江西省昌栗高速公路,针对岩溶塌陷的一般规律进行勘查技术研究,结合勘查设计等资料,通过数值分析,对溶洞顶板的稳定性和覆盖层的稳定性进行研究,提出覆盖层注浆技术,并付诸实体工程,最后通过触探试验、压水试验等方法对处治效果进行验证。针对连续配筋混凝土板跨越技术,将强度折减法应用于配筋率的计算,比较了数值解和解析解之间的类似点和不同点。总结课题研究工作,可以得出以下主要结论。

(1)岩性、地形和地貌条件对岩溶发育具有明显影响。研究区域分布的石灰岩可溶性相对盐岩和石膏岩较低,但经过长期风化作用仍存在失稳的可能性。地形地貌对径流影响较大,从而影响岩溶发育。研究区域主要为低丘、岗间谷盆地和岗阜地等地貌。低丘地貌区地面高程相对较高,地表径流坡度大,当大气降水时,地表水径流通畅而易于排泄,故地表和地下岩溶都不太发育;岗间谷盆地地面高程相对较低,地势低洼,当大气降水时,地表水径流不通畅而得不到排泄,容易在地表形成积水,并向下渗透,产生较强的岩溶作用;岗阜地的岩溶发育程度与岗间谷盆地类似,主要是其地面高程相对较低,地形起伏平缓,故容易在地表形成积水并向下渗透、产生较强的岩溶作用。

(2)根据溶洞顶板的厚薄、埋深对稳定性勘查和处治的影响,将埋深 $0 \sim 10$ m 范围内的溶洞称为浅埋溶洞;将埋深 $10 \sim 20$ m 范围内的溶洞称为深埋溶洞;将厚跨比小于 0.8 的溶洞称为薄顶溶洞;将厚跨比大于 0.8 的溶洞称为厚顶溶洞。故覆盖型溶洞可被分为深埋薄顶、浅埋薄顶、深埋厚顶和浅埋厚顶等 4 种类型,深埋薄顶和浅埋薄顶溶洞既可能发生沉陷破坏也可能发生塌陷破坏,属于岩溶破坏的高发类型。深埋薄顶溶洞的勘查、处治都要难于浅埋薄顶溶洞。

（3）针对 43 个典型的岩溶塌陷案例进行统计，发现地下水位的上升或下降（抽水塌陷、排水塌陷、蓄水塌陷、渗水塌陷等）、施加荷载（工程建设、车辆荷载及爆破等）都有可能诱发岩溶塌陷。其中，多数岩溶塌陷都与人类活动有关，较为多见的是抽水塌陷、排水塌陷。在仅仅增加负重或振动荷载的情况下，塌陷的案例较少。

（4）根据规模大小及填充与否，将溶洞划分为大跨度空溶洞、大跨度填充溶洞、小跨度空溶洞和小跨度填充溶洞等 4 种类型。大跨度空溶洞由于洞内所充填空气的高阻特性，有高阻异常的成像特征；大跨度填充溶洞通常风化严重，较为破碎，洞内充填大量砾石和黏土，导致电阻率大幅度降低，显示出低阻异常的特征，同时伴随有等值线弯折的现象；小跨度空溶洞由于规模较小，被其围岩屏蔽，导致电阻率值降低，因此呈现为弱高阻；小跨度填充溶洞通常具有较薄的顶板，在某些部位存在裂隙，而地下水的交换在此附近又较为频繁，从而导致顶板和溶洞中的填充物含水率提高，电阻率显著降低，且存在等值线弯折的现象。

（5）通过分析路基填筑过程中的位移场和塑性区分布，总结了一种岩溶路基失稳模式。溶洞顶板中逐渐形成剪切带，岩层沿此剪切带向下滑动。土层和路基都是在失去基岩支撑后滑动，伴随土层滑动产生的是竖直剪切带，伴随路基滑动产生的是拉伸断裂带。这是由于土层在向下滑动时仍要承受路基的作用，并不会产生拉应力，也不会由此产生拉伸断裂带。而路基在沉降的过程中一方面要继续向土层施加压力，另一方面则在路基内部产生较大的拉应力，进一步导致产生水平层状拉伸断裂带并发展至路表，不仅会导致路基沉降，还将使路基土变得松散。

（6）矩形溶洞的顶板受力状态以拉剪为主，而椭圆形溶洞的顶板受力状态主要为压剪，稳定性得以明显改善，这一现象主要与椭圆形溶洞的拱效应有关。实际形状溶洞也出现了一定程度的拱效应，具体表现为顶板受力状态自跨中向支座逐渐由拉剪变为压剪，较之矩形溶洞的受力状态有所改善。在初步勘查阶段，受限于勘查资料，可分别按椭圆形溶洞和矩形溶洞计算其稳定性再取平均值。由于拱效应和地应力的挤压作用，溶洞顶板中的弯拉应力有可能被抵消，从而导致其进入剪切塑性状态，而非拉伸塑性状态。

（7）在增加顶板倾角的过程中（0° 至 25°），溶洞顶板的受力状态整体由压剪区向拉剪区偏移，但对变形和稳定性的影响不大。相邻溶洞对顶板受力状态影响很小，但在相邻溶洞非常近的情况下，所夹薄围岩形似花瓶形岩柱，容易在折角处产生应力集中，并在下段产生拉应力区。若顶板倾角不超过 25°，溶洞间距不小于 1 m，可忽略顶板倾角和相邻溶洞的影响。

（8）岩体抗拉强度较之岩石抗拉强度衰减了 ψ 倍。ψ 的大小由地质强度指标 GSI 和施工扰动程度 D 控制。路堤安全填筑高度与岩体抗拉强度 σ_{ti}、顶板厚跨比的平方 $(h_r/l)^2$ 成正比。固支约束对弯矩和稳定性的影响非常显著，顶板倾角也有一定影响。为防止岩溶失稳，应控制路堤填筑高度，但现规范中厚跨比大于 0.8 的规定过于保守。抗弯估算法好于厚跨比评价法，但仍偏保守。考虑地应力和固支约束的修正抗弯估算法最接近工程实际和数值计算结果。

（9）根据贝叶斯划分结果针对含水率状态进行分层，发现覆盖层工程性质在垂直方向的变化比较明显，随深度的增加含水率逐渐增加，逐渐从硬塑过渡为可塑、软塑甚至流塑状态，力学性质趋于不利，这是覆盖层遭受侵蚀甚至形成土洞的重要原因。风化强烈呈现松散状态的溶洞顶板附近的侵蚀区，由于受地下水的侵蚀作用，土体物理力学性质极差，是形成潜在土洞的位置，应作为处治的重点。

（10）基于归一化的锥尖阻力 Q_t 和归一化的摩阻比 F_R 的 Robertson 分类图，有利于快速鉴定覆盖层中软弱土层（如淤泥和淤泥质土层、泥炭层等）的分布特征。修正的 Robertson 分类边界较之原始 Robertson 分类边界发生了改变，判别的准确率也有所提高。在使用修正 Robertson 分类图进行塌陷敏感性分析时，若发现归一化的锥尖阻力 Q_t 和归一化的摩阻比 F_R 落入"淤泥和淤泥质土"区域，即可判定该处为覆盖层的软弱位置，需要加以处治。

（11）在注浆现场试验中发现，串浆是注浆过程中经常遇到的问题，若同时对注浆孔和串浆孔注浆，容易产生较大的注浆压力并造成地层破坏；若直接阻塞串浆孔，则需要在注浆结束后对串浆孔进行清孔和二次注浆，既费工也费材料。跳孔注浆并不能完全避免串浆问题的出现，相隔 2 至 3 孔仍有可能串浆。因此，需要严格控制施工顺序，做到"随钻随注"，注完一孔再钻一孔，只有这样才能有效杜绝串浆问题的出现。

（12）针对注浆现场试验进行统计，发现在注浆压力 P 一定的情况下，单位长度注浆量 Q 总是小于 $40P$。因此，在地层完整无裂隙的条件下，可采用单位长度注浆量 Q 达到 40 倍的注浆压力 P 作为终注条件。若单位长

度注浆量 Q 总是超过此极值，可以推测地层中已形成土洞或岩溶通道；若单位长度注浆量 Q 远小于此值，则注浆效果可能不理想。提高注浆压力 P 有利于浆液扩散充填、压实土体，但过高的压力可能导致路基的破坏，所以在施工中，应以不使地层破坏或仅发生局部和少量破坏作为确定容许注浆压力的基本原则，在达到这一压力后及时打开回浆阀门，减少注浆流量，防止破坏地层。此外，即使严格控制容许注浆压力，在已建成的路基上注浆仍是比较危险的，一旦遇到较差的地质条件或承压地下水，也很容易造成路基拱起破坏。因此，在条件允许的情况下，应尽可能在填筑路基之前注浆。

（13）塑性铰线理论和强度折减法计算的配筋率均可表示为以荷载为自变量的线性函数，且使用强度折减法计算得到的配筋率略大于使用塑性铰线理论计算的结果范围。塑性应变增量分布图与塑性铰线假设、典型裂缝分布形式及变形曲线折点较为吻合，可以有效描述塑性铰线的形状。方板和矩形板之间的塑性铰线存在明显差异；单向板的塑性铰线较之双向板更为狭长，受力方式更接近于梁。支撑条件对塑性铰线的影响较大，固支边、简支边和自由边的存在均会显著影响塑性铰线的形状。

（14）配筋板下方土层失稳也是岩溶路基连续配筋混凝土板发生破坏的重要原因。由于岩溶地区基岩面起伏较大，配筋板下伏土层在顺倾一侧最先出现滑移；但在后续路基填筑和车辆荷载的作用下，逆倾一侧的土层也会发生破坏。因此，若配筋板下方出现塌陷坑，应及时进行处治，不能任其发展。

9.2　进一步研究的设想

由于溶洞埋藏较深、难以直接勘查，国内外对此缺乏系统的研究，可供借鉴的资料较少。虽然本课题在这方面做了一定工作，开展了一些理论分析和试验研究，也取得了一些研究成果，但课题的研究工作尚有待进一步深化，下一步研究设想如下。

（1）铁路工程中一般使用注浆技术填充溶洞。但在公路工程中，更倾向于使用成本相对较低的连续配筋混凝土板。然而，连续配筋混凝土板只能应对尺寸较小的塌陷坑，一旦塌陷坑的大小超过 5 m，配筋率的需求将大为提高，既不安全也不经济。因此，仍有必要探索新形式的处治方案。

（2）云贵高原以裸露型岩溶为主，第四系沉积层分布很少，因此可以通过爆破的方式快速处治。而在江西省，由于第四系沉积层较厚，溶洞深埋于地下，给勘查、认知和处治都带来了极大的困难。这种类型的溶洞既可能出现溶洞顶板破坏，也可能出现覆盖层破坏。本课题的研究的逐序加深注浆工艺可以解决覆盖层破坏的问题，连续配筋混凝土板跨越技术也仅适用于跨越规模较小的塌陷，而溶洞顶板破坏仍难以处治。

参考文献

[1] 沈志平，孙洪，吴斌，等．岩溶洼地地区典型地质灾害与防治对策建议 [J]. 中国地质灾害与防治学报，2016, 27(2): 137–144.

[2] 石振明，刘鎏，彭铭，等．钻孔灌注桩桩底溶洞声呐探测方法及应用研究 [J]. 岩石力学与工程学报，2016, 35(1): 177–186.

[3] 罗彩红，邢健，郭蕾，等．基于井间电磁 CT 探测的岩溶空间分布特征 [J]. 岩土力学，2016, 37(S1): 669–673.

[4] 刘秀敏，陈从新，沈强，等，覆盖型岩溶塌陷的空间预测与评价 [J] 岩土力学，2011, 32(9): 2785–2790.

[5] 杨天春，许德根，张启，等．高密度电法在隐伏溶洞勘探中的应用 [J]. 中国地质灾害与防治学报，2010, 27(2): 145–148.

[6] 郭栋栋，赵俐红，高宗军．山东泰安羊娄岩溶地面塌陷的高密度电法探测应用 [J]. 中国地质灾害与防治学报，2012(4): 104–108.

[7] 蔡晶晶，阎长虹，王宁，等．高密度电法在地铁岩溶勘察中的应用 [J]. 工程地质学报，2011, 19(6): 935–940.

[8] 江玉乐，康万福，张楠，等．高密度电法在岩溶勘察中的应用 [J]. 成都理工大学学报 (自然科学版), 2007, 34(4): 452–455.

[9] 何国全．高密度电阻率法在岩溶探测中的应用 [J]. 工程地球物理学报，2016, 13(2): 175–178.

[10] 蒋冲，赵明华，胡柏学，等．路基溶洞顶板稳定性影响因素分析 [J]. 公路工程，2009, 34(1): 5–9.

[11] 赵明华，雷勇，张锐．岩溶区桩基冲切破坏模式及安全厚度研究 [J]. 岩土力学，2012, 33(2): 524–530.

[12] 柏华军．考虑溶洞顶板自重时桩端持力岩层安全厚度计算方法 [J]. 岩土力学，2016, 37(10): 2945–2952.

[13] 戴自航，范夏玲，卢才金．岩溶区高速公路路堤及溶洞顶板稳定性数值分析 [J]. 岩土力学，2014, (S1): 382–390.

[14] 刘之葵 . 桂林岩溶区岩土工程理论与实践 [M]. 北京 : 地质出版社 , 2009.

[15] 李仁江 , 盛谦 , 张勇慧 , 等 . 溶洞顶板极限承载力研究 [J]. 岩土力学 , 2007, 28(8): 1621–1625.

[16] 张震 , 陈忠达 , 朱耀庭 , 等 . 地应力对路基下伏溶洞稳定性的影响 [J]. 岩土力学 , 2016, 37(s2): 715–723.

[17] PARISE M, LOLLINO P. A preliminary analysis of failure mechanisms in karst and man-made underground caves in Southern Italy [J]. Geomorphology, 2011, 134(1-2): 132–143.

[18] 张林锋 . 桂林岩溶区红粘土工程性质及承载力研究 [D]. 桂林 : 桂林理工大学 , 2005.

[19] 刘松玉 , 蔡国军 , 邹海峰 . 基于 CPTU 的中国实用土分类方法研究 [J]. 岩土工程学报 , 2013, 35(10): 1765–1776.

[20] 汪莹鹤 , 王保田 , 安彦勇 . 基于 CPT 资料的土性参数随机场特性研究 [J]. 岩土力学 , 2009, 30(9): 2753–2758.

[21] 狄圣杰 , 单治钢 , 梁正峰 , 等 . 基于 CPT 的近海地层土性分类浅析及应用研究 [J]. 工程勘察 , 2014, 42(12): 1–4, 23.

[22] 冯佐海 , 李晓峰 , 梁金城 . 桂林市岩溶塌陷空间分布特征 [C]. 广西科学技术协会 , 广西壮族自治区科学技术协会首届学术年会 , 2001: 391–393.

[23] 张大山 , 董毓利 , 吴亚平 . 混凝土单向板的受拉薄膜效应计算 [J]. 吉林大学学报 (工学版), 2013, 43(5): 1253–1257.

[24] 张大山 , 董毓利 , 房圆圆 . 考虑受拉薄膜效应的板块平衡法修正及在混凝土双向板中的应用 [J]. 工程力学 , 2017, 34(3): 204–210.

[25] 王勇 , 董毓利 , 邹超英 . 钢筋混凝土板极限承载力对比分析 [J]. 哈尔滨工业大学学报 , 2013, 45(8): 1–7.

[26] 蒋秀根 , 剧锦三 , 庄金钊 . 矩形钢筋混凝土双向板板底塑性弯矩比设计取值研究 [J]. 工程力学 , 2007, 24(8): 77–80.

[27] 李贵乾 , 唐光武 , 郑罡 . 圆形钢筋混凝土桥墩等效塑性铰长度 [J]. 土木工程学报 , 2016, 49(2): 87–97.

[28] 沈聚敏 , 王传志 , 江见鲸 . 钢筋混凝土有限元与板壳极限分析 [M]. 北京 : 清华大学出版社 , 1993.

[29] 刘正保 , 胡晓楠 . 砼矩形板配筋的优化设计 [J]. 中州建筑 , 1996(3): 29–31, 49.

[30] YU X, HUANG Z. An embedded FE model for modelling reinforced concrete slabs in fire [J]. Engineering Structures, 2008, 30(11): 3228–3238.

[31] MAJEWSKI T, BOBINSKI J, TEJCHMAN J. FE analysis of failure behaviour of reinforced concrete columns under eccentric compression [J]. Engineering Structures, 2007, 30(2): 300–317.

[32] SYROKA E, BOBIŃSKI J, TEJCHMAN J. FE analysis of reinforced concrete corbels with enhanced continuum models [J]. Finite Elements in Analysis & Design, 2011, 47(9): 1066–1078.

[33] STRAMANDINOLI R S B, ROVERE H L L. FE model for nonlinear analysis of reinforced concrete beams considering shear deformation [J]. Engineering Structures, 2012, 35(2): 244–253.

[34] CHANSAWAT K, POTISUK T, MILLER T H, et al. FE Models of GFRP and CFRP Strengthening of Reinforced Concrete Beams [J]. Advances in Civil Engineering, 2009(9):11–23.

[35] 王亨林, 黄练红, 高岩川, 等. 昆明新机场航站区岩溶形态特征及其发育规律探讨 [J]. 工程勘察, 2010(s1): 54–60.

[36] 王飞燕. 岩溶 (喀斯特) 形态及类型 [J]. 南京大学学报 (自然科学版), 1982(1): 191–200, 146.

[37] GUTIRREZ F, PARISE M, WAELE J D, et al. A review on natural and human-induced geohazards and impacts in karst [J]. Earth-Science Reviews, 2014, 138: 61–88.

[38] 铁道部第二勘测设计院. 岩溶工程地质 [M]. 北京: 中国铁道出版社, 1984.

[39] 唐万春. 高速铁路厚覆盖型岩溶路基地质工程问题系统研究: 以武广客运专线韶关至花都段为例 [D]. 成都: 成都理工大学, 2011.

[40] 陈国亮. 岩溶地面塌陷的成因与防治 [M]. 北京: 中国铁道出版社, 1994.

[41] 张英骏, 何才华, 熊康宁. 英国喀斯特地貌及洞穴发育的基本特征 [J]. 贵州师范大学学报 (自然科学版), 1988, (2): 1–9.

[42] WALTHAM A C, FOOKES P G. Engineering classification of karst ground conditions [J]. Quarterly Journal of Engineering Geology & Hydrogeology, 2003, 36(2): 101–118.

[43] 曹文贵, 程晔, 赵明华. 公路路基岩溶顶板安全厚度确定的数值流形方法研究 [J]. 岩土工程学报, 2005, 27(6): 621–625.

[44] 王勇, 乔春生, 孙彩红, 等. 基于 SVM 的溶洞顶板安全厚度智能预测模型 [J]. 岩土力学, 2006, 27(6): 1000–1004.

[45] Hu W, ZHEN Z, WU H, et al. Numerical Research on the Capacity of Underground

Excavation to Bear Subgrade Construction [J]. Indian Geotechnical Journal, 2018, 48(3): 564-574.

[46] 项式均, 康彦仁, 刘志云, 等. 长江流域的岩溶塌陷 [J]. 中国岩溶, 1986(4): 23-40.

[47] 刘辉. 铁路施工中处理岩溶塌陷的几点认识 [J]. 地质灾害与环境保护, 1998, (3): 62-64.

[48] 姚裕春, 李安洪, 陈裕刚, 等. 洛湛铁路岩溶路基加固分析 [J]. 铁道工程学报, 2009, 26(6): 41-43.

[49] 张玉杰. 铁路岩溶地基加固浅析 [J]. 四川建筑, 2009, 29(3): 168, 171.

[50] BILLI A, FILIPPIS L, PONCIA P P, et al. Hidden sinkholes and karst cavities in the travertine plateau of a highly-populated geothermal seismic territory (Tivoli, central Italy) [J]. Geomorphology, 2016, 255: 63-80.

[51] ZHOU W, BECK B F, ADAMS A L. Effective electrode array in mapping karst hazards in electrical resistivity tomography [J]. Environmental Geology, 2002, 42(8): 922-928.

[52] CARRI RE S D, CHALIKAKIS K, SÉNÉCHAL G, et al. Combining Electrical Resistivity Tomography and Ground Penetrating Radar to study geological structuring of karst Unsaturated Zone [J]. Journal of Applied Geophysics, 2013, 94(4): 31-41.

[53] MI KYUNG PARK, SAMGYU PARK P, PARK S, YI M, et al. Application of electrical resistivity tomography (ERT) technique to detect underground cavities in a karst area of South Korea [J]. Environmental Earth Sciences, 2014, 71(6): 2797-2806.

[54] 吴治生, 戴传英, 丁新红. 岩溶病害路基注浆机理及设计 [J]. 路基工程, 2003, (5): 47-49.

[55] 文沛溪. 京广线黎铺头、山子背地区岩溶路基塌陷整治 [J]. 铁道建筑, 1988, (7): 19.

[56] 何平. 盘西线新海站至大塘站岩溶路基塌陷发育规律及注浆整治 [J]. 地质灾害与环境保护, 2006, 17(2): 103-106.

[57] 冯海明. 分层分段注浆法在硬石岭车站岩溶塌陷整治工程中的应用 [J]. 路基工程, 1999, (1): 61-62.

[58] 冯海明. 辛泰线路基岩溶塌陷注浆整治工程 [J]. 路基工程, 1997(5): 50-54.

[59] 李有庆. 铁路岩溶路基塌陷注浆整治施工 [J]. 西部探矿工程, 1998(4): 66-70.

[60] 董森. 兖石线 K169 岩溶路基塌陷原因分析及整治 [J]. 铁道勘察, 2011, 37(2): 63–65.

[61] 柳涛. 宜万铁路岩溶路基注浆水环境保护 [J]. 资源环境与工程, 2009, 23(2): 160–163.

[62] 黄成岑. 注浆技术在已建成高速公路岩溶塌陷处治中的应用 [J]. 西部交通科技, 2015, (7): 59–62.

[63] 李建飞, 胡保忠. 岩溶塌陷形成原因及分布规律分析 [J]. 交通世界, 2016, (27): 42–43.

[64] ZHAO H, MA F, GUO J. Regularity and formation mechanism of large–scale abrupt karst collapse in southern China in the first half of 2010 [J]. Natural Hazards, 2012, 60(3): 1037–1054.

[65] 贺可强, 王滨, 万继涛. 枣庄岩溶塌陷形成机理与致塌模型的研究 [J]. 岩土力学, 2002, 23(5): 564–569.

[66] YOUSSEF A M, PRADHAN B, SABTAN A A, et al. Coupling of remote sensing data aided with field investigations for geological hazards assessment in Jazan area, Kingdom of Saudi Arabia [J]. Environmental Earth Sciences, 2012, 65(1): 119–130.

[67] HYATT J A, JACOBS P M. Distribution and morphology of sinkholes triggered by flooding following Tropical Storm Alberto at Albany, Georgia, USA [J]. Geomorphology, 1996, 17(4): 305–16.

[68] ATAPOUR H, AFTABI A. Geomorphological, geochemical and geo-environmental aspects of karstification in the urban areas of Kerman city, southeastern, Iran [J]. Environmental Geology, 2002, 42(7): 783–792.

[69] KIRKHAM R WHLTE J L, SARES M, et al. Environmental and Engineering Aspects of Evaporite Tectonism, West-Central Colorado [J]. 2002,

[70] GUTIÉRREZ F, GALVE J P, GUERRERO J, et al. The origin, typology, spatial distribution and detrimental effects of the sinkholes developed in the alluvial evaporite karst of the Ebro River valley downstream of Zaragoza city (NE Spain) [J]. Earth Surface Processes & Landforms, 2007, 32(6): 912–928.

[71] SHAQOUR F. Hydrogeologic role in sinkhole development in the desert of Kuwait [J]. Environmental Geology, 1994, 23(3): 201–208.

[72] MCDOWELL P W, POULSOM A J. Ground subsidence related to dissolution of Chalk in Southern England [J]. Ground Engineering, 1996, 29(2): 29–33.

[73] JASSIM S Z, JIBRIL A S, NUMAN N M S. Gypsum karstification in the Middle

Miocene Fatha Formation, Mosul area, northern Iraq [J]. Geomorphology, 1997, 18(2): 137–149.

[74] GUTI RREZ F, COOPER A H. Evaporite Dissolution Subsidence in the Historical City of Calatayud, Spain: Damage Appraisal and Prevention [J]. Natural Hazards, 2002, 25(3): 259–288.

[75] KRUPASNKY J T, BENEDICT C M, MCINNES S E. Multifaceted Approach for Evaluating and Treating Sinkhole Activity Beneath Highways-Case Study: SR 0422 in Southeastern Pennsylvania[C]//Transportation Research Board Meeting, 2012.

[76] SWAN C H. Middle East-Canals and Irrigation Problems [J]. Quarterly Journal of Engineering Geology & Hydrogeology, 1978 (1): 75–78.

[77] MILANOVIC P.Water resources and problems in karst[J].Environmental Geolory, 2007(51):673–674.

[78] BENSON R C, YUHR L B. Karst and Its Damaging Impact [M]. Berlin: Springer Netherlands, 2016.

[79] LAMBRECHT J L, MILLER R D. Catastrophic sinkhole formation in Kansas: A case study [J]. Leading Edge, 2012, 25(3): 342–347.

[80] JONES C J F P, COOPER A H. Road construction over voids caused by active gypsum dissolution, with an example from Ripon, North Yorkshire, England [J]. Environmental Geology, 2005, 48(3): 384–394.

[81] SMOSNA R, BRUNER K R, RILEY R A. Paleokarst and reservoir porosity in the Ordovician Beekmantown Dolomite of the central appalachian basin [J]. Carbonates & Evaporites, 2005, 20(1): 50–63.

[82] LAMOREAUX P E, NEWTON J G. Catastrophic subsidence: An environmental hazard, shelby county, Alabama [J]. Environmental Geology & Water Sciences, 1986, 8(1–2): 25–40.

[83] HARDEE M. SINKHOLES, WEST–CENTRAL FLORIDA A link between surface water and ground water [J]. Nendo Kagaku, 2007, 46(1): 61–67.

[84] FOOSE R M. Ground–Water Behavior in the Hershey Valley, Pennsylvania [J]. SA Bulletin, 1953, 64(6): 623–645.

[85] CHEN J. Karst collapse in cities and mining areas, China [J]. Environmental Geology & Water Sciences, 1988, 12(1): 29–35.

[86] WALTHAM A C, SMART P L. Civil engineering difficulties in the karst of China [J]. Quarterly Journal of Engineering Geology & Hydrogeology, 2011, 21(1): 2–6.

[87] 吴爱民, 万继涛, 李公岩. 枣庄市岩溶塌陷形成规律及防治 [J]. 山东国土资源, 1997, (2): 78–83.

[88] KAUFMANN O, QUINIF Y. Geohazard map of cover-collapse sinkholes in the 'Tournaisis' area, southern Belgium [J]. Engineering Geology, 2002, 65(2–3): 117–124.

[89] DOĞAN U, YILMAZ M. Natural and induced sinkholes of the Obruk Plateau and Karapınar-Hotamış Plain, Turkey [J]. Journal of Asian Earth Sciences, 2011, 40(2): 496–508.

[90] GARCÍA–MORENO I, MATEOS R M. Sinkholes related to discontinuous pumping: susceptibility mapping based on geophysical studies. The case of Crestatx (Majorca, Spain) [J]. Environmental Earth Sciences, 2011, 64(2): 523–537.

[91] KLIMCHOUK A, ANDREJCHUK V. Karst breakdown mechanisms from observations in the gypsum caves of the Western Ukraine: implications for subsidence hazard assessment [J]. Environmental Geology, 2005, 48(3): 336–359.

[92] SPRYNSKYY M, LEBEDYNETS M, SADURSKI A. Gypsum karst intensification as a consequence of sulphur mining activity (Jaziv field, Western Ukraine) [J]. Environmental Geology, 2009, 57(1): 173–181.

[93] BRUYN I A D, BELL F G. The occurrence of sinkholes and subsidence depressions in the Far West Rand and Gauteng Province, South Africa, and their engineering implications [J]. Environmental & Engineering Geoscience, 2001, 7(3): 281–295.

[94] 莫家光. 广西岩溶塌陷的危害及其防治措施 [J]. 中国地质, 1990, (4): 24–25.

[95] VRANJES A M, MILENIC D. Geothermal potential and sustainable use of karst groundwater in urban areas: Belgrade, capital of Serbia case study [J]. Acta Carsologica, 2014, 43(1): 75–88.

[96] DOĞAN U, ÇI ÇEK I. Occurrence of cover-collapse sinkholes [cover-collapse dolines] in the May Dam reservoir area (Konya, Turkey) [J]. Cave & Karst Science, 2011, 29(3): 111–116.

[97] BONACCI O, ROJE-BONACCI T. Water losses from the Ričice reservoir built in the Dinaric karst [J]. Engineering Geology, 2008, 99(3–4): 121–127.

[98] 朱真. 广西岩溶塌陷特征及防治对策 [J]. 水文地质工程地质, 2002, 29(3): 75–76.

[99] WALTHAM T. Sinkhole hazard case histories in karst terrains [J]. Quarterly Journal of Engineering Geology & Hydrogeology, 2008, 41(3): 291–300.

[100] PARISE M, PASCALI V. Surface and subsurface environmental degradation in the karst of Apulia (southern Italy) [J]. Environmental Geology, 2003, 44(3): 247–256.

[101] DAVIS A D, RAHN P H. Karstic gypsum problems at wastewater stabilization sites in the Black Hills of South Dakota [J]. Carbonates & Evaporites, 1997, 12(1): 73–80.

[102] VJACHESLAV A. Collapse above the world's largest potash mine (Ural, Russia) [J]. International Journal of Speleology, 2002, 31(1/4): 137.

[103] 孙健家，汪水清 . 铁路岩溶路基与注浆技术 [M]. 北京：中国铁道出版社，2014.

[104] 郭清石 . 高密度电法对溶洞勘探的数值模拟研究 [D]. 成都：西南交通大学，2013.

[105] 李宏，杨心超，朱海波，等 . 起伏地形条件下瑞雷面波传播特性研究 [J]. 石油物探，2017, 56(6): 782–791.

[106] 郭君 . 地下洞穴的瑞利面波波场特征有限元数值模拟研究 [D]. 成都：西南交通大学，2008.

[107] 李天成 . 电阻率成像技术的二维三维正反演研究 [D]. 北京：中国地质大学，2008.

[108] 周文龙，吴荣新，肖玉林 . 充水溶洞特征的高密度电阻率法反演分析研究 [J]. 中国岩溶，2016, 35(6): 699–705.

[109] 龚术，张智 . 高密度电阻率法在高速公路不良地质体勘探中的应用 [J]. 工程地球物理学报，2016, 13(6): 765–774.

[110] 孟陆波，李天斌，段铮 . 隧道超前地质预报中不良地质体的瞬变电磁响应特征 [J]. 中国铁道科学，2011, 32(6): 69–75.

[111] SAMYN K, MATHIEU F, BITRI A, et al. Integrated geophysical approach in assessing karst presence and sinkhole susceptibility along flood-protection dykes of the Loire River, Orléans, France [J]. Engineering Geology, 2014, 183: 170–184.

[112] TELFORD W M, GELDART L P, SHERIFF R E, et al. Applied Geophysics [M]. Cambridge: Cambridge University Press, 1990.

[113] 许宏发，钱七虎，王发军，等 . 电阻率法在深部巷道分区破裂探测中的应用 [J]. 岩石力学与工程学报，2009, 28(1): 111–119.

[114] HOEK E, MARINOS P, BENISSI M. Applicability of the geological strength index (GSI) classification for very weak and sheared rock masses. The case of the Athens Schist Formation [J]. Bulletin of Engineering Geology & the Environment, 1998,

57(2): 151–160.

[115] BERTUZZI R, DOUGLAS K, MOSTYN G. Improving the GSI Hoek-Brown criterion relationships [J]. International Journal of Rock Mechanics & Mining Sciences, 2016, 89: 185–199.

[116] 李建林. 岩石拉剪流变特性的试验研究 [J]. 岩土工程学报, 2000, 22(3): 299–303.

[117] 徐志英. 岩石力学 (第 3 版)(高等学校教材) [M]. 水利水电出版社, 2007.

[118] HOEK E, CARRANZA-TORRES C. Hoek-Brown failure criterion: 2002 Edition [J]. Proceedings of the Fifth North American Rock Mechanics Symposium, 2002(1): 18–22.

[119] CLAUSEN J, DAMKILDE L. An exact implementation of the Hoek-Brown criterion for elasto-plastic finite element calculations [J]. International Journal of Rock Mechanics & Mining Sciences, 2008, 45(6): 831–847.

[120] CHOL S O, DEBASIS D. Supplementation of Generalized Hoek–Brown Yield Surface through the Singularity Adjustment in Elastic-Plastic Analysis [J]. Geosystem Engineering, 2005, 8(2): 43–50.

[121] COLLINS I F, GUNN C I M, PENDER M J, et al. Slope stability analyses for materials with a non-linear failure envelope [J]. International Journal for Numerical & Analytical Methods in Geomechanics, 2010, 12(5): 533–550.

[122] PRIEST S D. Determination of Shear Strength and Three-dimensional Yield Strength for the Hoek-Brown Criterion [J]. Rock Mechanics & Rock Engineering, 2005, 38(4): 299–327.

[123] FU W, LIAO Y. Non-linear shear strength reduction technique in slope stability calculation [J]. Computers & Geotechnics, 2010, 37(3): 288–298.

[124] DETOURNAY C, WANG Z L, HAN Y. Modeling of Nevada Sand Behavior Using CHSOIL [C]//2nd International Flac/dem Symposium, 2011.

[125] SHENJIAYI, KARAKUSMURAT. Three-dimensional numerical analysis for rock slope stability using sh [J]. Canadian Geotechnical Journal, 2014, 51(2): 164–172.

[126] HAMMAH R, YACOUB T, CURRAN J, et al. The Shear Strength Reduction Method for the Generalized Hoek-Brown Criterion [J]. red, 2005,

[127] 宋琨, 晏鄂川, 毛伟, 等. 广义 Hoek-Brown 准则中强度折减系数的确定 [J]. 岩石力学与工程学报, 2012, 31(1): 106–112.

[128] CAI M. Practical Estimates of Tensile Strength and Hoek-Brown Strength

Parameter m i of Brittle Rocks [J]. Biology & Fertility of Soils, 2010, 43(2): 167–184.

[129] PENG J, RONG G, CAI M, et al. An Empirical Failure Criterion for Intact Rocks [J]. Rock Mechanics & Rock Engineering, 2014, 47(2): 347–356.

[130] WANG W, SHEN J. Comparison of existing methods and a new tensile strength based model in estimating the Hoek-Brown constant m i for intact rocks [J]. Engineering Geology, 2017, 224(1):87–96.

[131] 舒才, 施峰, 胡国忠, 等. 基于广义 Hoek-Brown 屈服准则的非线性弹塑性岩石 (体) 本构模型及其数值实现 [J]. 岩石力学与工程学报, 2016(S1): 2627–2634.

[132] SHEOREY P R. Empirical Rock Failure Criteria [M]. Rotterdam: A. A. Balkema, 1997.

[133] 张少名. 实用应力集中手册 [M]. 西安：陕西科学技术出版社, 1984.

[134] HUANG K, WANG Y, CAO Z. Bayesian identification of soil strata in London Clay [J]. Géotechnique, 2014, 64(3): 239–246.

[135] 李小勇, 谢康和. 土性参数相关距离的计算研究和统计分析 [J]. 岩土力学, 2000, 21(4): 350–353.

[136] 王建秀, 杨立中, 刘丹. 覆盖型岩溶区土体塌陷典型数学模型的研究 [J]. 中国地质灾害与防治学报, 1998(3): 54–59.

[137] 谭鉴益. 广西覆盖型岩溶区土层崩解机理研究 [J]. 工程地质学报, 2001, 9(3): 272–276.

[138] JUNG B C, GARDONI P, BISCONTIN A. Probabilistic soil identification based on cone penetration tests [J]. Géotechnique, 2008, 58(7): 591–603.

[139] 滨田. 贝叶斯可靠性 [M]. 北京：国防工业出版社, 2014.

[140] 张民庆, 彭峰. 地下工程注浆技术 [M]. 北京：地质出版社, 2008.

[141] 李建民. 覆岩离层注浆减沉过程中注浆压力变化规律的理论研究 [C]// 中国科协 2004 年学术年会第 16 分会场论文集, 2004.

[142] 郭惟嘉. 覆岩离层带注浆充填基本参数研究 [J]. 煤炭学报, 2000, 25(6): 602–606.

[143] 张鑫磊. 覆岩离层注浆条件下地表沉陷预计理论与参数研究 [D]. 青岛：山东科技大学, 2005.

[144] 彭辉. 覆盖型岩溶塌陷路基注浆效果检测压水试验法评价研究 [D]. 成都：西南交通大学, 2012.

[145] 袁玩，高岱．红粘土的岩土工程性能 [J]．土木工程学报，1983(3): 72–79.

[146] 付占明，栗增欣．混凝土楼板受弯承载力的简化计算 [J]．工程建设，2012, 44(6): 14–16.

[147] 李秀地，郑颖人，袁勇，等．沉管海底隧道强度折减法分析探讨 [J]．岩土工程学报，2013, 35(10): 1876–882.

[148] ZIENKIEWICZ O C, HUMPHESON C, LEWIS R W. Associated and non-associated visco-plasticity and plasticity in soil mechanics [J]. Géotechnique, 1977, 25(25): 671–689.

[149] 韩龙强，吴顺川，李志鹏．基于 Hoek-Brown 准则的非等比强度折减方法 [J]．岩土力学，2016(S2): 690–696.

[150] 张雨霆，丁秀丽，卢波．基于数值分析的岩石块体稳定性评价一般性方法 [J]．岩石力学与工程学报，2017, 36(1): 78–92.

[151] 年廷凯，刘凯，黄润秋，等．地震作用下锚固土质边坡稳定性解析 [J]．岩土工程学报，2016, 38(11): 2009–2016.

[152] 费鸿禄，苑俊华．基于爆破累积损伤的边坡稳定性变化研究 [J]．岩石力学与工程学报，2016(S2): 3868–3877.

[153] 孙玉进，宋二祥，杨军．基于非线性强度准则的土工结构安全系数有限元计算 [J]．工程力学，2016, 33(7): 84–91.

[154] 郑颖人，赵尚毅．有限元强度折减法在土坡与岩坡中的应用 [J]．岩石力学与工程学报，2004, 23(19): 3381–3388.

[155] 赵尚毅，郑颖人，时卫民，等．用有限元强度折减法求边坡稳定安全系数 [J]．岩土工程学报，2002, 24(3): 343–346.

[156] 路德春，曹胜涛，杜修力，等．平面应变条件下的土拱效应 [J]．岩土工程学报，2011, 33(S1): 461–465.

[157] 张文华，汪志明，于军泉．高压水射流破岩动态过程的数值研究 [J]．岩土力学，2003(S2): 91–94.

[158] 戴自强．钢筋混凝土房屋结构 [M]．天津：天津大学出版社，2002.